RabbitMQ IN DEPTH

RabbitMQ IN DEPTH

메시지 브로커 RabbitMQ 심층 분석

개빈 로이 지음 홍영택 옮김

i!i
에이콘

 에이콘출판의 기틀을 마련하신 故 정완재 선생님 (1935-2004)

지은이 소개

개빈 로이 Gavin M. Roy

90년대 중반부터 인터넷과 엔터프라이즈 기술을 연구해온 적극적인 오픈소스 전도사다.

지은이의 말

2012년 5월 매닝출판사가 『RabbitMQ in Action』을 출간했을 때, RabbitMQ에 대한 관심이 급증했다. RabbitMQ는 최근 가장 인기 있는 메시지 브로커 중 하나며 다양한 애플리케이션에 사용할 수 있다. RabbitMQ는 분산 애플리케이션 간의 통신이나 서비스 지향 아키텍처에서 마이크로서비스를 구축하거나 CQRS에서 논리적 단위로 분리하거나 이벤트 소싱^{Event Sourcing} 컴포넌트로 사용한다.

이 책은 RabbitMQ를 더 깊이 살펴보면서 AMQP^{Advanced Message Queuing Protocol}의 상세 구조와 다양한 익스체인지에 대해 점진적으로 알아보고 여러 측면에서 성능을 테스트한다. 이 책의 목표는 독자들이 RabbitMQ를 실제 애플리케이션에 효과적으로 적용할 수 있을 만큼 깊이 이해하도록 돕는 것이다.

감사의 글

무엇보다도 이 책을 저술하는 동안 지친 내색 없이 내 곁을 지켜주면서 늦은 시간에도 커피를 만들어준 가족과 친구들에게 감사한다.

또 RabbitMQ에 대해 많은 개발자들이 이해하고 관심을 가지도록 기반을 마련해준 『RabbitMQ in Action』의 저자 알바로 비델라^{Alvaro Videla}와 제이슨 윌리엄스^{Jason J.W. Williams}에게 감사한다.

저술 기간 동안 끝없이 인내하면서 깊이 이해해준 편집자 카렌^{Karen}과 힘든 과정을 견디며 몇 번의 공정하고 탄탄한 과정으로 책을 발행해준 매닝^{Manning} 팀에게 감사의 마음을 전한다.

책이 출간되는 과정에 도움을 준 기술 교정자 카르스텐 스트뢰벡^{Karsten Strøbæk}에게 감사한다. 또한 내용을 감수해준 필립 워너^{Phillip Warner}, 제리 쿠치^{Jerry Kuch}, 나디아 사드 누리^{Nadia Saad Noori}, 브루스 스나이더^{Bruce Snyder}, 로버트 키엘티^{Robert Kielty}, 밀로스 밀리보게빅스^{Milos Milivojevic}, 아라시 매듈라^{Arathi Maddula}, 이안 댈러스^{Ian Dallas}, 조지 할리^{George Harley}, 디미트리 아이발리오티스^{Dimitri Aivaliotis}, 헤첸 가오^{Hechen Gao}, 스테판 투르스키^{Stefan Turalski}, 앤드류 매레디스^{Andrew Meredith}, 아르템 데이네코^{Artem Dayneko}, 데이빗 파코우드^{David Paccoud}, 배리 알렉산더^{Barry Alexander}, 비쥬 쿤줌만^{Biju Kunjummen}, 아돌포 페레즈 알바레스^{Adolfo Pérez Álvarez}, 브랜든 윌하이트^{Brandon Wilhite}, 데이빗 풀^{David Pull}, 레이 루고^{Ray Lugo}의 따뜻한 의견에 감사한다.

이 책을 위해 다양한 방식으로 기여하고 도움을 준 많은 사람들이 있다. 여기서 모든 사람들의 이름을 언급할 수는 없지만, 감사의 뜻을 꼭 전하고 싶다. 책이 출간될 수 있도록 도와준 모든 사람들에게 다시 한 번 깊이 감사한다.

기술 편집자 소개

제임스 팃컴 James Titcumb

프리랜서 개발자로 기술 강의와 오픈소스 프로젝트에 적극적으로 참여하고 있다.

옮긴이 소개

홍영택(susukang98@gmail.com)

직장인이 아닌 해커가 되고 싶은 개발자다. 네이버와 카카오 등에서 웹오피스, 소셜 네트워크 서비스, 채팅 서비스 등을 개발했다. 현재 네이버에서 동시 편집을 위한 문서 저장소 Yorkie(https://yorkie.dev/)를 개발하고 있다.

옮긴이의 말

현대의 성공적인 서비스는 사용자에게 아름답고 단순한 UI를 제공하지만, 애플리케이션의 백엔드는 전쟁터를 떠올릴 정도로 복잡할 뿐 아니라 쌓여가는 데이터는 방대해지고 있다. 이런 서비스의 개발에는 많은 개발자가 참여하고 있으며, 시스템들은 서로 복잡하게 얽혀 있다. 이제 웹 서버와 DB로만 구성한 하나의 모놀리식 시스템만으로 이 서비스를 계속 개발하고 운영하는 것은 상상하기조차 어렵다.

RabbitMQ는 오픈소스 메시지 브로커로, 메시지 지향 아키텍처를 구축하기 위한 다양한 기능을 제공하며 복잡한 백엔드에서 자신의 역할을 톡톡히 해내고 있다. 자신의 시스템에 큐가 필요해 메시지 브로커를 도입하려는 경우라면 각 솔루션의 특징을 이해해야 한다.

이 책은 간단한 네트워크 서비스에서 복잡한 분산 아키텍처 설계까지 실제 시스템을 기반으로 한 예제와 함께 자세히 설명한다. 따라서 개발자와 운영자가 RabbitMQ에 대해 깊이 이해할 수 있게 해주는 좋은 지침서가 될 것이다.

끝으로 내게 좋은 기회를 준 에이콘출판사와 나를 출판사에 소개해준 장준호 님, 함께 공부했던 현수명 님과 옥징수 님, 사랑하는 부모님과 동생, 장모님, 그리고 번역 기간 내내 힘이 돼준 아내에게 감사의 마음을 전한다.

차례

1부 RabbitMQ와 애플리케이션 아키텍처   23

1 RabbitMQ 살펴보기

들어가며

RabbitMQ는 얼랭^{Erlang}으로 작성한 오픈소스 메시지 브로커로, 현재 피보탈 소프트웨어 Pivotal Software에서 개발하고 있다. RabbitMQ는 개방형 프로토콜인 AMQP를 기반으로 작성됐으며, 자바^{Java}, .NET, 얼랭의 공식 클라이언트 라이브러리와 널리 사용되는 프로그래밍 언어로 작성한 다양한 라이브러리가 있다.

이 책은 RabbitMQ 3.6.3을 기준으로 저술했는데, 책이 출간되기 전에 RabbitMQ 자체의 버그 수정이나 새로운 기능을 위한 릴리스가 있을 수 있다. 하지만 경험에 비춰보면, 새로운 기능 추가와 버그 수정을 위한 릴리스 중에 하위 호환성이 깨지는 경우는 없었다.

이 책의 예제 코드는 파이썬^{Python}으로 작성됐지만, 파이썬이나 RabbitMQ를 설치하기 어렵거나 전체 환경을 설정하지 않고 테스트하고 싶을 때는 모든 항목이 미리 설치된 Vagrant를 사용하면 된다. Vagrant의 설치 방법에 대한 지침은 부록을 참고하길 바란다.

이 책에서 다루는 내용

1장에서는 RabbitMQ의 기본 내용과 RabbitMQ의 다양한 기능을 소개하고, AMQ Advanced Messaging Queuing 모델을 다룬다.

2장에서는 AMQP, 프레임 구조와 RabbitMQ에 메시지를 발행하거나 검색할 때 발생하는 저수준 진행 과정을 알아본다.

3장에서는 메시지 속성에 대해 알아본다. 메시지의 유형이나 인코딩과 같은 중요한 메타데이터를 메시지에 정의하는 헤더와 애플리케이션에서 헤더를 활용하는 방법을 다룬다.

4장에서는 메시지 발행 성능과 안정성의 절충 관계에 대해 알아본다. 각 수준의 전달 보장은 애플리케이션의 성능을 저하시킬 수 있는데, 이 성능에 영향을 주는 옵션에 대해 살펴보고, 메시지 전달 보장과 빠른 메시지 발행 간의 균형을 유지하는 데 참고할 수 있는 내용을 다룬다.

5장에서는 메시지 소비에 대해 알아본다. Basic.Get과 Basic.Consume의 근본적인 차이점을 살펴보면서 Basic.Consume이 일반적으로 더 좋은 이유를 설명한다. 또 프리페치prefetch, 서비스 품질 설정QoS, Quality of Service, 메시지 확인, 데드 레터 익스체인지, 임시 큐, 메시지 만료를 다룬다.

6장에서는 RabbitMQ의 네 가지 기본 익스체인지 유형을 소개하고 각 유형이 애플리케이션 아키텍처에서 어떤 이점을 가지는지 자세히 알아본다.

7장에서는 클러스터 관리, 클러스터 환경에서 장애 상황에 대응하는 방법, 성능을 고려하면서 RabbitMQ를 확장하는 방법 등을 다룬다.

8장에서는 페더레이션 익스체인지와 페더레이션 큐를 이용한 클러스터링의 핵심 개념을 살펴본다. 그리고 RabbitMQ 클러스터를 아마존 웹 서비스Amazon Web Services(AWS)에 설치한 후 정책을 적용하는 방법을 소개한다.

9장에서는 RabbitMQ에서 대체 프로토콜인 MQTT와 STOMP를 사용하는 방법을 소개하고 statelessd를 이용한 HTTP 메시지 발행에 대해 알아본다.

10장에서는 PostgreSQL 및 InfluxDB 데이터베이스와 연동하고 유용한 기능을 구현하는 방법을 살펴본다.

예제 코드

이 책에 나오는 모든 예제 코드는 매닝 웹사이트(https://www.manning.com/books/rabbitmq- in-depth)와 깃허브Github 저장소(https://github.com/gmr/RabbitMQ-in-Depth)에서 무료로 다운로드할 수 있다.

에이콘출판사 도서정보 페이지 http://www.acornpub.co.kr/book/rabbitmq-depth에서도 예제 코드를 다운로드할 수 있다.

매닝 포럼

이 책을 구매하면 매닝출판사가 운영하는 사설 웹 포럼을 무료로 이용할 수 있다. 웹 포럼(https://forums.manning.com/forums/rabbitmq-in-depth)에서 책에 대한 의견을 말하고, 기술적인 질문을 하고, 저자와 다른 사용자로부터 도움을 받길 바란다. 매닝 포럼과 행동 규범에 대한 자세한 내용은 https://forums.manning.com/forums/about에서 확인할 수 있다.

매닝출판사의 역할은 독자와 저자 간에 혹은 독자 간에 의미 있는 대화가 이뤄지는 장소를 제공하는 것이다. 저자는 포럼에 대해 자발적으로 기여하고 있으며, 이와 관련해 어떠한 대가도 받지 않는다. 따라서 저자가 꾸준히 관심을 가질 수 있도록 저자에게 몇 가지 기술적 질문을 해볼 것을 권장한다. 이 책이 발행되는 동안에는 포럼과 토론의 이전 내용을 출판사의 웹사이트에서 확인할 수 있다.

표지 설명

이 책의 표지에 사용된 그림의 제목은 'Croatia Srijem Mikanovac에서 온 남자'다. 이 그림은 니콜라 아르세노비치^{Nikola Arsenovic}의 19세기 중반 크로아티아 전통 의상 모음집에서 발췌했다. 서기 304년경 디오클레티아누스 황제의 은퇴 궁전 유적이 위치한 중세 로마 도시 중심부에 있는 크로아티아 스플릿 민족 지학 박물관^{Ethnographic Museum of Split}의 한 사서가 발견했고, 2003년에 민속 지학 박물관이 발표했다. 이 책에는 크로아티아 지역에 살았던 인물들의 의상과 일상생활에 대한 묘사가 섬세한 색채로 표현돼 있다.

지난 200년 동안 복장 규정과 삶의 방식은 변했고 당시 지역의 다양성은 사라져서 이제는 서로 다른 대륙에 사는 사람들 간에도 차이점을 찾기가 어려워졌다. 어쩌면 우리는 문화 다양성을 그보다 더 다양한 개인의 삶, 또한 더욱더 다양하고 빠르게 변화하는 기술 위주의 삶과 맞바꾼 것 같다. 매닝출판사는 2세기 전의 다양한 지역의 다양성을 표현한 책 표지로 컴퓨터 업계의 독창성과 주도권을 기념하고자 한다.

RabbitMQ와
애플리케이션 아키텍처

1부에서는 RabbitMQ와 애플리케이션의 통신 방법인 AMQP 프로토콜의 구조에 대해 살펴본다. 또한 메시지와 메시지 헤더, 우선순위 등을 활용해 메시지 상호작용을 강화하는 방법을 알아본다. 이어서 트랜잭션 안전성과 고성능 메시지 처리 사이에 균형을 잡는 성능 절충안을 살펴본다. 또한 다양한 익스체인지 유형을 소개하고 어떤 상황에 어떤 익스체인지를 활용하는 것이 좋은지 알아본다.

RabbitMQ 살펴보기

이 장에서 다루는 내용

- RabbitMQ의 고유한 기능들
- 메시지 지향 아키텍처 애플리케이션 중 RabbitMQ가 인기 있는 이유
- AMQ 모델과 RabbitMQ 기초

RabbitMQ는 매우 단순한 애플리케이션부터 대규모 시스템까지 다양한 분산 소프트웨어 아키텍처를 만들기 위한 매우 강력하고 가벼운 도구다. 1장에서는 메시지 지향 미들웨어인 RabbitMQ를 이용해 유연하게 문제를 해결하는 방법을 알아본다. 또 RabbitMQ를 어떤 회사에서 사용하고 있는지 살펴보고 가장 대중적인 메시지 브로커^{Message Broker}로서 RabbitMQ를 주로 선택하는 이유인 주요 기능에 대해서도 알아본다.

1.1 RabbitMQ의 기능과 장점

RabbitMQ는 다양한 기능과 장점이 있으며 주목할 만한 부분은 다음과 같다.

- **오픈소스**: 본래 엘시프트^{LShift, LTD} 사와 코히시브 FT^{Cohesive FT} 사의 협약으로 개발된 RabbitMQ는 현재 피보탈 소프트웨어의 소유며, 모질라 공공^{Mozilla Public} 라이선스로 배포되고 있다. 얼랭으로 작성한 RabbitMQ는 오픈소스 프로젝트 특유의 유연함에 더해, 피보탈 사에서 운영하는 덕분에 제품으로서의 안정성까지 갖췄다. RabbitMQ 오픈소스 커뮤니티의 개발자와 엔지니어들이 기능 개선과 플러그인 개발에 기여하고 있으며, 피보탈 사는 유료 지원 등 제품으로서의 높은 완성도와 안정성에 기여하고 있다.

- **플랫폼과 업체 중립성**: RabbitMQ는 AMQP^{Advanced Message Queuing Protocol} 스펙을 구현한 메시지 브로커로, 대부분의 프로그래밍 언어와 주요 플랫폼의 클라이언트도 제공된다.

- **경량성**: 애플리케이션인 RabbitMQ는 관리자 UI 플러그인과 함께 코어 애플리케이션을 구동하는 데 40MB 미만의 메모리만 사용한다. 이후 큐^{Queue}에 전송되는 메시지양이 증가함에 따라 메모리 사용량이 점차 증가한다.

- **다양한 클라이언트 라이브러리**: 대부분의 프로그래밍 언어와 플랫폼에 클라이언트 라이브러리가 제공되고 있으며, 이는 RabbitMQ를 메시지 브로커로 선택하는 데 큰 장점이다. RabbitMQ에 연결할 프로그램 작성을 위해 운영체제 또는 언어를 선택할 때는 특별한 제약이 없다. 사실 서로 다른 언어로 작성한 애플리케이션 사이에 메시지 브로커로 RabbitMQ를 사용하는 것은 드문 일이 아니다. RabbitMQ는 자바, 루비^{Ruby}, 파이썬, PHP, 자바스크립트^{JavaScript}, C#과 같은 다양한 언어와 운영체제, 그리고 환경에서 서로 데이터를 공유할 수 있는 유용한 다리 역할을 한다.

- **유연한 성능과 안정성 절충 제어**: RabbitMQ는 안정적인 메시지 전달과 메시지 처리량 혹은 성능을 유연하게 제어할 수 있는 옵션을 제공한다. 메시지를 배달하기 전에 디스크에 저장하도록 설정할 수 있으며, 클러스터를 설정할 때 큐를 HA^{Highly Available}(고가용성)로 설정해서 여러 노드에 걸쳐 저장하므로 일부 서버 장애로 메시지가 손실되지 않도록 처리할 수 있다.

- **대기 시간이 긴 네트워크 환경을 위한 플러그인**: 실제 시스템의 네트워크 토폴로지와 아키텍처는 다양하게 구성되기 때문에 RabbitMQ는 대기 시간이 짧은 네트워크 환경에서의 메시지 전달은 기본 코어 모듈로 제공하고 인터넷과 같이 대기 시간이 긴 네트워크 간의 메시지 전달은 플러그인을 통해 제공한다. RabbitMQ를 이용해 동일한 로컬 네트워크에 클러스터를 구성할 수 있고 Federation 플러그인으로 여러 데이터센터 간에 메시지를 공유할 수 있다.
- **서드파티 플러그인**: 시스템에서 애플리케이션 간에 중심 역할을 하는 RabbitMQ는 유연한 플러그인 시스템을 제공한다. 예를 들어 RabbitMQ를 직접 사용해 메시지를 데이터베이스에 직접 저장하는 서드파티 플러그인도 사용할 수 있다.
- **보안 계층**: RabbitMQ는 보안을 여러 단계로 제공한다. 클라이언트의 접속은 인증서의 유효성을 검증하는 SSL만으로 제한함으로써 안전하게 처리하고 있으며, 가상 호스트로 사용자 접근을 관리해 메시지와 리소스를 고수준으로 격리해서 처리하고 있다. 또한 구성 기능에 대한 접근, 큐에서 읽기 및 익스체인지Exchange에 대한 쓰기는 정규식 패턴 매칭으로 관리된다. 마지막으로 LDAP과 같은 외부 인증 시스템에 통합하기 위해 플러그인을 사용할 수 있다.

위에서 말한 특징에 대해서는 다음 장에서 자세히 살펴보고 먼저 RabbitMQ의 가장 기본적인 두 가지 특징을 살펴보자. 이어서 RabbitMQ가 프로그래밍 언어인 얼랭으로 구현했다는 점과 주요 모델 및 동작에 영향을 주는 AMQAdvanced Message Queuing 모델을 근간으로 설계됐다는 점에 대해 알아보자.

1.1.1 RabbitMQ와 얼랭

뛰어난 성능과 안정성을 보장하는 RabbitMQ는 클러스터링 기능이 있는 메시지 브로커며, 미션 크리티컬한 환경에서 대규모 메시지 지향 아키텍처의 핵심 구성 요소로 사용된다. RabbitMQ는 1980년대 중후반에 에릭슨 컴퓨터 과학 연구소Ericsson Computer Science Laboratory에서 설계한 함수형 프로그래밍 언어인 얼랭으로 작성됐다.

얼랭은 분산 처리, 장애 허용fault-tolerant, 연성 실시간 시스템과 같이 99.999%의 가동 시간을 요구하는 애플리케이션을 위해 설계됐다. 얼랭은 실시간 시스템에서 경량 프로세스 간에 메시지를 전달하고 공유하는 상태가 없도록 설계돼 있으므로 높은 수준의 동시성을 제공한다.

> **실시간 시스템** 실시간 시스템(real-time system)은 정의한 요구 사항에 맞춰 특정한 이벤트를 전달받았을 때 반드시 응답을 반환하는 하드웨어 플랫폼이나 소프트웨어 플랫폼, 혹은 이 두 가지의 조합을 말한다. 그중 연성 실시간 시스템(soft real-time system)은 작업 실행은 반드시 보장하지만 상대적으로 덜 중요한 실행의 최종 기한은 보장하지 않는 시스템을 말한다.

얼랭의 동시성 처리와 메시지 전달에 대한 설계는 RabbitMQ와 같은 메시지 브로커를 구현할 때의 장점이다. 애플리케이션인 메시지 브로커는 동시에 다수 연결을 관리하고 메시지를 라우팅하며 애플리케이션 자체 상태를 관리한다. 또한 얼랭의 분산 통신 아키텍처는 RabbitMQ의 클러스터링 메커니즘을 자연스럽게 구현할 수 있다. 다른 메시지 브로커가 클러스터링 기능을 추가하기 위해 직접 구현해야 하는 반면에 RabbitMQ는 얼랭의 프로세스 간 통신(IPC) 시스템을 사용하므로 클러스터링 기능을 간단히 구현했다 (그림 1.1).

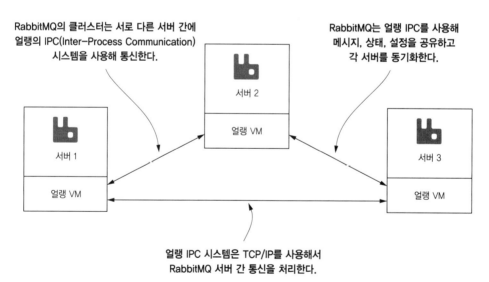

그림 1.1 RabbitMQ 클러스터는 얼랭 VM의 네이티브 IPC 메커니즘을 사용해 노드 간 상태 정보를 공유하며 전체 클러스터 간에 메시지를 생산하고 소비한다.

RabbitMQ가 얼랭으로 구현됨으로써 얻는 이점도 있지만, 얼랭 환경은 익숙하지 않은 운영자에게 진입 장벽이 되기도 한다. 운영 중에 설정 파일 관리와 RabbitMQ의 런타임 상태에 대한 정보를 수집하는 방법에 익숙해지도록 충분히 살펴볼 것을 추천한다.

1.1.2 RabbitMQ와 AMQP

RabbitMQ는 개발 과정에서 상호운용성Interoperability, 성능, 안정성을 중요한 목표로 개발됐고 2007년 처음 출시했을 때 AMQPAdvanced Message Queuing Protocol 스펙을 구현한 최초의 메시지 브로커 중 하나였다. AMQP는 RabbitMQ 구현의 많은 부분에 영향을 끼쳤다. AMQP 스펙은 RabbitMQ와 통신하기 위한 프로토콜뿐 아니라 RabbitMQ의 핵심 기능 구현을 위한 논리적인 모델의 윤곽에도 영향을 줬다.

> **노트** AMQP 스펙은 여러 버전이 있다. 이 책은 개념 설명을 위해 AMQP 0-9-1에만 초점을 맞췄다. RabbitMQ의 최신 버전은 AMQP 1.0을 플러그인으로 제공하지만, RabbitMQ의 핵심 아키텍처는 AMQP 0-8 또는 0-9-1과 더 밀접하게 관련돼 있다. AMQP 스펙은 AMQP 모델과 AMQP 프로토콜을 설명하는 최상위 문서와 클래스, 메소드, 속성, 필드에 대한 정보를 제공하는 상세 문서로 구성돼 있다. 스펙 문서를 포함한 AMQP에 대한 자세한 내용은 http://www.amqp.org에서 확인할 수 있다.

메시지 프로토콜과 메시지 브로커는 다양하므로, 애플리케이션을 개발할 때는 애플리케이션에 미치는 영향을 고려해 메시지 프로토콜과 메시지 브로커를 선택해야 한다. RabbitMQ는 AMQP를 기반으로 구현됐지만 MQTT, STOMP, XMPP 등 다양한 프로토콜도 제공한다. 다른 메시지 브로커와 비교할 때 RabbitMQ는 다양한 프로토콜과 플러그인을 제공하므로 멀티 프로토콜 애플리케이션 아키텍처에는 좋은 선택이다.

RabbitMQ는 AMQP 스펙을 구현했는데, 주요 아키텍처와 통신 방식이 핵심이다. 이는 RabbitMQ를 다른 메시지 브로커와 비교하며 평가할 때 중요한 차이점이다. AMQP를 구현한 RabbitMQ는 유연한 메시지 라우팅, 메시지 내구성 설정, 데이터센터 간 통신 등 메시지 지향message-oriented 아키텍처의 복잡한 요구 사항에 대한 벤더 중립적이며 플랫폼 독립적인 솔루션이다.

1.2 RabbitMQ를 사용하는 곳들

오픈소스 소프트웨어 패키지인 RabbitMQ는 급속도로 대중화됐으며 대량의 트래픽을 처리하는 인터넷 웹사이트나 널리 알려진 기관 등에서 주로 사용되고 있다. 서로 다른 종류의 회사 및 기관 등 다양한 환경에서 RabbitMQ를 운영하는 것으로 알려져 있다.

- Reddit: 인기 있는 온라인 커뮤니티인 Reddit은 웹 페이지를 한 달간 수십억 회 제공하는 애플리케이션 플랫폼의 핵심 부분에 RabbitMQ를 사용한다. 사용자가 사이트에 가입하고 새로운 포스트를 작성하거나 다른 링크에 투표하면, 이를 비동기적으로 처리하기 위해 RabbitMQ에 이벤트 메시지를 발행하고 소비자 애플리케이션에서 이 이벤트를 처리한다.

- NASA는 서버 인프라에 대한 중앙 집중식 서버 관리 플랫폼인 Nebula 플랫폼의 메시지 브로커로 RabbitMQ를 사용한다. Nebula 플랫폼은 개인 및 공공 클라우드 서비스 구축을 위한 매우 유명한 소프트웨어 플랫폼인 OpenStack 플랫폼으로 성장했다.

- 아구라 게임즈^{Agoura Games}의 커뮤니티 중심 온라인 게임 플랫폼의 핵심 부분에서는 RabbitMQ를 사용하고 있으며, 이를 통해 대량의 실시간 싱글 혹은 멀티 플레이어 게임 데이터와 이벤트를 처리한다.

- Ocean Observations Initiative는 분산 네트워크로 구성한 연구 시스템에서 미션 크리티컬한 물리, 화학, 지질학, 생물학 데이터를 수집하는 데 RabbitMQ를 사용한다. National Science Foundation 프로젝트는 남부 해양과 해저에 대규모 센서 네트워크를 구축했고 바다(태평양 및 대서양) 관련 자료를 수집한다.

- 래포티브^{Rapportive}는 지메일^{Gmail}의 받은 편지함에 노출된 상세 연락처 정보를 저장하는 서비스며, 데이터 처리 시스템에 데이터를 전송하는 데 RabbitMQ를 사용한다. 래포티브는 RabbitMQ를 사용해서 웹 크롤링 엔진과 분석 시스템에 매월 수십억 개의 메시지를 발행하고 웹 서버에서 오래 걸리는 작업을 비동기로 처리하기 위해 RabbitMQ를 사용한다.

- 메르카도리브레^{MercadoLibre}는 라틴 아메리카에서 가장 큰 전자 상거래 서비스로 RabbitMQ를 ESB^{Enterprise Service Bus} 아키텍처의 핵심 부분에 사용했는데, 애플리케이션 아키텍처의 다양한 구성 요소와 유연하게 접목할 수 있도록 강결합된 애플리케이션에서 데이터를 분리했다.
- 구글의 AdMob 모바일 광고 네트워크는 실시간 메트릭 분석과 오류 감지를 수행하는 Rocksteady 프로젝트의 핵심 부분에 RabbitMQ를 사용했다. RabbitMQ를 사용해서 복잡한 이벤트 처리 시스템인 Esper에 메시지를 전송한다.
- Aandhaar는 인도의 생체 인식 데이터베이스 시스템이며, RabbitMQ를 사용해 다양한 작업들의 데이터를 처리하고 모니터링 도구, 데이터 웨어하우스, 하둡^{Hadoop} 기반 데이터 처리 시스템에 데이터를 전달한다. Aandhaar는 12억 명의 모든 인도 사람들을 대상으로 온라인 휴대용 신원 확인 서비스를 제공하는 시스템이다.

RabbitMQ는 위에서 살펴본 것처럼, 규모가 큰 인터넷 서비스들뿐 아니라 대규모 과학 연구를 위해 학계에도 널리 사용되고 있다. NASA는 네트워크 인프라 관리 스택의 핵심에 RabbitMQ를 사용하고 있다. RabbitMQ는 다양한 환경과 산업 분야의 미션 크리티컬한 애플리케이션에 사용되고 있으며 엄청난 성공을 거뒀다.

1.3 느슨하게 결합된 아키텍처의 장점

메시지 지향 아키텍처를 처음 구현하기 시작했을 때, 나는 웹사이트에서 사용자의 로그인에 필요한 데이터베이스 업데이트 작업을 요청에서 분리하는 방법을 찾고 있었다. 웹사이트는 매우 빠르게 성장하고 있었으며 기존에 설계한 구조는 확장성이 좋지 않았다. 사용자가 웹사이트에 로그인할 때, 여러 데이터베이스 서버에 있는 테이블들에 로그인 시간을 기록해야 했다(그림 1.2). 다른 핵심 기능이 로그인한 시간을 부분적으로 사용해서 동작됐기 때문에 로그인 시간을 실시간으로 업데이트해야 했던 것이다. 소셜 게임에서는 특정 시간에 활발하게 활동하며 온라인에 있었던 사용자에게 혜택을 주는데, 사용자의 로그인도 그중 하나였다.

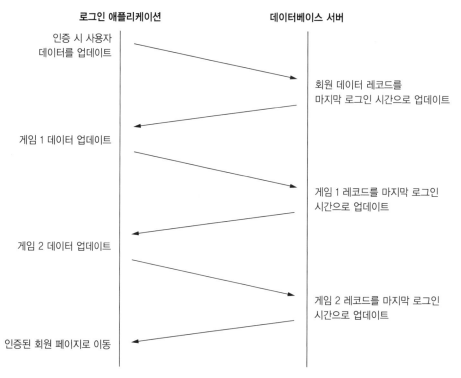

로그인 애플리케이션 　　　　　　　　데이터베이스 서버

인증 시 사용자
데이터를 업데이트

회원 데이터 레코드를
마지막 로그인 시간으로 업데이트

게임 1 데이터 업데이트

게임 1 레코드를 마지막 로그인
시간으로 업데이트

게임 2 데이터 업데이트

게임 2 레코드를 마지막 로그인
시간으로 업데이트

인증된 회원 페이지로 이동

그림 1.2 개선 전: 사용자가 로그인하면 각 데이터베이스에 차례대로 로그인 시간을 업데이트한다. 더 많은 테이블을 추가할수록 더 많은 시간이 걸린다.

　웹사이트가 계속 성장하면서 사용자가 로그인하는 데 걸리는 시간도 길어지고 있었는데 그 이유는 간단했다. 새로운 애플리케이션이 추가될 때마다 사용자가 마지막으로 로그인한 시간을 이 애플리케이션의 데이터베이스 테이블마다 직접 저장했는데, 이는 데이터베이스 간 테이블 조인이 어렵기 때문이었다. 데이터를 최신 상태로 유지하기 위해 사용자가 로그인할 때마다 테이블의 마지막 로그인 시간도 업데이트돼야 했다. 이런 방식으로 관리되는 테이블은 얼마 걸리지 않아서 상당수로 늘어났다. 데이터베이스 업데이트가 차례대로 수행되면서 성능 문제가 급속히 증가하기 시작했다. 사용자가 마지막으로 로그인한 시간을 업데이트하는 각 질의는 다음 작업이 시작되기 전에 완료돼야 했다. 하나의 업데이트 질의가 완료되는 데 평균 50밀리세컨드가 소요됐으므로 열 개의 애플리케이션을 가진 사용자가 로그인한다면 마지막 로그인 시간을 업데이트하는 작업에만 0.5초를 추가로 기다려야만 했다. 인증 완료 응답을 전송하고 회원 페이지로 이동하기 전까지 이 질의는 모두 완료돼야만 했다. 그리고 데이터베이스 서버의 운영 문제가 발생할 때 문제는 복잡해졌는데, 사용자의 애플리케이션 리스트의 데이터베이스 서버 중 하나가 느리게 응답하거나 응답하지 않으면 사용자는 더 이상 사이트에 로그인할 수 없었다.

사용자와 직면한 로그인 요청에서 데이터베이스 업데이트 작업의 의존성을 분리하기 위해 데이터베이스 업데이트 작업을 수행하는 소비자 애플리케이션에 메시지를 전달하는 메시지 지향 미들웨어 또는 중앙화된 메시지 브로커를 찾고 있었다. 이후 여러 메시지 브로커를 테스트했고 결국 RabbitMQ를 선택했다.

> **정의** 메시지 지향 미들웨어(MOM, Message-oriented-middleware)는 분산 시스템에서 메시지를 보내고 받을 수 있는 소프트웨어 또는 하드웨어 인프라를 말한다. RabbitMQ는 향상된 메시지 라우팅 및 분배 기능을 제공하고 안정적인 분산 시스템을 지원하기 위해 광역 네트워크(WAN)를 통해 다른 시스템과 손쉽게 연결할 수 있는 메시지 지향 미들웨어 중 하나다.

로그인 처리에서 데이터베이스 업데이트 작업을 분리한 후에는 로그인 처리 중에 데이터베이스의 업데이트를 기다리지 않아도 되므로 사용자는 신속하게 로그인할 수 있었다. 대신 업데이트하는 데 필요한 모든 정보가 있는 로그인 메시지가 각 데이터베이스 테이블을 독립적으로 업데이트하는 소비자 애플리케이션에 전달됐다(그림 1.3). 이 로그인 메시지에는 사용자의 인증 정보가 포함돼 있지 않고 다양한 데이터베이스 및 애플리케이션에서 사용자의 마지막 로그인 상태를 유지하는 데 필요한 정보가 포함돼 있다. 의존성 분리로 데이터베이스 업데이트 작업을 수평적으로 확장할 수 있었다. 소비자 애플리케이션의 특정 데이터베이스 서버에 대한 쓰기 작업 수를 제한함으로써 확장 문제를 해결하는 동시에 새로운 사이트 추가로 인해 발생하는 부하를 제어했다.

메시지 지향 아키텍처의 장점 중 주목할 만한 부분은 로그인 처리 구조에서 설명한 것처럼 시스템 성능에 영향을 줄 수 있다는 점이다. 네트워크 문제에서 RabbitMQ의 메시지 스로틀링throttling에 이르기까지 다양한 문제가 메시지 발행자의 성능에 영향을 줄 수 있다. 이런 문제가 발생하면 애플리케이션의 성능이 저하된다. 소비자 애플리케이션의 수평 확장뿐 아니라 메시지 브로커의 수평 확장도 고려해 메시지 처리량과 메시지 발행자의 성능을 개선하는 것이 좋다.

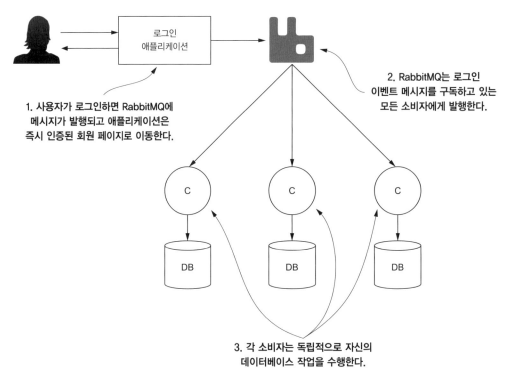

1. 사용자가 로그인하면 RabbitMQ에
메시지가 발행되고 애플리케이션은
즉시 인증된 회원 페이지로 이동한다.

2. RabbitMQ는 로그인
이벤트 메시지를 구독하고 있는
모든 소비자에게 발행한다.

3. 각 소비자는 독립적으로 자신의
데이터베이스 작업을 수행한다.

그림 1.3 개선 후: RabbitMQ를 사용해서 느슨하게 결합된 메시지가 독립적으로 각 데이터베이스에 비동기로 발행되므로 로그인 작업은 데이터베이스 업데이트를 기다리지 않고 진행된다.

1.3.1 애플리케이션의 의존성 제거

메시지 기반 미들웨어를 사용해서 데이터 중심의 유연한 아키텍처로 구조를 변경하면 다양한 장점을 확인할 수 있다. RabbitMQ를 사용해 느슨하게 결합된 설계로 변경함으로써 애플리케이션 아키텍처는 더 이상 데이터베이스 쓰기 성능에 영향을 받지 않으며, 핵심 애플리케이션의 코드를 수정하지 않고도 데이터를 처리하는 새로운 애플리케이션을 쉽게 추가할 수 있다. 데이터베이스와 강결합된 애플리케이션의 디자인은 그림 1.4에서 볼 수 있다.

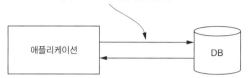

데이터베이스와 강결합된
애플리케이션에서 데이터베이스 쓰기 작업은
데이터베이스에 직접 전달된다.

그림 1.4 데이터베이스와 통신할 때 밀접하게 결합된 애플리케이션은 처리를 계속하기 위해 데이터베이스 서버가 응답할 때까지 기다려야 한다.

1.3.2 데이터베이스 쓰기 의존성 제거

데이터베이스와 강결합된 애플리케이션은 데이터베이스 서버가 트랜잭션을 완료하고 응답할 때까지 기다려야 한다. 데이터베이스와 강결합된 구조는 동기 애플리케이션과 비동기 애플리케이션 모두에서 성능상의 병목이 발생할 가능성이 있다. 잘못된 튜닝이나 하드웨어 문제로 인해 데이터베이스 서버가 느려지면 애플리케이션도 느려지고 데이터베이스가 응답을 멈추거나 장애가 발생하면 애플리케이션에도 장애가 발생한다. 애플리케이션과 데이터베이스의 의존성을 분리해서 강결합 구조를 약결합 구조로 변경할 때, 메시지 지향 미들웨어인 RabbitMQ는 데이터베이스에서 작업을 수행하기 전 데이터의 중개자 역할을 한다. 소비자 애플리케이션은 RabbitMQ 서버에서 데이터를 가져와서 데이터베이스 작업을 수행한다(그림 1.5).

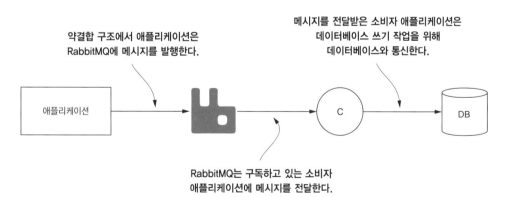

약결합 구조에서 애플리케이션은
RabbitMQ에 메시지를 발행한다.

메시지를 전달받은 소비자 애플리케이션은
데이터베이스 쓰기 작업을 위해
데이터베이스와 통신한다.

RabbitMQ는 구독하고 있는 소비자
애플리케이션에 메시지를 전달한다.

그림 1.5 약결합 구조에서 애플리케이션은 데이터베이스에 저장하기 위해 RabbitMQ에 메시지를 발행하며 데이터를 비동기적으로 처리한다.

이 모델에서는 유지 보수를 위해 데이터베이스를 오프라인으로 전환해야 하거나 쓰기 작업량이 너무 많아지면 소비자 애플리케이션의 처리량을 제어하거나 중지할 수 있다. 소비자 애플리케이션이 메시지를 수신할 수 있을 때까지 데이터는 큐에 저장된다. 소비자 애플리케이션의 동작을 일시 중지하거나 처리량을 제어할 수 있는 점은 약결합 구조의 여러 장점 중 하나다.

1.3.3 새로운 기능 추가하기

RabbitMQ를 사용하는 약결합 구조에서는 데이터를 원활하게 다른 용도로 사용할 수 있다. 데이터베이스에 기록할 목적으로만 사용한 데이터는 다른 목적으로도 사용된다. RabbitMQ는 다양한 용도의 작업을 처리하는 다수 애플리케이션에 메시지를 전달하기 위해 메시지 본문을 복제한다(그림 1.6).

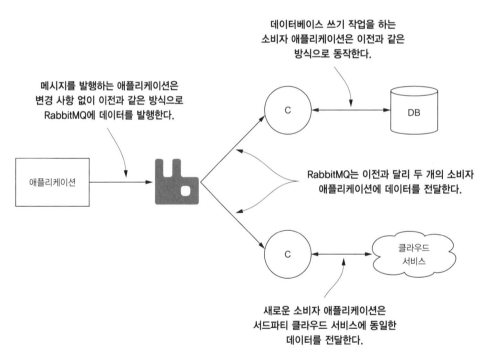

그림 1.6 RabbitMQ를 사용하면, 새로 추가한 클라우드 기반 서비스와 기존 데이터베이스에 동일한 데이터를 전달하기 위해 메시지를 발행하는 애플리케이션을 수정할 필요가 없다.

1.3.4 데이터와 이벤트 복제

지금까지 살펴본 약결합 모델에 이어서 RabbitMQ는 데이터센터 간에 배포된 애플리케이션의 데이터 동기화와 데이터의 전달을 위한 플러그인을 제공한다. Federation 플러그인은 WAN 허용 오차 및 네트워크 단절을 고려해서 원격 RabbitMQ 인스턴스에 메시지를 전달한다. Federation 플러그인을 사용하면 다른 데이터센터의 RabbitMQ 서버 또는 클러스터를 쉽게 추가할 수 있다. 인터넷으로 연결된 두 데이터센터 간에 애플리케이션의 데이터를 처리할 수 있는 구조를 그림 1.7에서 볼 수 있다.

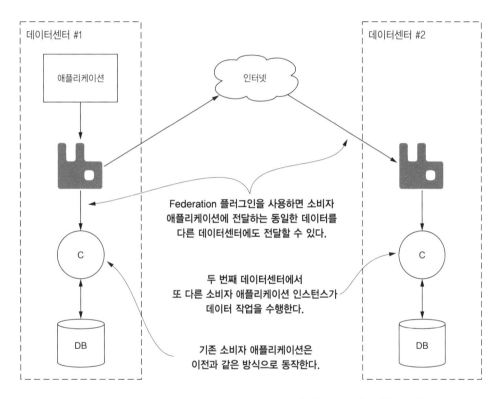

그림 1.7 Federation 플러그인은 여러 데이터센터에서 같은 방식으로 작업을 처리하기 위해 메시지를 복제한다.

1.3.5 다중 마스터 Federation

이 개념을 확장해서 두 번째 데이터센터에도 동일한 프론트엔드 애플리케이션을 추가하고 양방향 데이터를 처리하도록 RabbitMQ 서버를 설정하면 물리적으로 서로 다른 지역에 고가용성 애플리케이션을 구성할 수 있다. 애플리케이션 메시지는 두 데이터센터의 소비자에게 전송되므로 중복해서 데이터를 저장하고 동일하게 메시지를 처리한다(그림 1.8). 이러한 접근 방식은 애플리케이션 아키텍처에 수평 확장성을 제공하고 사용자의 지리적 근접성을 이용해서 애플리케이션 인프라를 효과적인 비용으로 구성할 수 있게한다.

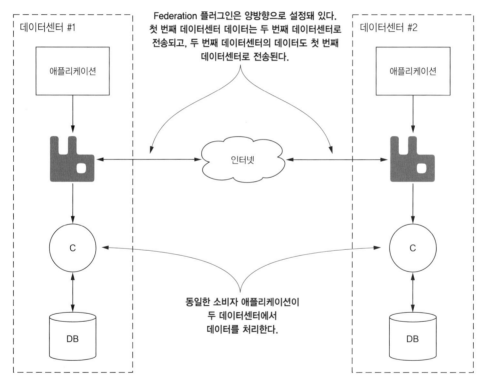

그림 1.8 양방향 Federation을 이용해 두 데이터센터에서 동일한 이벤트를 처리할 수 있다.

> **노트** 다른 아키텍처들과 마찬가지로 메시지 지향 미들웨어를 사용하면 어느 정도의 운영상 복잡성
> 이 발생한다. 메시지 브로커는 구조상 중심점으로 애플리케이션 설계상 새로운 단일 장애 지점(Single
> point of failure)이 된다. 이러한 위험을 최소화하고 고가용성 솔루션을 만드는 방법은 이어지는 장에
> 서 살펴본다. 메시지 브로커를 도입하면 관리해야 할 애플리케이션도 생긴다. 아키텍처에 메시지 브로
> 커를 도입할 때는 환경 설정, 서버 자원, 이 자원에 대한 모니터링을 추가로 고려해야 하는데, 이에 대
> 해서도 이어지는 장에서 자세히 살펴본다.

1.3.6 AMQ 모델

RabbitMQ의 강점과 유연성 등은 대부분 AMQP 스펙에서 비롯된다. HTTP, SMTP와 같
은 프로토콜과 달리 AMQP 스펙은 네트워크 프로토콜의 정의뿐 아니라 서버 측 서비스
와 동작 방식도 정의하는데, AMQ^{Advanced Message Queuing} 모델을 살펴보면 확인할 수 있다.
AMQ 모델은 메시지 라우팅 동작을 정의하는 메시지 브로커의 세 가지 추상 컴포넌트를
다음과 같이 논리적으로 정의한다.

- **익스체인지**: 메시지 브로커에서 큐에 메시지를 전달하는 컴포넌트
- **큐**: 메시지를 저장하는 디스크상이나 메모리상의 자료 구조
- **바인딩**: 익스체인지에 전달된 메시지가 어떤 큐에 저장돼야 하는지 정의하는 컴포
  넌트

RabbitMQ는 익스체인지에서 큐로 메시지를 라우팅하는 방법이 동적이다. 익스체인
지와 큐 간의 이러한 연결과 메시지 라우팅 동적 특성은 메시지 지향 아키텍처를 구현하
는 기본 요소다. RabbitMQ에서 세 가지 기본 컴포넌트를 사용해 올바른 구조를 구성하
면 애플리케이션을 확장하고 기본 비즈니스 요구에 맞춰 쉽게 기능을 변경할 수 있다.

익스체인지

익스체인지^{Exchange}는 RabbitMQ에서 메시지를 적절한 목적지로 절달하기 위해 필요
한 첫 번째 입력 값으로 AMQ 모델이 정의하는 세 컴포넌트 중 하나다. 익스체인지는
RabbitMQ로 전송한 메시지를 수신하고 메시지를 보낼 위치를 결정한다. 익스체인지는

메시지에 적용할 라우팅 동작을 정의하는데, 이는 일반적으로 메시지를 보낼 때 함께 전달한 데이터 속성을 검사하거나 메시지에 포함된 속성을 이용해 처리한다. RabbitMQ에는 서로 다른 라우팅 동작을 처리하는 여러 유형의 익스체인지가 있다. 특히 플러그인을 사용해서 직접 커스텀 익스체인지도 정의할 수 있다. RabbitMQ에서 AMQ 모델의 첫 번째 구성 요소인 익스체인지를 이용해 메시지를 전달함으로써 발행 애플리케이션에 메시지를 보내는 구조는 그림 1.9에서 볼 수 있다.

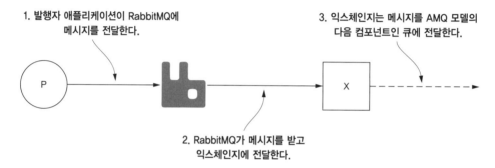

그림 1.9 발행자 애플리케이션이 RabbitMQ에 메시지를 발행하면 익스체인지가 먼저 이를 처리한다.

큐

큐^{Queue}는 수신한 메시지를 저장하는 역할을 하며 메시지에 수행하는 작업을 정의하는 설정 정보가 있다. 큐의 설정 정보에는 메시지를 메모리에만 보관하거나 소비자^{consumer}에게 전달하기 전에 선입 선출^{FIFO, first-in first-out} 순서로 메시지를 디스크에 보관하는지가 저장돼 있다.

바인딩

AMQ 모델은 바인딩^{Binding}을 사용해서 큐와 익스체인지의 관계를 정의한다. RabbitMQ에서 바인딩과 바인딩 키^{binding-key}는 익스체인지가 어떤 큐에 메시지를 전달해야 하는지를 의미한다. 익스체인지 중 특정 유형은 익스체인지에 지정한 특정 큐에만 메시지를 전달하도록 메시지를 필터링한다. 익스체인지에 메시지를 발행할 때 애플리케이션은 라우팅 키^{routing-key} 속성을 사용한다. 라우팅 키는 때로는 큐의 이름이거나 의미적으로 메시지를 설명하는 문자열이다. 익스체인지는 적절하게 메시지를 큐로 전달하기 위해 메시지의 라우팅 키를 바인딩 키에 맞춰서 평가한다(그림 1.10). 즉, 바인딩 키는 큐를 익스체인지에 연결하고 라우팅 키를 평가하는 기준이다.

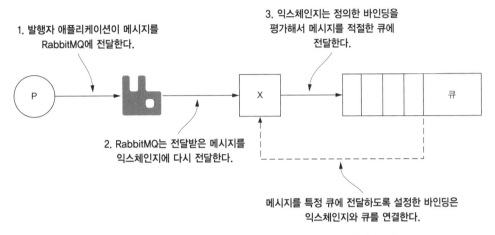

그림 1.10 익스체인지는 메시지를 큐에 전달하는 데 필요한 정보인 바인딩을 사용해서 큐와 연결한다.

각 익스체인지의 유형마다 다르지만, 단순하게 사용한다면 라우팅 키는 큐의 이름이다. RabbitMQ에서 각 익스체인지 유형은 서로 다른 방식으로 라우팅 키를 처리하는데, 특정 익스체인지는 단순히 라우팅 키의 이름이 동일한지 검사하고 또 다른 유형의 익스체인지는 라우팅 키에서 좀 더 복잡한 패턴을 추출해 검사한다. 메시지 속성에 정의한 다른 속성을 우선적으로 평가해 라우팅 키를 완전히 무시하는 익스체인지 유형도 있다.

AMQ 모델에 정의한 큐를 익스체인지에 연결하는 방식 외에도 RabbitMQ에서는 AMQP 스펙을 확장해 특정 익스체인지를 다른 익스체인지에 연결할 수 있는데, 이는 메시지를 라우팅하는 데 상당한 유연성을 제공한다. 익스체인지에 적용할 수 있는 다양한 라우팅 패턴에 대해서는 6장, '익스체인지 라우팅을 통한 메시징 패턴'에서 자세히 다룬다.

1.4 요약

메시지 지향 미들웨어인 RabbitMQ는 운영상의 유연성이 있는 느슨하게 결합한 애플리케이션 아키텍처의 구현을 돕는 흥미로운 기술이다. 이 책은 RabbitMQ의 견고하고 강력한 기능을 애플리케이션에 어떻게 활용할 수 있는지에 대한 통찰력을 얻을 수 있도록 AMQP의 기본과 동작 방식을 깊이 알아본다. 특히 메시지를 발행하고 RabbitMQ의 동적 라우팅 기능을 사용해 기존에 코드와 프로세스가 강결합돼 있던 애플리케이션을 대량의 데이터를 선택적으로 가져와서 유연하게 만드는 방법을 알아본다.

애플리케이션을 개발하거나 고수준에서 설계할 때 모두, RabbitMQ의 다양한 기능을 애플리케이션에 적용할 때는 내부 동작에 대해 깊이 이해하는 것이 좋다. 1장에서는 AMQ 모델을 구성하는 가장 기본적인 개념을 알아봤다. 1부에서는 이러한 개념을 확장해 AMQP 프로토콜과 AMQP가 RabbitMQ 핵심 동작 정의에 어떻게 영향을 미쳤는지 알아본다.

이 책은 RabbitMQ를 사용하는 데 필요한 지식을 전달하기 위한 목적으로 저술된 실용적인 책이며, 2장부터 예제 코드를 이용해 작업을 시작한다. AMQP 기초 지식을 활용해서 RabbitMQ에 메시지를 보내고 전달받는 코드를 작성하며 RabbitMQ 활용법을 익힌다. RabbitMQ의 사용법을 알아보며 코드 예제를 위해 특별히 작성된 라이브러리인 rabbitpy라는 파이썬 기반 라이브러리를 사용할 예정인데, 이는 다음 장에서 자세히 알아본다. RabbitMQ와 통신하는 애플리케이션을 이미 작성해본 숙련된 개발자인 경우라도 AMQP 프로토콜을 이용해 RabbitMQ를 사용할 때, 프로토콜 수준에서 어떤 일이 벌어지고 있는지 이해하기 위해 다음 장을 살펴볼 것을 권한다.

AMQP와
RabbitMQ 코드 작성하기

이 장에서 다루는 내용

- AMQ 프로토콜을 이용해서 RabbitMQ와 통신하기
- 저수준의 AMQ 프로토콜 프레임 알아보기
- RabbitMQ에 메시지 발행하기
- RabbitMQ에서 메시지 전달받기

애플리케이션에서 RabbitMQ에 메시지를 발행하고 소비자 애플리케이션에서 RabbitMQ 로부터 메시지를 가져오기 위해 RabbitMQ와 클라이언트 라이브러리가 수행하는 내부 작업은 복잡하다. 상품 판매에 관한 정보의 표준 출처와 같이 손실되면 안 되는 중요한 데이터를 메시지로 전달한다면 신뢰성이 중요하다. 프로토콜 수준에서 AMQP 스펙은 클라이언트와 메시지 브로커가 메시지를 주고받을 수 있도록 협상negotiation과 같이 정보를 중계하는 절차에 관한 의미를 정의한다. 종종 AMQP 스펙에 정의한 용어가 RabbitMQ 클라이언트 라이브러리에도 사용되는 것을 볼 수 있으며, RabbitMQ와 통신하는 애플리케이션이 사용하는 클래스와 메소드는 프로토콜에 정의한 클래스 및 메소드와 동일할 때가 많다. 이어서 프로토콜 수준에서 통신이 어떤 절차로 진행되는지 알아보며 RabbitMQ 와 통신하는 방법과 프로토콜이 왜 이렇게 설계됐는지 알아보자.

클라이언트 라이브러리는 명령이 AMQP 스펙에 정의된 동작과 같거나 유사하지만, 대부분의 AMQP 프로토콜의 복잡한 통신 절차를 숨기고 있다. 이는 라이브러리의 사용 자가 애플리케이션을 작성할 때 복잡한 동작에 대해 신경 쓰지 않을 수 있는 데 의미가 있다. 하지만 애플리케이션의 실행 과정을 깊이 있게 이해하기 위해 RabbitMQ 클라이 언트의 내부 동작을 이해하지 않고 건너뛰는 것은 그다지 도움이 되지 않는다. 작성한 애 플리케이션의 메시지 발행 속도가 예상보다 느린 이유를 알고 싶거나 RabbitMQ와 첫 번째 연결을 맺기 위해 클라이언트가 취해야 하는 단계를 알고 싶은 경우 클라이언트가 RabbitMQ와 어떻게 통신하고 있는지 확인하는 것이 좋다.

2장에서는 AMQP에서 클라이언트와 메시지 브로커 간 통신을 프레임, 즉 데이터 덩어리로 분해하는 방법과 프레임으로 클라이언트 애플리케이션과 RabbitMQ가 취 하는 동작에 대해 상세히 배운다. 또한 프레임이 프로토콜 수준에서 어떻게 구성되는 지와 실행 중에 메시지가 전달되고 소비되는 메커니즘을 제공하는 방법에 대해 알아 본다.

RabbitMQ 클라이언트 라이브러리를 사용하는 예제 애플리케이션을 파이썬으로 작성하며 위에 언급한 내용에 대해 자세히 알아본다. 이 애플리케이션은 익스체인지 Exchange, 큐Queue, 바인딩Binding을 정의하는 데 AMQP를 사용한다. 마지막으로 새롭게 정의 한 큐에서 메시지를 읽은 후 메시지의 내용을 출력하는 소비자 애플리케이션을 작성한 다. RabbitMQ를 사용하는 것에 대해 어느 정도 익숙하더라도 이 장을 읽어볼 것을 권장 한다. RabbitMQ를 단순히 사용하는 방법뿐 아니라 AMQP의 내부 의미와 프로토콜이 이 런 방식으로 정의된 이유를 더 깊이 이해할 수 있기 때문이다.

2.1 RPC 전송으로서의 AMQP

RabbitMQ는 AMQP 메시지 브로커로 코어 서버와 통신하는 거의 모든 부분에서 RPCRemote Procedure Call 패턴으로 엄격하게 통신한다. RPC는 한 컴퓨터에서 다른 컴퓨터의 프로그램이나 프로그램의 메소드를 원격에서 실행할 수 있게 해주는 컴퓨터 간의 통신 유형 중 하나다. 원격 API와 통신하는 웹 프로그램이 있다면, 이는 일반적인 RPC 패턴을 사용했다고 볼 수 있다.

그러나 RabbitMQ와 통신할 때 발생하는 RPC는 일반적인 웹 기반 API와는 다른 부분이 많다. 대부분의 웹 API는 클라이언트가 명령을 실행하고 서버가 응답하는 방식으로 정의돼 있으며, 서버가 명령을 클라이언트로 다시 보내지 않는다. 반면 AMQP 스펙은 서버와 클라이언트 모두 명령을 실행할 수 있다. 클라이언트 애플리케이션에도 이는 애플리케이션의 동작과 거의 관련 없는 통신을 서버로부터 청취해야 함을 의미한다.

이어서 클라이언트가 RabbitMQ와 통신할 때 RPC가 동작하는 형식을 정의하는 연결 협상^{connection negotiation} 과정에 대해 알아본다.

2.1.1 대화 시작하기

외국에서 어떤 사람과 대화를 나눠야 한다고 가정하면 둘 중 한 명은 인사말로 대화를 시작할 텐데, 이는 두 사람 모두 알고 있는 언어를 서로 확인하는 과정이 된다.

AMQP로 통신을 시작할 때, 이 인사말은 프로토콜 헤더^{protocol header}에 해당되는데 클라이언트가 서버로 전송한다. 이 인사말은 요청으로 간주돼서는 안 되며 다른 통신과는 달리 명령도 아니다. 클라이언트의 요청을 받은 RabbitMQ는 Connection.Start 명령으로 인사말에 응답해 명령/응답 흐름을 시작하고 클라이언트는 Connection.StartOk 응답 프레임으로 RPC 요청에 응답한다(그림 2.1).

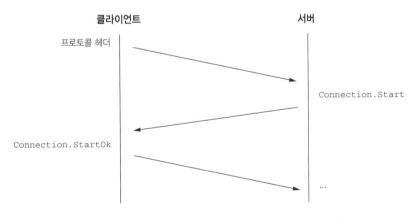

그림 2.1 RabbitMQ와의 초기 통신 협상을 통해 AMQP의 RPC 통신 방식에 대해 확인할 수 있다.

클라이언트 라이브러리를 직접 작성하지 않는다면 RabbitMQ와의 연결 시작에 대한 상세 내용을 알기 어렵지만, RabbitMQ에 접속을 완료하기 위한 일련의 세 가지 동기식 RPC 요청인 start, tune, open은 주목할 만한 가치가 있다. 이 과정이 끝나면, RabbitMQ 는 애플리케이션의 요청을 받을 준비를 마치게 된다.

2.1.2 올바른 채널로 튜닝

양방향 라디오 채널과 유사하게 AMQP 스펙에는 RabbitMQ와 통신하기 위한 채널이 정 의돼 있었다. 양방향 라디오는 전파를 사용해 서로 정보를 전송한다. AMQP에서 채널 은 연결 협상이 완료된 AMQP 연결을 정보 전송을 위한 수도관처럼 사용하고 양방향 라 디오의 채널과 마찬가지로 발생 중인 다른 채널의 대화로부터 전송을 격리한다. 단일 AMQP 연결에는 여러 채널이 있으므로 클라이언트와 서버 간에 여러 대화를 수행할 수 있다. 이는 전문 용어로 멀티플렉싱^{multiplexing}이라 부르며 여러 작업을 수행하는 멀티스레 드 또는 비동기 애플리케이션에 유용하다.

> **팁** RabbitMQ를 이용해서 클라이언트 애플리케이션을 구현할 때는 복잡하게 너무 많은 채널을 사용 하지 않는 것이 좋다. AMQP의 마샬링(marshalling)된 프레임에서 채널은 서버와 클라이언트 간에 전 달되는 메시지에 할당된 정수 값에 불과하지만, RabbitMQ 서버와 클라이언트에서 채널은 더 많은 리 소스를 사용한다. 각 채널마다 메모리 구조와 객체가 설정돼 있다. 연결에 채널이 많을수록 RabbitMQ 는 그 연결에 대한 메시지 흐름을 관리하는 데 더 많은 메모리를 사용해야 한다. 채널을 적당하게 사 용해 원활한 RabbitMQ 서버와 복잡하지 않은 애플리케이션을 유지하는 것이 좋다.

2.2 AMQP의 RPC 프레임 구조

AMQP 스펙에는 C++, 자바, 파이썬 같은 프로그래밍 언어의 객체 지향 개념과 유사한 클래스와 메소드를 사용하며 클라이언트와 서버 간의 공통 모델인 AMQP 명령이 정의 돼 있다. AMQP의 클래스는 기능의 범위를 정의하며 각 클래스에는 서로 다른 작업을 수행하는 메소드가 있다. 연결 협상 과정에서 RabbitMQ 서버는 프레임으로 마샬링된

Connection.Start 명령을 클라이언트로 전송한다. 그림 2.2에서 볼 수 있듯이 Connection. Start 명령에는 AMQP 클래스와 메소드라는 두 가지 구성 요소가 있다.

그림 2.2 Connection.Start RPC 요청은 AMQP Connection 클래스와 Start 메소드로 구성된다.

AMQP 스펙에는 많은 명령이 있지만, 대부분의 사람들은 이를 건너뛰고 메시지를 주고받는 명령에 대해서만 알고 싶어 하는 경향이 있다. 그러나 RabbitMQ를 사용해 클라이언트와 주고받는 명령이 실제로 어떻게 애플리케이션에서 실행되는지 이해하는 것이 중요하다.

2.2.1 AMQP 프레임 컴포넌트

RabbitMQ에서 AMQP 명령을 전송하거나 수신할 때 필요한 모든 인자들은 데이터 구조로 캡슐화된 프레임으로 인코딩돼 전송된다. 프레임은 명령과 해당 인자를 인코딩해 각 프레임이 서로 구분되도록 하는 효율적인 방법이다. 프레임은 지하철의 열차 한 칸과 유사하다고 생각할 수 있는데, 열차 한 칸은 서로 동일한 기본 구조로 구성돼 있으며 포함하고 있는 내용으로 서로 구분된다. 저수준 AMQP 프레임도 마찬가지다. 그림 2.3에서 보듯이 저수준 AMQP 프레임은 다섯 개의 별개 구성 요소로 구성된다.

1. 프레임 유형
2. 채널 번호
3. 프레임 크기(바이트)
4. 프레임 페이로드^Payload
5. 끝 바이트 표식(ASCII 값 206)

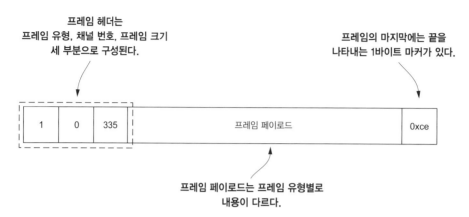

그림 2.3 저수준의 프레임 구조

저수준 AMQP 프레임은 세 개의 필드로 구성된 프레임 헤더로 시작한다. 첫 번째 필드는 프레임 유형을 나타내는 단일 바이트고, 두 번째 필드는 프레임이 속하는 채널을 지정한다. 세 번째 필드는 프레임 본문의 크기를 바이트로 표현한다. 프레임 구조체의 마지막에는 프레임의 끝을 나타내는 바이트 마커가 있다.

프레임 내부 헤더와 마지막 바이트 마커 사이에는 페이로드가 있다. 열차에서 내용물을 보호하는 열차 칸과 마찬가지로 프레임은 운반하는 내용을 무결성 있게 보호하도록 설계됐다.

2.2.2 프레임 유형

AMQP 스펙에는 프로토콜 헤더 프레임^{Protocol Header Frame}, 메소드 프레임^{Method Frame}, 콘텐츠 헤더 프레임^{Content Header Frame}, 바디 프레임^{Body Frame}, 하트비트 프레임^{Heartbeat Frame} 등 다섯 가지 유형의 프레임이 정의돼 있다. 각 프레임 유형은 각각 고유한 목적을 가지고 있으며 일부는 다른 프레임에 비해 훨씬 자주 사용된다.

- 프로토콜 헤더 프레임은 RabbitMQ에 연결할 때 한 번만 사용된다.
- 메소드 프레임은 RabbitMQ와 서로 주고받는 RPC 요청이나 응답을 전달한다.
- 콘텐츠 헤더 프레임은 메시지의 크기와 속성을 포함한다.
- 바디 프레임은 메시지의 내용을 포함한다.

- 하트비트 프레임은 RabbitMQ와 연결된 클라이언트와 서버가 주고받으며 서로 사용 가능한 상태인지 확인하는 데 사용한다.

프로토콜 헤더 프레임과 하트비트 프레임은 일반적으로 클라이언트 라이브러리를 사용할 때 추상화돼 라이브러리의 사용자에게는 직접 보이지 않지만, 메소드 프레임, 콘텐츠 헤더 프레임, 바디 프레임은 RabbitMQ와 통신하는 애플리케이션을 작성할 때 해당 구조가 표면적으로 보인다. 이어서 RabbitMQ로 서로 주고받는 메시지를 메소드 프레임, 콘텐츠 헤더 프레임, 그리고 하나 이상의 바디 프레임으로 마샬링하는 방법에 대해 알아보자.

> **노트** AMQP의 하트비트 동작은 클라이언트와 서버가 서로의 요청에 응답하는지 확인하는 데 사용하며 AMQP가 양방향 RPC 프로토콜임을 알 수 있는 완벽한 예다. RabbitMQ가 클라이언트 애플리케이션에 하트비트를 보냈는데 응답하지 않으면 RabbitMQ는 클라이언트와의 연결을 끊는다. 보통 단일 스레드 또는 비동기 개발 환경에서는 제한 시간을 약간 큰 값으로 늘린다. 하트비트가 동작하기 어려운 환경에서 애플리케이션을 구동해 통신이 차단되는 경우, 클라이언트 연결을 만들 때 하트비트 간격을 0으로 설정해 하트비트를 끌 수 있다. 대신 기본값인 600초보다 더 큰 값으로 rabbitmq.config 파일의 하트비트 값을 변경해 RabbitMQ의 최대 하트비트 간격 값을 변경할 수 있다.

2.2.3 메시지를 프레임으로 마샬링하기

RabbitMQ에 메시지를 발행할 때 메소드 프레임, 헤더 프레임, 바디 프레임이 사용된다. 첫 번째 전송되는 프레임은 명령을 전달하는 메소드 프레임이며, 실행하는 데 필요한 매개변수인 익스체인지Exchange와 라우팅 키Routing key를 함께 전송한다. 메소드 프레임 다음에는 콘텐츠에 해당되는 프레임들이 이어지는데, 이는 콘텐츠 헤더 프레임과 바디 프레임이다. 콘텐츠 헤더 프레임에는 본문 크기와 함께 메시지 속성이 포함돼 있다. AMQP에는 최대 프레임 크기가 있으며 메시지 본문이 이 크기를 초과하면 콘텐츠가 여러 바디 프레임으로 분할된다. 항상 동일한 순서인 메소드 프레임, 콘텐츠 헤더 프레임 그리고 하나 이상의 바디 프레임순으로 전송된다(그림 2.4).

그림 2.4에서 볼 수 있듯이 RabbitMQ에 메시지를 보낼 때 메소드 프레임에 `Basic. Publish` 명령이 전송된 다음 메시지의 내용 유형 및 메시지가 전송된 시간과 같은 메시지

속성이 포함된 콘텐츠 헤더 프레임이 이어진다. 이 속성은 AMQP 스펙에 정의된 Basic. Properties 데이터 구조로 캡슐화된다. 마지막으로 메시지의 내용이 적절한 수의 바디 프레임으로 마샬링된다.

> **노트** 프레임의 기본 크기는 131KB지만, 클라이언트 라이브러리는 연결 과정 중 최대 32비트로 표현할 수 있는 범위 내에서 최대 프레임 크기를 서버와 협상한다.

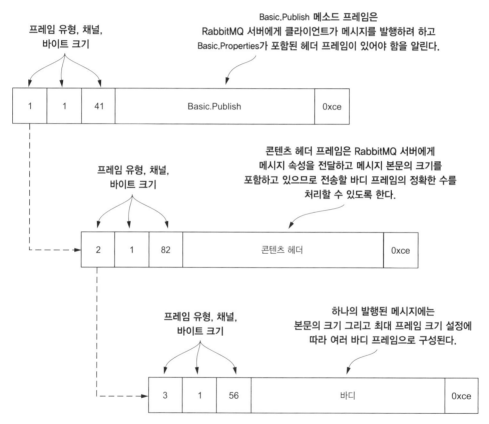

그림 2.4 RabbitMQ에 발행된 하나의 메시지는 Basic.Publish RPC 호출을 의미하는 메소드 프레임, 콘텐츠 헤더 프레임 그리고 하나 이상의 바디 프레임 등 세 가지 종류의 프레임으로 구성된다.

더 효율적으로 전송하는 데이터의 크기를 최소화하기 위해 메소드 프레임과 콘텐츠 헤더 프레임의 내용은 이진 데이터로 구성돼 있으므로 사람은 읽을 수 없다. 메소드 프레임 및 콘텐츠 헤더 프레임과 달리 바디 프레임 내부의 전달되는 메시지 내용은 어떤 방식으로도 압축되거나 인코딩돼 있지 않으며 일반 텍스트에서 이진 이미지 데이터에 이르기까지 다양한 형태가 저장될 수 있다.

AMQP 메시지에 대해 더 자세히 알아보기 위해 세 가지 유형의 프레임을 자세히 살펴보자.

2.2.4 메소드 프레임 해부하기

메소드 프레임은 RPC 요청이 처리할 클래스와 메소드 그리고 실행을 위한 인수를 함께 전달한다. 그림 2.5처럼 Basic.Publish 명령을 전달하는 메소드 프레임에는 명령을 설명하는 바이너리 데이터와 함께 전달되는 요청 인자가 들어있다. 처음 두 필드는 숫자로 표현된 Basic 클래스와 Publish 메소드다. 이어서 익스체인지의 이름과 라우팅 키가 문자열로 저장된다. 앞에서 언급했듯이, 이 두 속성은 RabbitMQ 서버에게 메시지의 경로 지정 방법을 전달한다. 마지막 mandatory 플래그는 RabbitMQ에게 메시지가 정상적으로 전달됐는지 혹은 실패했는지를 알려준다.

메소드 프레임 페이로드의 각 데이터 값은 유형별로 서로 다른 포맷으로 인코딩되는데 유선상에서 바이트 크기를 최소화하고 데이터 무결성을 보장하며 데이터 마샬링, 언마샬링을 가능한 한 빨리 처리하도록 설계돼 있다. 실제 포맷은 데이터 유형에 따라 다르지만, 대개 단일 바이트 다음에 숫자 데이터 또는 바이트 크기 필드와 텍스트 데이터가 이어진다.

> **노트** 일반적으로 Basic.Publish RPC 요청을 사용해 메시지를 보내는 작업은 단방향 통신이다. 사실 일반적으로 AMQP 스펙은 요청이 성공한 경우 조용하게 처리하지만, 오류가 발생하면 가능한 한 개발자가 알아채기 쉽게 소란하게 처리한다. 그러나 메시지를 발행할 때 mandatory 플래그를 사용하는 경우 애플리케이션은 RabbitMQ에서 응답한 Basic.Return 명령을 수신해야 한다. RabbitMQ가 mandatory 플래그에 설정한 요구 사항을 충족시키지 못하면 Basic.Return 명령을 동일한 채널의 클라이언트에 전송한다. Basic.Return에 대한 자세한 내용은 4장에서 다룬다.

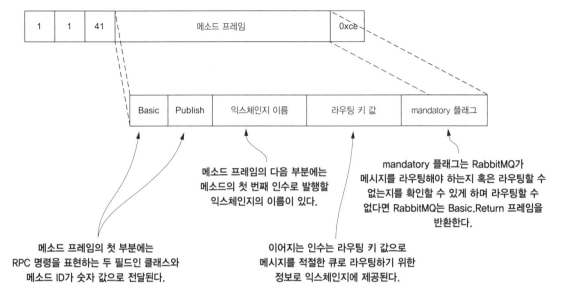

메소드 프레임의 첫 부분에는
RPC 명령을 표현하는 두 필드인 클래스와
메소드 ID가 숫자 값으로 전달된다.

메소드 프레임의 다음 부분에는
메소드의 첫 번째 인수로 발행할
익스체인지의 이름이 있다.

이어지는 인수는 라우팅 키 값으로
메시지를 적절한 큐로 라우팅하기 위한
정보로 익스체인지에 제공된다.

mandatory 플래그는 RabbitMQ가
메시지를 라우팅해야 하는지 혹은 라우팅할 수
없는지를 확인할 수 있게 하며 라우팅할 수
없다면 RabbitMQ는 Basic.Return 프레임을
반환한다.

그림 2.5 Basic.Publish 메소드 프레임은 클래스 유형, 메소드 유형, Basic.Publish RPC 요청임을 알 수 있는 익스체인지 이름, 라우팅 키 값, mandatory 플래그 등 다섯 가지 요소로 구성된다.

2.2.5 콘텐츠 헤더 프레임

메소드 프레임 다음으로 전송되는 콘텐츠 헤더 프레임은 RabbitMQ에 메시지의 크기와 그 외 데이터를 전달한다. 그림 2.6에서 볼 수 있듯이 콘텐츠 헤더 프레임은 RabbitMQ 서버와 메시지를 수신하는 애플리케이션 사이에 주고받는 메시지를 설명하는 속성을 포함한다. 이러한 속성은 Basic.Properties 테이블의 값으로 메시지 내용을 설명하는 데이터가 포함돼 있거나 비어있을 수 있다. 대부분의 클라이언트 라이브러리는 콘텐츠 타입content type이나 배달 모드delivery mode와 같은 최소한의 필드는 미리 채운다.

메시지 속성은 메시지를 작성할 때 강력한 도구로 사용된다. 발행자와 구독자 간에 메시지 내용에 대한 약속을 만드는 데 사용될 수 있고 특별히 많은 양을 저장할 수 있도록 설계돼 있다. Basic.Properties와 각 필드의 다양한 용도는 3장에서 자세히 알아본다.

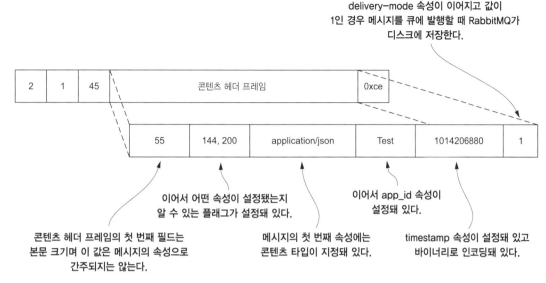

delivery-mode 속성이 이어지고 값이
1인 경우 메시지를 큐에 발행할 때 RabbitMQ가
디스크에 저장한다.

콘텐츠 헤더 프레임의 첫 번째 필드는
본문 크기며 이 값은 메시지의 속성으로
간주되지는 않는다.

이어서 어떤 속성이 설정됐는지
알 수 있는 플래그가 설정돼 있다.

메시지의 첫 번째 속성에는
콘텐츠 타입이 지정돼 있다.

이어서 app_id 속성이
설정돼 있다.

timestamp 속성이 설정돼 있고
바이너리로 인코딩돼 있다.

그림 2.6 콘텐츠 헤더 프레임은 본문의 크기와 Basic.Properties 테이블로 구성된다.

2.2.6 바디 프레임

메시지의 바디 프레임은 전송되는 데이터 유형에 대해 독립적이며 이진 데이터 혹은 텍스트 데이터를 포함한다. 메시지는 JPEG 이미지나 JSON 또는 XML 형식으로 직렬화한 데이터를 전송할 수 있으며, 바디 프레임의 자세한 구조는 다음과 같다(그림 2.7).

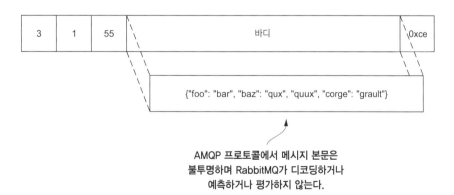

AMQP 프로토콜에서 메시지 본문은
불투명하며 RabbitMQ가 디코딩하거나
예측하거나 평가하지 않는다.

그림 2.7 AMQP 프레임에 포함된 메시지 본문.

메시지의 데이터는 메시지 속성과 본문으로 구분돼 저장된다. RabbitMQ에서 메시지 속성과 본문이 서로 의존적이지 않으므로 둘을 결합해서 다양한 유형의 데이터를 표현할 수 있게 된다.

2.3 프로토콜 사용하기

메시지를 큐에 발행하기 전에 몇 가지 설정 단계를 거쳐야 하는데, 최소한 익스체인지와 큐를 설정한 후 둘을 연결해야 한다.

메시지 발행을 실제로 실행하기 전에 메시지를 라우팅하는 익스체인지를 설정하는 방법과 메시지의 발행, 라우팅, 대기, 전달을 위한 프로토콜 수준에서 수행해야 할 작업에 대해 자세히 살펴보자.

2.3.1 익스체인지 선언하기

AMQ 모델에서 익스체인지는 큐와 같이 '1급 시민'으로 AMQP 스펙에 해당 클래스가 존재한다. Exchange.Declare 명령에 익스체인지Exchange의 이름과 유형 그리고 메시지 처리에 사용하는 기타 메타데이터를 인수로 실행해서 익스체인지를 생성한다.

Exchange.Declare 명령을 전송하면 RabbitMQ는 익스체인지를 생성한 후 Exchange.DeclareOk 메소드 프레임을 응답으로 전송한다(그림 2.8). 만일 특정 이유로 Exchange.Declare 명령이 실패하면 RabbitMQ는 Exchange.Declare가 실패하고 채널이 닫힌 이유를 나타내는 숫자 응답 코드와 텍스트 값을 Channel.Close 명령에 포함시켜 전송하고 Exchange.Declare 명령이 전송된 채널을 닫는다.

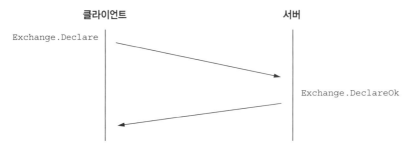

그림 2.8 익스체인지를 선언할 때 발생하는 통신 절차

2.3.2 큐 선언하기

익스체인지를 생성한 후 RabbitMQ에 `Queue.Declare` 명령을 보내 큐를 생성한다. `Queue.Declare` 명령도 `Exchange.Declare` 명령과 유사한 통신 절차로 진행되며 `Queue.Declare` 명령이 실패하면 채널이 닫힌다(그림 2.9).

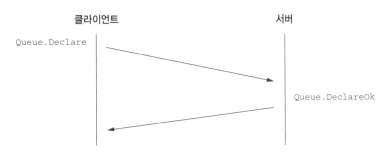

그림 2.9 큐 선언 명령의 통신 절차는 Queue.Declare 명령과 Queue.DeclareOk 응답으로 구성된다.

큐를 선언할 때 동일한 `Queue.Declare` 명령을 두 번 이상 전송해도 문제는 발생하지 않는다. RabbitMQ는 중복된 큐 선언을 감지해 큐에 대기 중인 메시지의 수와 구독 중인 구독자의 수와 같이 큐에 대한 유용한 상태를 반환한다.

정상적으로 에러 처리하기

이미 생성한 큐와 같은 이름이지만, 속성이 다른 큐를 선언하려고 시도하면 RabbitMQ는 RPC 요청을 발행한 채널을 닫는다. 이는 클라이언트 애플리케이션이 메시지 브로커에 명령을 내릴 때 발생하는 다른 유형의 에러와 동작이 같다. 예를 들어 가상 호스트(virtual host)의 설정에 대해 접근 권한이 없는 사용자가 Queue.Declare 명령을 실행하면 403 에러가 반환되고 채널은 닫힌다.

클라이언트 애플리케이션이 에러를 정상적으로 처리하려면 RabbitMQ로부터 Channel.Close 명령을 전달받아 적절하게 응답해야 한다. 특정 클라이언트 라이브러리는 에러 응답을 애플리케이션이 처리할 수 있는 예외로 변환해 처리하며, 다른 유형의 라이브러리는 사용자가 메소드를 등록할 때 콜백을 추가하도록 하고 Channel.Close 명령을 보낼 때 콜백을 호출하는 식으로 처리하기도 한다.

클라이언트 애플리케이션이 서버에서 전송하는 이벤트를 수신하지 않거나 적절하게 처리하지 않으면 메시지가 손실될 수 있다. 존재하지 않거나 이미 닫힌 채널에 메시지를 발행하는 경우 RabbitMQ는 연결을 종료한다. 메시지를 소비하는 애플리케이션이 RabbitMQ가 채널을 닫은 사실을 모르는 경우 RabbitMQ가 메시지를 더는 전송하지 않지만, 클라이언트는 빈 큐를 구독하고 있다고 간주하는 문제가 발생한다.

2.3.3 큐와 익스체인지 연결하기

익스체인지와 큐가 생성되면 이제는 이 둘을 연결해야 한다. Queue.Declare와 유사하게 큐를 익스체인지에 연결하는 명령인 Queue.Bind는 한 번에 하나의 큐만 지정한다. Exchange.Declare 및 Queue.Declare 명령과 매우 유사하게 Queue.Bind 명령은 실행이 성공적으로 처리된 경우 클라이언트 애플리케이션에 Queue.BindOk 메소드 프레임을 전송한다(그림 2.10).

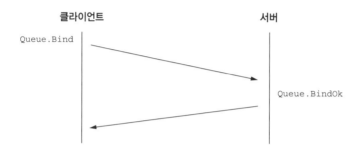

그림 2.10 클라이언트가 Queue.Bind 명령을 전송한 후 전달한 라우팅 키로 익스체인지와 큐가 성공적으로 연결되면 클라이언트는 응답으로 Queue.BindOk 메소드 프레임을 수신한다.

Exchange.Declare, Queue.Declare, Queue.Bind 명령은 RabbitMQ 서버와 클라이언트 간 RPC의 기본 명령으로 AMQP 스펙에서 다른 동기 방식의 명령도 이 공통 패턴을 따르고 있다. 하지만 단순히 Action 뒤에 ActionOk로 응답하는 패턴에서 벗어나는 몇 가지 비동기 명령들은 RabbitMQ에 메시지를 보내고 받는 식의 패턴으로 실행된다.

2.3.4 RabbitMQ에 메시지 발행하기

지금까지 알아본 것처럼 RabbitMQ에 메시지를 발행할 때 여러 종류의 프레임들이 서버로 전송하는 메시지의 데이터를 캡슐화한다. 실제 메시지 본문을 RabbitMQ에 전달하기 전에 클라이언트 애플리케이션은 Basic.Publish 메소드 프레임, 콘텐츠 헤더 프레임, 하나 이상의 바디 프레임을 전송한다(그림 2.11).

메시지의 모든 프레임을 수신한 후에 RabbitMQ는 다음 단계로 진행하기 전에 메소드 프레임에 포함된 필요한 정보를 검증한다. Basic.Publish 메소드 프레임에는 익스체인지의 이름과 라우팅 키가 들어있는데, 이를 RabbitMQ는 익스체인지의 이름을 저장한 데이터베이스와 비교한다.

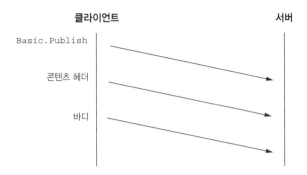

그림 2.11 RabbitMQ에 메시지를 발행할 때는 Basic.Publish 메소드 프레임, 콘텐츠 헤더 프레임, 바디 프레임 등 최소한 세 프레임이 전송된다.

팁 RabbitMQ에 존재하지 않는 익스체인지에 메시지를 발행하는 경우, 기본적으로 메시지는 자동으로 버려진다. 메시지가 제대로 발행됐는지 확인하려면, 메시지 발행 시에 mandatory 플래그를 true로 설정하거나 발행자 확인(publisher confirmations)을 사용해야 하는데, 이 옵션에 대해서는 4장에서 자세히 알아본다. 이 중 하나를 사용하면 애플리케이션의 메시지 발행 속도가 저하될 수 있으니 주의해야 한다.

RabbitMQ가 `Basic.Properties` 메소드 프레임의 익스체인지 이름과 일치하는 익스체인지를 발견한 후에 해당 익스체인지는 내부 바인딩Binding들을 평가하며 라우팅 키와 일치하는 큐를 찾는다. 메시지의 평가 내용이 익스체인지에 연결된 큐와 일치하면 RabbitMQ 서버는 선입선출(FIFO) 순서로 메시지를 큐에 삽입한다. 실제 메시지를 큐에 넣는 대신 메시지에 대한 참조가 큐에 추가된다. RabbitMQ가 메시지를 전달할 준비가 되면 큐는 이 참조를 사용해 메시지를 마샬링함으로써 클라이언트에 전송한다. 여러 큐에 발행한 메시지는 실질적으로는 이 참조를 이용해 최적화된다. 하나의 메시지가 여러 목적지에 발행될 때, 인스턴스의 참조만 저장하므로 실제 메모리를 적게 사용하게 된다. 특정 큐에 대기 중인 메시지가 소비되거나 만료 또는 유휴idle로 인해 제거될 때, 다른 큐의 메시지 처리에 영향을 주지 않는다. 메시지의 모든 사본이 배달되거나 제거돼서 RabbitMQ가 더 이상 메시지를 필요로 하지 않으면, 메시지 데이터의 단일 복사본은 RabbitMQ의 메모리에서 제거된다.

큐를 구독하는 소비자가 없어서 메시지를 소비하지 않는다면 메시지는 큐에 계속 저장되고 메시지를 더 추가할수록 큐의 크기도 커진다. RabbitMQ는 메시지의 `Basic.Properties`에 지정된 배달 모드^{delivery mode}에 따라 메시지를 메모리에 보관하거나 디스크에 기록한다. 배달 모드는 매우 중요하므로 다음 장과 4장에 걸쳐 자세히 알아본다.

2.3.5 RabbitMQ에서 메시지 소비하기

발행한 메시지가 전달되고 하나 이상의 큐에 삽입되면 이제 메시지를 소비할 일만 남았다. RabbitMQ의 큐에서 메시지를 소비하기 위해 소비자 애플리케이션은 `Basic.Consume` 명령을 실행해서 RabbitMQ의 큐를 구독한다. 다른 동기 방식 명령과 마찬가지로 서버는 `Basic.ConsumeOk`로 응답해 클라이언트가 연속해서 메시지를 받을 준비를 하도록 알린다. RabbitMQ의 판단에 따라, 소비자는 응답받기 적당한 형태인 `Basic.Deliver` 메소드 프레임과 콘텐츠 헤더 프레임, 바디 프레임으로 메시지를 전달받는다(그림 2.12).

`Basic.Consume`이 발급되면 특정 상황이 발생하기 전까지 활성 상태를 유지한다. 소비자가 메시지 수신을 중지하려면 `Basic.Cancel` 명령을 발행해야 한다.

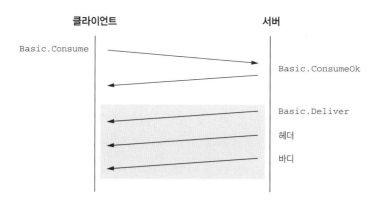

그림 2.12 클라이언트가 큐를 구독한 후 메시지를 전달받을 때 서버와의 논리적인 프레임 전달 순서

RabbitMQ가 계속해서 메시지를 보내는 동안에 명령이 비동기적으로 실행된나는 점은 주목할 만한 가치가 있는데, 소비자는 `Basic.CancelOk` 응답 프레임을 받기 전에 RabbitMQ가 미리 할당한 메시지 수만큼 메시지를 받을 수 있다.

메시지를 소비할 때 RabbitMQ에는 소비자의 수신 방식을 알 수 있는 몇 가지 설정이 있는데, 그중 하나는 `Basic.Consume` 명령의 `no_ack` 인수다. `no_ack`를 `true`로 설정하면 RabbitMQ는 소비자가 `Basic.Cancel` 명령을 보내거나 연결을 끊을 때까지 계속 메시지를 보낸다. `no_ack` 플래그를 `false`로 설정하면 소비자는 `Basic.Ack` RPC 요청을 전송해 수신한 각 메시지를 확인해야 한다(그림 2.13).

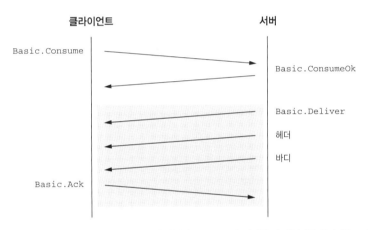

그림 2.13 Basic.Cancel 명령을 전송하기 전까지 RabbitMQ가 전달한 각 메시지를 클라이언트가 성공적으로 받으면 Basic.Ack로 응답하는데, no_ack를 지정하면 Basic.Ack 단계가 생략된다.

`Basic.Ack` 응답 프레임이 전송되면 소비자는 `Basic.Deliver` 메소드 프레임에 배달 태그delivery tag 인수를 전달해야 한다. RabbitMQ는 채널과 함께 배달 태그를 고유한 식별자로 사용해서 메시지 수신을 확인하거나 거절 또는 부정적인 수신을 확인한다. 이에 대한 자세한 내용은 5장에서 다룬다.

2.4 파이썬으로 메시지 발행자 작성하기

지금까지 AMQP 기본 동작에 대해 알아봤으므로, 이론을 바탕으로 발행자와 소비자를 동시에 사용하는 프로그램을 작성해보자. 이를 위해 rabbitpy 라이브러리를 사용한다. RabbitMQ와 통신하기 위한 라이브러리는 많이 있지만, 예제 코드를 단순하게 하기 위해 이 책의 예제 코드는 rabbitpy를 사용해 작성했다. rabbitpy를 사용하면 AMQP 명령 구문을 그대로 유지하면서 간결한 코드를 작성할 수 있다. rabbitpy를 아직 설치하지 않았다면 부록에 있는 VM 설치 지침에 따라 설치하자.

코드 작성을 시작하기 위해 RabbitMQ in Depth 가상 머신의 일부로 설치된 주피터 노트북Jupyter Notebook 서버를 사용한다. 아직 설치하지 않았다면 부록에서 설명한 단계에 따라 로컬 컴퓨터에 가상 컴퓨터를 설정하길 바란다. 브라우저를 열고 http://localhost:8888에 접속하면 그림 2.14와 비슷한 페이지가 나타난다.

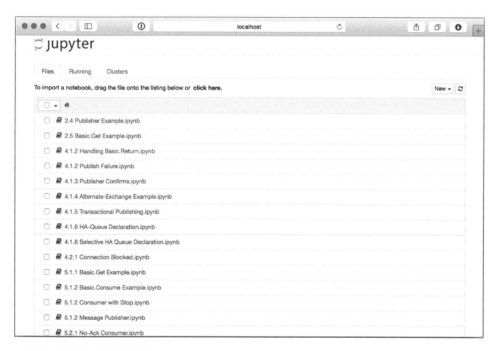

그림 2.14 주피터 노트북 목차 페이지

목차의 '2.4 Publisher Example' 노트북에는 RabbitMQ와 통신하기 위해 여기서 설명하는 모든 코드가 들어있다. 파이썬 인터프리터에서 rabbitpy를 사용할 수 있도록 다음과 같이 import 구문이 있다.

```
In [1]:    # RabbitMQ 클라이언트 라이브러리 가져오기
           import rabbitpy
```

툴바의 Play 버튼 또는 Run Cell 버튼을 누르거나 Shift-Enter 키를 누르면, 해당 코드를 포함한 셀이 실행된다. 노트북의 첫 번째 셀에서는 rabbitpy 라이브러리를 가져온다.

실행 후에 셀의 별표(*)가 숫자 1로 변경되는 것을 볼 수 있다. 활성 셀은 처음부터 다음 셀까지 자동으로 진행된다. 이 예제 코드를 읽으면서, 주피터 노트북의 코드를 따라 진행하며 각 셀을 실행해야 한다.

이제 rabbitpy 라이브러리를 가져왔으니 AMQP 연결의 URL을 만들자. URL의 형식은 HTTP 요청에 사용하는 형식과 매우 유사하다.

```
In [2]:    # 연결할 URL 지정하기
           url = 'amqp://guest:guest@localhost:5672/%2F'
```

이 AMQP URL은 사용자 이름 'guest'와 암호 'guest'를 사용하고 일반 AMQP 연결을 사용해 접속하도록 지정돼 있으며, localhost의 기본 가상 호스트(/)에 포트 번호 5672로 연결한다. 이 URL은 기본 설정으로 로컬 시스템의 RabbitMQ에 연결된다. RabbitMQ를 원격 서버에 설치했거나 RabbitMQ 서버의 설정을 변경한 경우 그에 따라 URL 값을 변경해야 한다.

이제 URL이 정의됐으므로 RabbitMQ에 대한 연결connection을 열어야 한다.

```
In [3]:    # 위 URL을 사용해서 RabbitMQ에 연결하기
           connection = rabbitpy.Connection(url)
```

예외 상황이 발생하지 않았다면 RabbitMQ에 연결된다. 가장 발생하기 쉬운 예외 상황은 RabbitMQ가 로컬 시스템에서 실행되고 있지 않은 경우인데, 혹시라도 예외 상황이 발생한 경우에는 RabbitMQ가 실행 중인지 확인하고 다시 시도하길 바란다.

RabbitMQ와 성공적으로 연결됐다면 통신할 수 있는 채널을 열어야 한다.

```
In [4]:   # 커넥션에 새로운 채널 열기
          channel = connection.channel()
```

채널이 성공적으로 열렸다면 이제 rabbitpy.Exchange 클래스의 새 인스턴스를 만들어 익스체인지를 선언한다. 채널과 생성하려는 익스체인지의 이름을 인자로 전달해야 하는데, 예제처럼 chapter2-example 값으로 전달하길 권한다.

```
In [5]:   # 채널을 인자로 전달해서 새로운 익스체인지 객체 생성
          exchange = rabbitpy.Exchange(channel, 'chapter2-example')
```

인스턴스 생성이 완료되면 exchange 객체의 declare 메소드를 사용해 RabbitMQ에서 익스체인지를 선언하고 명령을 전송한다.

```
In [6]:   # RabbitMQ 서버에 익스체인지 선언하기
          exchange.declare()
```

이제 익스체인지를 선언했으므로 익스체인지에 연결할 큐를 선언해야 한다. 이를 위해 먼저 Queue 인스턴스를 생성하고 채널과 큐 이름을 인자로 전달한다. 예제에서는 큐의 이름을 example로 지정했다.

```
In [7]:   # 채널을 전달해 새로운 Queue 객체 생성하기
          queue = rabbitpy.Queue(channel, 'example')
```

객체가 생성되고 인스턴스가 queue 변수에 할당되면 declare 메소드를 사용해 Queue.Declare 명령을 RabbitMQ로 전송한다. 큐에 있는 메시지의 수와 큐에 대한 소비자의 수를 파이썬 튜플tuple로 출력한 라인이 출력됐는지 확인하자. 튜플은 파이썬에서 불변immutable 자료 구조며 예제 코드의 경우 정수 값으로 구성돼 있다.

```
In [8]:   # RabbitMQ 서버에 큐 선언하기
          queue.declare()
Out[8]:   (10, 0)
```

큐가 생성됐으므로 메시지를 수신할 수 있도록 큐를 익스체인지에 연결해야 한다. 큐를 익스체인지에 연결하기 위해 queue 객체의 bind 메소드를 호출하고 익스체인지와 라우팅 키를 전달하면 RabbitMQ에 Queue.Bind 명령이 전송된다. 예제에서 라우팅 키는 example-routing-key다. 이 코드가 실행되면 연결이 성공했음을 나타내는 True가 출력된다.

```
In [9]:    # RabbitMQ 서버의 큐와 익스체인지를 연결하기
           queue.bind(exchange, 'example-routing-key')
Out[9]:    True
```

애플리케이션에서는 마침표로 구분한 키워드를 사용해 라우팅 키의 네임스페이스를 지정하는 것이 좋다. Zen of Python[1]에서는 "네임스페이스는 훌륭한 아이디어를 고수하는 것이다. 그 이상을 해보자."라는 말로 네임스페이스를 강조했으며, 이는 RabbitMQ에서도 마찬가지다. 마침표로 구분된 키워드를 사용하면 라우팅 키의 패턴과 하위 섹션을 기반으로 메시지를 전달한다. 이에 대한 자세한 내용은 6장에서 알아본다.

> **팁** 라우팅 키와 큐 그리고 익스체인지의 이름은 유니코드 문자를 포함할 수 있다.

익스체인지와 큐를 만들고 이 둘을 연결하면 RabbitMQ에서 example 큐에 저장할 테스트 메시지를 발행한다. 충분한 테스트를 위해 열 개의 테스트 메시지를 큐에 발행한다.

```
In[10]:    for message_number in range(0, 10):
               Message = rabbitpy.Message(channel,
                                          'Test message #%i' % message_number,
                                          {'content_type': 'text/pain'},
                                          Opinionated=True)
               Message.publish(exchange, 'example-routing-key')
```

---

1 팀 피터스(Tim Peters)가 1999년 6월에 작성한 파이썬 프로그래밍 언어의 디자인에 영향을 미치는 20가지 소프트웨어 원칙 모음이다(https://www.python.org/dev/peps/pep-0020/). – 옮긴이

열 개의 테스트 메시지를 발행하기 위해 반복문 안에서 채널, 메시지 본문, 그리고 dict 자료형으로 메시지 속성을 전달해 새 rabbitpy.Message 객체를 생성한다. 메시지를 생성한 후에 publish 메소드를 호출해서 Basic.Publish 메소드 프레임, 콘텐츠 헤더 프레임, 바디 프레임을 만들고, 이를 RabbitMQ에 전송한다.

> **팁** 운영 환경에서 발행자 애플리케이션을 작성하는 경우 JSON 또는 XML과 같은 데이터로 직렬화하면 소비자가 메시지를 쉽게 디코딩할 수 있으므로 문제가 발생하는 경우 더 쉽게 원인을 찾을 수 있다.

이제 RabbitMQ 관리자 UI로 이동해서 해당 메시지가 큐에 있는지 확인한다. 웹 브라우저를 열고 http://localhost:15672/#/queues/%2F/example을 주소창에 입력해 관리자 UI에 접속한다. 만약 RabbitMQ를 다른 시스템에서 실행했다면 URL의 localhost를 해당 서버로 변경한다. 인증을 완료하면 그림 2.15와 같은 페이지가 나타난다.

그림 2.15 관리자 UI에 열 개의 메시지에 대한 정보가 표시된다.

페이지 하단에는 Get Messages(메시지 도착) 섹션이 표시된다. 메시지 필드 값을 1~10 사이 값으로 변경하고 Get Messages를 클릭하면 이전에 발행된 열 개의 메시지가 표시된다. requeue 필드 값을 Yes로 설정한 채로 두자. 이는 관리자 UI에 표시하기 위해 RabbitMQ를 소비할 때 메시지를 큐에 다시 추가하도록 RabbitMQ에 지시한다. requeue 필드 값을 No로 설정하고 메시지를 조회한 경우 다시 메시지를 발행하자.

2.5 RabbitMQ에서 메시지 받기

메시지를 발행하는 방법을 알아봤으므로 지금부터는 메시지를 가져오는 방법을 알아보자. 다음 코드는 이전 절에서 알아본 내용 중 RabbitMQ에서 메시지를 가져오는 데 필요한 코드만 모아둔 것이다. 다음 예제 코드는 '2.5 Basic.Get Example' 노트북에서 찾아볼 수 있는데, 주피터 노트북의 여섯 개 셀이 포함돼 있다. 이전 예제 코드처럼 각 셀을 실행하는 메뉴에 있는 Cell 드롭다운의 Run All을 선택해서 모든 셀을 실행할 수 있다.

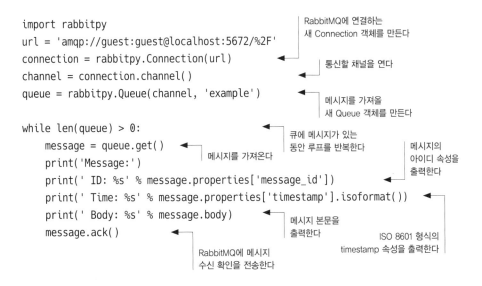

```
import rabbitpy
url = 'amqp://guest:guest@localhost:5672/%2F'
connection = rabbitpy.Connection(url)
channel = connection.channel()
queue = rabbitpy.Queue(channel, 'example')

while len(queue) > 0:
    message = queue.get()
    print('Message:')
    print(' ID: %s' % message.properties['message_id'])
    print(' Time: %s' % message.properties['timestamp'].isoformat())
    print(' Body: %s' % message.body)
    message.ack()
```

RabbitMQ에 연결하는
새 Connection 객체를 만든다

통신할 채널을 연다

메시지를 가져올
새 Queue 객체를 만든다

큐에 메시지가 있는
동안 루프를 반복한다

메시지의
아이디 속성을
출력한다

메시지를 가져온다

ISO 8601 형식의
timestamp 속성을 출력한다

메시지 본문을
출력한다

RabbitMQ에 메시지
수신 확인을 전송한다

위 코드를 실행하면 이전에 발행한 열 개의 메시지가 화면에 표시된다. 콘솔에 출력된 내용을 자세히 살펴보면 메시지를 발행할 때 `message_id`와 `timestamp` 속성을 지정하지 않았지만, 소비자 코드가 출력한 각 메시지에는 나타난다. rabbitpy 클라이언트 라이브러리는 속성을 지정하지 않으면 자동으로 값을 채운다. 또 rabbitpy는 메시지 본문에 파이썬 `dict`를 입력하면 전송할 때 데이터를 자동으로 JSON으로 직렬화하고 `content-type` 속성을 `application/json`으로 설정한다.

2.6 요약

AMQP 0.9.1 스펙은 RPC 명령을 사용해 RabbitMQ 서버와 클라이언트 간에 통신 프로토콜을 정의한다. 2장에서는 이 명령이 어떻게 프레임으로 구성되고 프로토콜이 어떻게 작동하는지 알아봤으며, RabbitMQ와 상호작용하는 애플리케이션을 작성하고 문제를 해결할 수 있는 방법에 대해 알아봤다. 또 클라이언트가 메시지를 발행하고 소비하기 위해 RabbitMQ와 통신하는 과정의 대부분을 살펴봤다. 실제 애플리케이션들은 예제 코드에서 RabbitMQ 인스턴스로 구현한 것보다 좀 더 많은 코드가 필요하다.

3장에서는 발행자와 소비자가 애플리케이션이 주고받는 메시지의 다양한 속성을 사용하는 방법에 대해 자세히 알아본다.

메시지 속성 심층 탐사

1장에서는 웹사이트에 로그인할 때 응답 지연에 영향을 주는 데이터베이스 쓰기 작업을 회원 로그인 이벤트로 분리하는 방법을 자세히 알아봤다. 이 작업 때문에 전체 구조가 분명해졌고 느슨하게 결합된 아키텍처를 사용해 데이터베이스 쓰기 작업을 자체적으로 수행했다. 시간이 지남에 따라 개발 팀은 개발 중인 새로운 애플리케이션에 이 아키텍처를 활용하기 시작했다. 이 아키텍처는 멤버 로그인 이벤트뿐 아니라 계정 삭제, 이메일 메시지 생성, 비동기로 수행될 수 있는 모든 애플리케이션 이벤트에 활용됐다. 이벤트는 메시지 버스message bus를 통해 소비자 애플리케이션에 발행되고 각 애플리케이션은 각각의 고유한 작업을 수행한다. 처음에는 메시지에 포함될 내용과 형식을 어떻게 구성해야 할지에 대해 심도 있게 고려하지 못했지만, 작업이 진행됨에 따라 표준화가 필요했다.

각기 다른 유형으로 메시지가 사용되고 형식이 표준화되지 않았으므로 메시지 유형을 직렬화하는 방식과 메시지에 포함될 데이터를 예측하는 것은 어려웠다. 개발자는 자신의 애플리케이션에서만 사용하는 형식으로 메시지를 발행해 자신의 개발 작업을 완료했지만, 근시안적이었다. 이어서 이 메시지가 여러 애플리케이션에서 재사용될 수 있다는 점을 알게 됐고 표준화되지 않은 메시지 형식이 문제가 되고 있었다. 이러한 문제와 그로 인해 파생된 문제를 해결하기 위해 메시지 형식을 문서화했고 메시지 자체를 설명하는 데 많은 노력이 필요했다.

메시지를 설명하기 위한 일관된 방법을 찾기 위해 RabbitMQ에 발행된 모든 메시지와 함께 전달되는 데이터 구조인 AMQP 스펙의 Basic.Properties를 살펴봤다. Basic. Properties를 활용하면 메시지가 자동으로 제거되거나, 처리하기 전에 메시지의 출처와 유형을 검증할 수 있는 더욱 지능적인 소비자 애플리케이션의 작성이 가능했다. 3장에서는 메시지의 각 속성과 다양한 용도로 사용할 수 있는 Basic.Properties에 대해 자세히 살펴본다.

3.1 메시지 속성 적절히 사용하기

2장에서는 RabbitMQ에 메시지를 발행할 때 메시지가 AMQP 스펙의 세 가지 저수준 프레임인 Basic.Publish 메소드 프레임, 콘텐츠 헤더 프레임, 바디 프레임으로 구성되는 것에 대해 알아봤다. 이 세 가지 유형의 프레임은 연속적으로 함께 동작하며 메시지가 RabbitMQ에 도착할 때도 그대로 유지된다(그림 3.1).

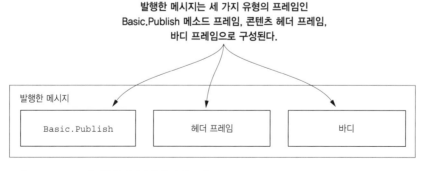

그림 3.1 RabbitMQ에 발행한 메시지의 세 가지 구성 요소

콘텐츠 헤더 프레임에 있는 메시지 속성은 Basic.Properties 데이터 구조로 사전에 정의한 값이 있는 집합이다(그림 3.2). delivery-mode와 같은 일부 속성은 AMQP 스펙에서 정의한 의미를 갖지만, type과 같이 정확한 스펙이 없는 속성들도 있다.

경우에 따라 RabbitMQ는 잘 정의된 속성을 사용해 메시지와 관련된 특정 동작을 구현했는데, 이에 대한 예가 앞서 언급한 delivery-mode 속성이다. delivery-mode 속성은 메시지가 큐에 있을 때 메시지를 메모리에 보관할지, 디스크에 먼저 저장해야 할지 RabbitMQ에 알리는 데 사용된다.

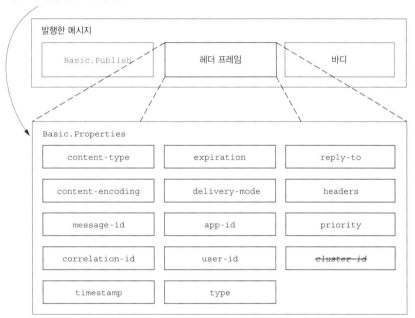

콘텐츠 헤더 프레임에는 메시지 속성이 포함돼 있으며 메시지를 설명하는 데 사용된다.

그림 3.2 Basic.Properties에는 AMQP-0-8부터 더 이상 사용을 권장하지 않는 cluster-id 속성이 포함돼 있다.

> **팁** 메시지 속성을 사용해서 메시지를 설명하는 것은 유용하지만, 메시지를 소비하는 애플리케이션에 필요한 모든 속성 데이터가 메시지에 포함될 수 있는지 확인해야 한다. RabbitMQ에서 MQTT와 같은 프로토콜을 사용하는 경우, AMQP에 특정된 속성은 사용할 수 없게 되므로 특정 속성이 손실되지 않도록 유의해야 한다.

메시지 표준화 과정에서 AMQP 메시지 속성은 메시지에 대한 메타데이터를 정의하고 이를 전달하는 데 유용했다. 그리고 이 메타데이터를 활용해 발행자와 소비자 간에 엄격한 계약이 맺어져 있음을 알 수 있다. content-type, type, timestamp, app-id에 이르는 많은 속성들은 처리 과정 중 일관성을 유지하는 데 도움을 줄 뿐만 아니라 애플리케이션이나 서비스의 일상적인 운용에도 매우 유용하다. XML에서 특정 데이터를 저장하고 이 데이터를 설명할 수 있는 것과 같이 메시지 속성을 사용하면 자신을 설명하는 메시지를 만들 수 있다.

이어서 그림 3.2에서 언급한 각 기본 속성을 살펴보자.

- content-type 속성은 소비자에게 메시지 본문을 해석하는 방법을 전달한다.
- content-encoding 속성은 메시지 본문이 어떤 방법으로 압축되거나 인코딩됐는지 전달한다.
- message-id와 correlation-id 속성은 메시지와 메시지 응답을 고유하게 식별해 메시지를 추적하는 데 이용한다.
- timestamp 속성은 메시지 크기를 줄이고 메시지 생성 시점에 대한 표준 시간을 전달한다.
- expiration 속성은 메시지의 만료를 전달한다.
- delivery-mode 속성은 RabbitMQ가 큐에 메시지를 추가할 때, 디스크 또는 메모리에 저장할지를 전달한다.
- app-id와 user-id는 문제가 발생한 발행자 애플리케이션을 추적하는 데 사용한다.
- type 속성은 발행자와 소비자 사이에 계약contract을 정의하는 데 사용한다.
- reply-to 속성은 패턴을 값으로 전달해 응답 메시지를 라우팅할 때 사용한다.
- headers 속성은 RabbitMQ에 메시지를 라우팅할 때, 사용자 정의 형식의 속성을 정의하는 데 사용한다.

이어서 priority 속성을 사용하지 않는 이유와 cluster-id 속성을 사용할 수 없는 이유에 대해서도 알아본다.

3장에서는 위에 나열한 순서대로 각 속성에 대해 살펴본다. 마지막 부분에서는 각 속성의 데이터 형식과 메시지 브로커 혹은 애플리케이션에 의해 사용되는지 여부와 사용 지침이 포함된 표를 볼 수 있다.

> **노트** 이 책에서 메시지와 관련해 '계약(contract)'이라는 단어를 사용하고 있는데, 이는 메시지의 포맷과 내용을 뜻한다. 일반적인 프로그래밍에서 '계약'은 종종 API, 객체, 시스템의 사전 정의된 사양을 설명하는 데 사용된다. 계약 명세에는 종종 데이터 형식과 적용해야 할 조건처럼 전송되거나 수신된 데이터에 대한 정확한 정보가 포함돼 있다.

3.2 content-type으로 명시적 메시지 계약 작성하기

RabbitMQ에 발행한 메시지의 새로운 용도를 생각해내는 것은 쉽다. 초기에는 소비자 애플리케이션을 파이썬으로 작성했지만, 곧 PHP, 자바, C로 작성한 소비자 애플리케이션들이 메시지를 전달받았다.

메시지에 본문 형식에 대한 자체적인 설명이 포함되지 않을 경우, 내재적으로 오류가 발생하는 암묵적인 계약 사용 때문에 애플리케이션이 중단될 가능성이 있다. 메시지에 자체적인 설명이 포함돼 있으면, 소비자 애플리케이션을 작성할 때 메시지의 본문을 디코딩하는 방법을 메시지에서 직접 확인할 수 있다.

`Basic.Properties` 데이터 구조에는 메시지 본문의 데이터 형식을 전달하기 위한 `content-type` 속성이 포함돼 있다(그림 3.3).

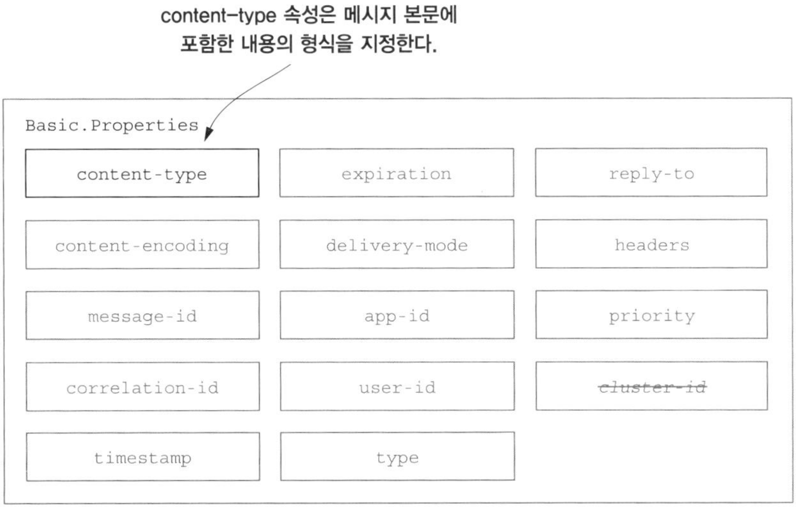

그림 3.3 content-type 속성은 Basic.Properties의 첫 번째 속성이다.

표준 HTTP 스펙에서 content-type의 다양한 값처럼 content-type은 메시지 본문의 MIME 유형을 전달한다. 예를 들어 JSON으로 직렬화한 데이터를 보내는 경우 content-type 속성을 application/json으로 설정하면 이후에 소비자 애플리케이션을 작성할 때, 메시지 수신 시에 메시지 유형을 검사하고 올바르게 디코딩하도록 처리할 수 있다.

자체 설명 메시지(self-describing message)와 메시지 본문 형식에 대한 생각

JSON, Msgpack(http://msgpack.org/) 또는 XML과 같은 표준 직렬화 형식을 사용하는 것이 좋다. 이러한 형식을 사용하면 소비자 애플리케이션을 거의 모든 프로그래밍 언어로 작성할 수 있다. 메시지는 어떤 형식으로 작성됐는지 자체 설명이 돼 있으므로 소비자 애플리케이션을 작성하기가 비교적 쉬우며 핵심 애플리케이션 외부에서 메시지를 쉽게 디코딩할 수 있다.

또한 content-type 속성에 직렬화 형식을 지정하면 소비자 애플리케이션의 미래를 보장할 수 있다. 소비자 애플리케이션이 지원하는 직렬화 형식을 자동으로 인식하고 선택적으로 메시지를 처리할 수 있는 경우 새로운 직렬화 형식을 사용해서 동일한 큐로 라우팅할 때 어떤 일이 발생할지 걱정하지 않아도 된다.

소비자 코드에서 클라이언트 라이브러리를 사용하는 경우, 수신하는 메시지를 처리할 때 유용한 정보가 필요할 수 있다. 라이브러리가 메시지를 소비자 코드에 전달하기 전에 메시지를 사전 처리해서 본문을 자동으로 디코딩하고 프로그래밍 언어의 원시 데이터 구조로 변환할 수도 있다. 예를 들어 파이썬에서 라이브러리는 content-type 헤더에서 메시지가 어떤 유형으로 직렬화됐는지 감지하고, 이를 사용해 메시지 본문을 자동으로 디코딩해 dict, list 또는 다른 원시 데이터 유형으로 변환할 수 있다. 이를 통해 소비자 애플리케이션의 코드 복잡성을 현저하게 줄일 수 있다.

3.3 gzip, content-encoding으로 메시지 크기 줄이기

AMQP를 이용해서 전달한 메시지는 기본적으로 압축되지 않는다. 이는 XML과 같이 지나치게 자세한 마크업 문법이나 큰 메시지에는 JSON, YAML과 같이 마크업을 사용하지 않는 경우에도 문제가 될 수 있다. 서버에서 웹 페이지를 gzip으로 압축하고 브라우저가 렌더링하기 전에 압축을 푸는 것과 마찬가지로 발행자는 메시지를 발행하기 전에 압축하고 소비자로부터 메시지를 전달받아 압축을 풀 수 있다.

AMQP에서는 이를 명시적으로 content-encoding 속성을 지정해 처리한나(그림 3.4).

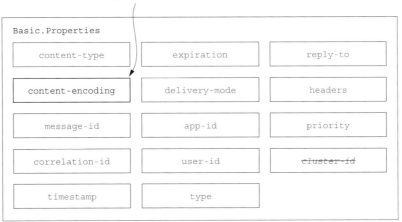

content-encoding 속성으로 메시지 본문이
base64 혹은 gzip과 같은 특수한 형식으로
인코딩됐는지 알 수 있다.

그림 3.4 content-encoding 속성은 특정 인코딩이 메시지 본문에 적용됐는지를 나타낸다.

운영 환경에서는 발행자와 소비자의 메시지 계약을 운영 중에 변경하지 않는 것이 바람직하며 기존 코드에 대한 잠재적 영향을 최소화하는 것이 좋다. 그러나 메시지 크기가 애플리케이션의 전체 성능이나 안정성에 영향을 미쳐서 본문 인코딩의 변경이 불가피한 경우, content-encoding 헤더를 사용하면 소비자가 메시지의 형식을 사전에 확인할 수 있으므로 메시지 본문을 적절하게 디코딩할 수 있다.

> **노트** content-encoding과 content-type을 혼동하지 않도록 주의하자. HTTP 스펙과 마찬가지로 content-encoding은 content-type을 넘어서 인코딩 수준을 나타내는 데 사용된다. 이는 메시지 본문의 내용이 gzip 또는 다른 형식의 압축을 사용해 압축됐음을 나타내는 데 종종 사용하는 필드다. 일부 AMQP 클라이언트는 자동으로 content-encoding 값을 UTF-8로 설정하지만, 이는 잘못된 동작이다. AMQP 스펙에는 content-encoding이 MIME 콘텐츠 인코딩을 저장하기 위한 것이라고 명시돼 있다.

MIME 이메일 마크업은 병렬 처리가 가능하도록 content-encoding 필드를 사용해 이메일의 각 파트에 대한 인코딩을 표현한다. 이메일에서 가장 일반적인 인코딩 유형은 Base64와 QP[Quoted-Printable][1] 인코딩이다. Base64 인코딩은 메시지에서 전송할 바이너리 데이터가 텍스트 전용인 SMTP 프로토콜의 범위를 넘지 않도록 사용된다. 예를 들어 이미지가 포함된 HTML의 이메일 본문을 만드는 경우 포함된 이미지는 Base64로 인코딩된다.

하지만 SMTP와 달리 AMQP는 바이너리 프로토콜이다. 메시지 본문의 콘텐츠는 그대로 전송되며 메시지 마샬링 및 언마샬링 과정에서 인코딩되거나 변환되지 않는다. 모든 메시지 본문은 프로토콜 위반에 대한 걱정 없이 다양한 형식으로 전달된다.

클라이언트 라이브러리 활용하기

클라이언트 라이브러리를 사용해 소비자 코드를 작성하는 경우, content-encoding 속성을 사용해 수신 시 메시지를 자동으로 디코딩할 수 있다. 보통 라이브러리가 메시지의 전처리, 디코딩, 압축 해제를 처리하므로 직접 작성해야 하는 소비자 애플리케이션의 로직과 코드는 단순하다. 따라서 개발자는 메시지 본문을 처리하는 작업에 집중할 수 있다.

클라이언트 라이브러리에 대해서는 5장에서 자세히 알아보자.

content-type 속성과 content-encoding 속성을 함께 사용하는 경우 소비자 애플리케이션은 발행자와 더욱 명시적인 계약을 맺는다. 이를 통해 더욱 유지 보수가 쉬운 코드 작성이 가능하고 메시지 형식 변경으로 인한 예기치 않은 오류에 대비해 코드를 강화할 수 있다. 예를 들어 애플리케이션의 운영 중에 메시지 본문을 bzip2로 압축하는 것이 더 적합하다고 판단돼 변경하더라도 content-encoding 속성을 검사하도록 소비자 애플리케이션을 구현하면 디코딩할 수 없는 메시지를 거부할 수 있다. zlib 압축만 해제할 수 있는 소비자 애플리케이션은 bzip2로 압축된 메시지를 거부해 bzip2 압축을 풀 수 있는 다른 소비자 애플리케이션이 처리할 수 있도록 큐에 메시지를 남겨둔다.

---

1 QP 인코딩은 인쇄 가능한 ASCII 문자를 사용해 7비트 데이터 경로 또는 일반적으로 8비트가 아닌 매체를 통해 8비트 데이터를 전송하는 인코딩이다. - 옮긴이

3.4 message-id와 correlation-id를 이용한 메시지 참조

AMQP 스펙에서 message-id와 correlation-id는 '애플리케이션 용도'로 지정됐으며 공식적으로 정의된 동작은 없다(그림 3.5). 이 속성은 애플리케이션에서 원하는 용도로 자유롭게 사용할 수 있음을 의미한다. 두 필드는 최대 255바이트의 UTF-8로 인코딩된 값을 가지며 Basic.Properties 데이터 구조에 포함된 압축되지 않은 값으로 저장된다.

그림 3.5 message-id와 correlation-id 속성은 개별 메시지와 응답 메시지가 시스템을 통과할 때 이를 추적하기 위해 사용할 수 있다.

3.4.1 message-id

로그인 이벤트와 같은 일부 유형의 메시지는 고유한 message-id가 필요하지 않을 수 있지만, 판매 주문이나 지원 요청과 같은 경우 메시지를 쉽게 파악하는 데 도움이 된다. message-id 속성은 메시지가 느슨하게 결합된 시스템의 다양한 구성 요소를 통과할 때마다 메시지를 고유하게 식별할 수 있도록 헤더의 데이터로 전달된다.

3.4.2 correlation-id

AMQP 명세에는 correlation-id에 대한 공식적인 정의가 없지만, 좋은 사용 예로서 현재 메시지와 관련된 메시지의 message-id를 값으로 지정해 다른 메시지에 대한 응답임을 표시하는 것을 들 수 있다. 또 다른 사용 예는 트랜잭션 ID나 메시지가 참조하는 다른 데이터를 전달하는 데 이 속성을 사용하는 것이다.

3.5   timestamp 속성

또 다른 Basic.Properties의 유용한 필드 중 하나는 timestamp 속성이다(그림 3.6). message-id와 correlation-id처럼 timestamp도 '애플리케이션 용도'로 지정됐다. 애플리케이션에서 timestamp 속성을 사용할 필요가 없더라도 RabbitMQ를 통한 메시지 흐름에서 예상치 못한 동작을 진단하려고 할 때 timestamp 속성은 매우 유용하다. 또 timestamp 속성을 사용해 메시지 생성 시점을 기록하면 메시지를 발행할 때 성능을 측정할 수 있다.

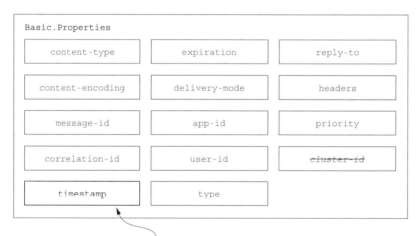

timestamp 속성은 공식적인 정의는 없지만,
메시지 생성 시점을 정의하는 데 사용할 수 있다.

그림 3.6 timestamp 속성은 메시지가 작성된 시기를 지정하기 위해 시간을 값으로 갖는다.

프로세스가 시행해야 하는 서비스 수준 계약SLA, Service Level Agreement[2]이 있다면, 소비자 애플리케이션에서 메시지의 timestamp 속성을 평가해 메시지를 처리할지 여부를 결정하거나 메시지의 수명이 지정한 값을 초과한 경우 모니터링 애플리케이션에 경고 메시지를 발행해서 누군가에게 알릴 수도 있다.

timestamp는 유닉스 시간Unix epoch 또는 1970년 1월 1일 자정 이래로 경과된 초를 나타내는 정수로 전송된다. 예를 들어 2002년 2월 2일 자정은 정수 값 1329696000으로 표시된다. 정수 값으로 인코딩된 timestamp는 메시지에서 8바이트의 공간만 차지한다. 불행히도 timestamp는 시간대time zone 정보가 없으므로 UTC 혹은 다른 일관된 시간대를 약속해 사용하는 것이 좋다. 시간대를 기준으로 표준화하면 지리적으로 분산된 RabbitMQ 서버로 메시지가 이동해 향후에 발생할 수 있는 문제를 방지할 수 있다.

3.6 자동으로 메시지 만료하기

expiration 속성은 RabbitMQ에서 소비하지 않은 메시지를 버려야 할 때를 파악하는 데 사용한다. expiration 속성은 AMQP 스펙 0-8과 0-9-1 버전에 모두 존재하지만, RabbitMQ 3.0 버전 이전에는 지원되지 않았다(그림 3.7). 또 expiration 속성의 스펙에는 한 가지 이상한 점이 있는데, '구현할 때 사용할 수 있지만 공식적인 동작은 없음'으로 정의됐다는 것이다. RabbitMQ가 expiration 속성의 행동을 그동안 구현하지 않은 것도 적절했다고 생각된다. expiration 스펙의 또 다른 이상한 점은 다른 시간 관련 속성인 timestamp와 동일하게 유닉스 시간을 값으로 갖지만, 타입은 255자의 짧은 문자열이라는 것이다.

스펙이 모호하므로 다른 메시지 브로커 또는 다른 버전의 RabbitMQ를 사용할 때 expiration의 값은 다른 의미를 가질 수 있다. RabbitMQ에서 expiration 속성을 사용해 메시지를 자동으로 만료 처리하려면 유닉스 시간 또는 정수 기반 timestamp를 값으로 가져야 하지만, 타입은 문자열로 저장돼야 한다. "2002-02-20T00 : 00 : 00-00"과 같이 ISO-8601 형식의 타임스탬프를 저장하는 대신 문자열 값인 "1329696000"과 동일한 형식으로 값을 설정해야 한다.

---

2 서비스 공급자와 클라이언트 간의 약속을 의미한다. 품질, 가용성, 신뢰성과 같은 서비스의 특정 측면은 서비스 제공 업체와 서비스 클라이언트 간에 합의된다. - 옮긴이

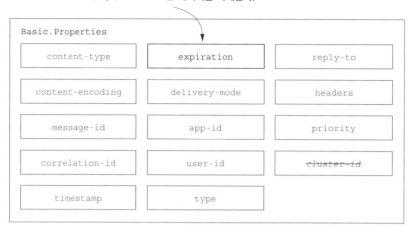

현재 시간이 expiration 속성에 할당된 값보다
큰 경우 RabbitMQ는 메시지를 삭제한다.

```
Basic.Properties
   content-type          expiration           reply-to

   content-encoding      delivery-mode        headers

   message-id            app-id               priority

   correlation-id        user-id              cluster-id

   timestamp             type
```

그림 3.7 RabbitMQ에서 expiration 속성을 사용하려면 최대 255자 문자열로 유효한 유닉스 시간을 설정한다.

expiration 속성을 사용하는 메시지가 서버에 도착한 후 시간이 만료된 경우 메시지는 큐로 삽입되지 않고 삭제된다.

RabbitMQ에는 특정 상황에서만 메시지가 만료되는 다른 기능이 있다. 큐를 선언할 때 큐의 정의와 함께 x-message-ttl 속성을 인자로 전달해서 메시지를 만료할 수 있는데, 유닉스 시간이지만 밀리세컨드 정밀도(유닉스 시간 × 1000)의 정수로 값을 설정한다. 큐의 x-message-ttl 속성은 지정된 시간이 경과되면 메시지를 자동으로 삭제한다. 큐의 x-message-ttl 인수와 장점에 대해서는 5장에서 자세히 다룬다.

3.7 배달 모드를 이용해 안전성과 속도 조절하기

delivery-mode 속성은 소비자에게 전달하기 전에 메시지를 디스크에 저장할지 여부를 메시지 브로커에 지정하는 데 사용하고 1바이트의 공간을 차지한다(그림 3.8). 메시지를 디스크에 저장하면 RabbitMQ 서버를 정지하고 다시 시작하더라도 메시지가 소비될 때까지 큐에 남아있게 된다. delivery-mode 속성은 메시지를 저장하지 않을 경우 1, 메시지를 저장하는 경우 2, 이렇게 두 가지 값으로 지정된다.

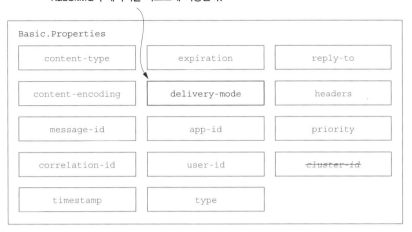

delivery-mode 속성의 값을 '2'로 설정하면
RabbitMQ가 메시지를 디스크에 저장한다.

Basic.Properties

content-type	expiration	reply-to
content-encoding	delivery-mode	headers
message-id	app-id	priority
correlation-id	user-id	~~cluster-id~~
timestamp	type	

그림 3.8 delivery-mode 속성은 RabbitMQ가 메시지를 큐에 삽입할 때 디스크에 저장해야 할지, 아니면 메시지를 메모리에만 보관할지를 지정한다.

> **노트** RabbitMQ의 다양한 용어와 설정에 대해 처음 접한다면, 메시지 지속성(persistence)이 큐의 내구성(durable) 속성과 혼동될 수 있다. 큐의 durable 속성은 RabbitMQ 서버나 클러스터를 다시 시작한 후에도 큐 정의가 유지돼야 하는지를 나타내는 반면, delivery-mode는 메시지를 유지할지 여부를 나타낸다. 하나의 큐에는 디스크에 저장되는 지속성 메시지와 메모리에만 보관되는 비지속성 메시지가 동시에 포함될 수 있다. 큐의 durable 속성은 4장에서 자세히 알아본다.

그림 3.9와 같이 메시지를 delivery-mode를 1로 지정해 비지속 메시지로 전달하면 메시지를 메모리에만 저장하는 메모리 전용 큐처럼 사용할 수 있다.

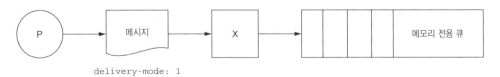

delivery-mode: 1

그림 3.9 메모리 전용 큐에 메시지 발행

본질적으로 메모리 I/O는 디스크 I/O보다 빠르기 때문에 delivery-mode를 1로 지정하면 가능한 한 빠르게 메시지를 발행한다. 웹 애플리케이션의 로그인 이벤트의 경우 delivery-mode 속성을 선택하기가 다른 케이스보다 쉽다. RabbitMQ 서버가 실행에 실패할 경우에도 이벤트를 잃지 않는 것이 이상적이지만 로그인 이벤트가 없어진다고 해서 비즈니스가 위험에 빠지지는 않으므로 이벤트를 메모리에만 보관하는 것도 합리적인 선택이 된다. 이 경우 delivery-mode를 1로 설정한다. 그러나 RabbitMQ를 사용해 금융 거래 데이터를 발행하고 애플리케이션 아키텍처가 메시지 처리량보다는 정확한 전달에 초점을 맞춘다면 delivery-mode를 2로 지정해 지속성을 활성화한다. 그림 3.10과 같이 delivery-mode를 2로 지정하면 메시지는 디스크 기반 큐에 저장된다.

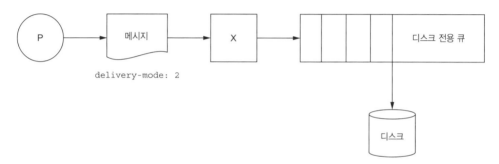

그림 3.10 디스크 전용 큐에 메시지 발행

디스크에 메시지를 저장하는 일은 메시지 브로커가 중단된 경우에도 메시지가 손실되지 않는다는 것을 보장하지만, 잠재적인 성능 문제나 확장 문제를 초래할 수 있다. 배달 모드는 성능에 중요한 영향을 미친다. 배달 모드는 4장에서 자세히 알아본다.

3.8 app-id 및 user-id를 사용해 메시지의 출처 확인하기

app-id와 user-id 속성은 메시지에 대한 다른 수준의 정보를 제공하며 다양한 용도로 활용된다(그림 3.11). 메시지의 행동을 지정하는 데 사용하는 다른 속성들과 마찬가지로 app-id와 user-id는 소비자 애플리케이션에서 메시지를 처리하기 전에 유효성을 검증하는 용도로 활용된다.

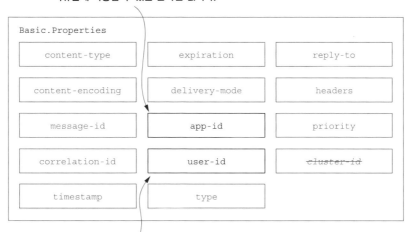

app-id 속성은 발행자 애플리케이션에서
자유롭게 사용할 수 있는 문자열 값이다.

RabbitMQ는 메시지를 발행하는 RabbitMQ 사용자에
대해 user-id 속성을 이용해 유효성을 검사한다.

그림 3.11 user-id와 app-id 속성은 Basic.Properties의 마지막 값으로 메시지 출처를 확인하는 데 사용한다.

3.8.1 app-id 속성

AMQP 스펙에서 app-id 속성은 최대 255자의 짧은 UTF-8 문자열이다. 애플리케이션이 API 중심으로 디자인돼 버전 관리가 필요한 경우 app-id를 사용해 생성된 메시지와 함께 특정 API와 버전을 전달할 수 있다. 발행자와 소비자 간에 계약을 맺는 방법 중 하나로 사용한다면, 메시지를 처리하기 전에 app-id를 검사해서 알 수 없거나 지원하지 않는 출처의 메시지인 경우 애플리케이션에서 메시지를 삭제할 수 있다.

app-id의 다른 사용법은 통계 데이터로 수집하는 것이다. 예를 들어 메시지를 사용해 로그인 이벤트를 전달하는 경우, app-id 속성을 로그인 이벤트를 발생시키는 애플리케이션의 플랫폼과 버전으로 설정한다. 웹 기반이나 데스크톱 그리고 모바일 클라이언트 애플리케이션을 사용하는 환경에서는 메시지 본문을 검사하지 않고도 플랫폼별로 로그인을 추적하기 위해 계약을 맺어서 데이터를 추출할 수 있다. 통계 수집 전용 소비자를 구현하고 로그인 이벤트를 처리하는 소비자와 동일한 메시지를 구독한다면 이 기능이 특히 유용하다. app-id 속성을 제공하면 통계 수집 전용 소비자가 메시지 본문을 디코딩할 필요가 없다.

> **팁** 큐에 대기하는 문제가 발생한 메시지의 출처를 추적할 때, app-id를 이용하면 메시지의 출처를
> 쉽게 추적할 수 있으며, 이는 다수 애플리케이션이 동일한 RabbitMQ 인프라를 공유하는 대규모 환경
> 에서 특히 유용하다. 기존 발행 애플리케이션과 동일한 익스체인지와 라우팅 키를 새로운 발행자 애플
> 리케이션이 잘못 사용하는 경우가 종종 발생한다

3.8.2 user-id 속성

사용자 인증의 경우에는 로그인한 사용자를 식별하기 위해 user-id 속성을 사용하는 것
이 유용해 보이지만, 대부분의 경우 권장되지 않는다. RabbitMQ는 메시지를 발행하는
사용자에 대해 user-id 속성의 값으로 발행된 모든 메시지를 검사하고 두 값이 일치하
지 않으면 메시지가 거부된다. 예를 들어 애플리케이션이 RabbitMQ를 사용해 사용자
'www'로 인증하고 메시지의 user-id 속성을 'linus'로 설정할 경우 메시지가 거부된다.

물론 작성하는 애플리케이션이 채팅이나 인스턴트 메시징 서비스라면 한 채팅방의
모든 사용자가 같은 user-id를 사용해야 하며, 실제로 로그인한 실제 사용자를 식별하기
위해 user-id를 사용할 수는 없다.

3.9 type 속성을 이용해 메시지 특정하기

AMQP 0-9-1 버전에서 Basic.Properties의 type 속성은 '메시지 유형 이름'으로 정의돼
있는데, 애플리케이션 전용으로 공식적인 동작은 정해지지 않았다는 의미다(그림 3.12).
익스체인지와 결합된 라우팅 키 값은 메시지 내용을 결정하는 데 필요한 만큼 메시지에
대한 많은 정보를 전달하는 데 반해, type 속성은 애플리케이션이 메시지 처리 방법을 결
정하는 데 또 다른 수단으로 사용된다.

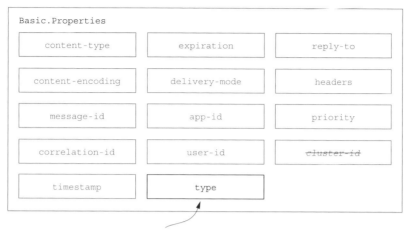

그림 3.12 type 속성은 자유 형식 문자열 값으로 메시지 유형을 정의하는 데 주로 사용된다.

자체 설명 직렬화 형식이 충분히 빠르지 않은 경우

type 속성은 자체 설명(self-describing) 메시지를 만들 때, 특히 메시지 본문이 자체 설명 데이터 형식으로 직렬화(serialize)되지 않은 경우 매우 유용하다. JSON이나 XML과 같은 형식은 너무 장황한 편이다. 또 유선상이나 메모리에서 불필요한 오버헤드가 생기기도 하며 일부 언어에서는 직렬화 및 역직렬화가 매우 느린 경우도 있다. 이럴 경우 Apache Thrift(http://thrift.apache.org/) 혹은 Protobuf(https://code.google.com/p/protobuf/)와 같은 직렬화 형식을 선택하기도 한다. 이들은 MessagePack(http://msgpack.org/)과는 달리 이진 코드화 메시지 형식에 자체 설명이 포함되지 않았으므로 직렬화 및 역직렬화를 위한 외부 정의 파일이 필요한데, 메시지에 자체 설명이 빠져 있으므로 유선에서 더 적은 페이로드가 사용된다.

발행자와 소비자 간에 실행 가능한 계약을 자체 설명하는 메시지와 달리 자체 설명하지 않는 메시지의 본문은 메시지를 소비자가 처리할 수 있는지 결정하기 전에 메시지 본문을 역직렬화해야 한다. 이 경우 type 속성을 사용해 레코드 유형이나 외부 정의 파일을 지정함으로써 소비자가 메시지를 처리하는 데 사용하는 적절한 .thrift나 .proto 파일에 접근할 수 없는 경우 처리할 수 없는 메시지로 판단해 거부할 수 있다.

회원 로그인 이벤트 발행 예제에서 메시지와 함께 메시지 type을 전달하는 것이 유용함을 배웠다. 이제 이벤트를 데이터 웨어하우스에 저장하자. 이벤트를 데이터 웨어하우스에 저장하기 위해 이벤트들을 먼저 임시 저장소에 저장하고, 일괄 처리 프로세스가 임시 저장소에서 이벤트를 읽은 후 데이터 웨어하우스에 저장한다. 이는 매우 일반적인 프로세스며, 단일 소비자가 모든 메시지를 처리하기 위해 일반 큐를 사용해 ETL(추출extract–변환transform–로드load) 단계를 수행한다. ETL을 위한 큐의 소비자는 여러 유형의 메시지를 처리하고 type 속성을 사용해 추출된 데이터를 저장할 시스템이나 테이블 또는 클러스터를 결정한다.

> **노트** ETL은 최종적인 보고 목적으로 OLTP 데이터를 추출해서 데이터 웨어하우스에 로드하는 표준 방식이다. ETL에 대해 자세히 알고 싶다면 각 단계, ETL 성능, 공통 과제 및 관련 주제를 설명하는 매우 훌륭한 글이 게재된 위키피디아를 확인하길 바란다(http://en.wikipedia.org/wiki/Extract,_transform,_load).

3.10 동적인 작업 흐름을 위한 reply-to 속성 사용하기

AMQP 스펙에서 reply-to 속성은 공식적으로 정의된 동작은 없고 '애플리케이션 용도'로만 지정돼 있다(그림 3.13). 앞서 언급한 속성들과는 달리, 메시지에 대한 응답을 위한 개인 응답 큐를 지정하는 데 사용될 수 있다는 점을 주목할 만하다. AMQP 스펙에 개인 응답 큐에 대한 명확한 정의가 명시돼 있지는 않지만, reply-to 속성은 특정 큐 이름이나 메시지가 원래 발행된 동일한 익스체인지의 응답 키를 전달하는 데 사용할 수 있다.

> **경고** AMQP 0-9-1 버전에는 reply-to 속성에 대해 '요청 메시지에 사용될 때 개인 응답 큐의 이름을 보유할 수 있다.'는 경고가 있다. 이 정의는 모호하므로 사용할 때 주의해야 한다. RabbitMQ의 향후 버전에서 발행 시간에 응답 메시지의 라우팅 기능을 추가할 가능성은 낮지만, 위험을 감수하는 것보다 안전하게 처리하는 것이 낫다. RabbitMQ의 user-id 속성에 대한 동작과 관련된 사양의 모호성을 감안할 때, reply-to 속성의 값 때문에 응답 메시지가 라우팅될 수 없는 경우, RabbitMQ가 메시지 발행을 거부할 수도 있다.

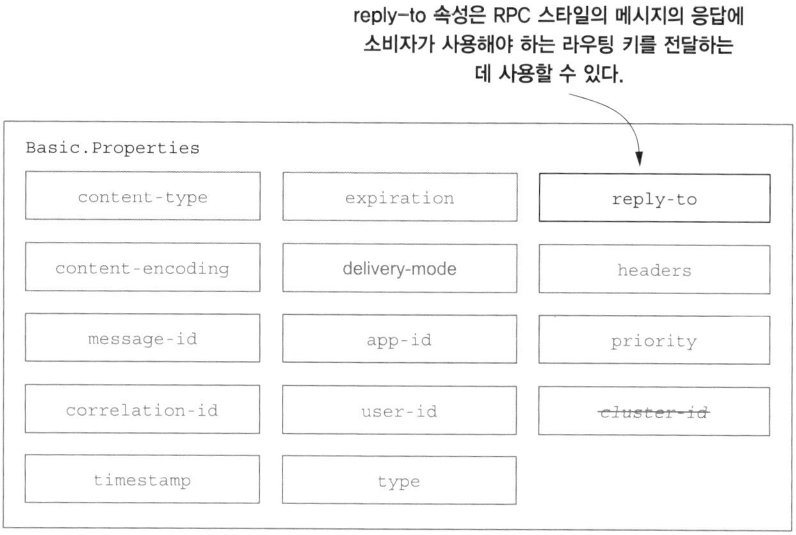

reply-to 속성은 RPC 스타일의 메시지의 응답에
소비자가 사용해야 하는 라우팅 키를 전달하는
데 사용할 수 있다.

그림 3.13 AMQP 스펙에 reply-to 속성에 대한 공식적인 정의는 없지만, 메시지에 대한 응답에 사용할 수 있는 라우팅 키 또는 큐 이름을 값으로 전달하는 데 사용할 수 있다.

3.11 headers를 사용해 사용자 속성 지정하기

headers 속성은 임의의 사용자 정의 키와 값을 갖는 테이블이다(그림 3.14). 키는 최대 255자의 길이를 갖는 ASCII 또는 유니코드 문자열을 설정할 수 있다. 값은 유효한 AMQP 값 유형을 설정할 수 있다. 다른 속성들과 달리 headers 속성을 사용하면 원하는 모든 데이터를 headers 테이블에 추가할 수 있다. headers 속성에는 특별한 기능이 있는데, RabbitMQ는 라우팅 키를 사용하는 대신 헤더 테이블에 채워진 값을 기반으로 메시지를 라우팅할 수 있다는 점이다. headers 속성을 통한 메시지 라우팅은 6장에서 알아본다.

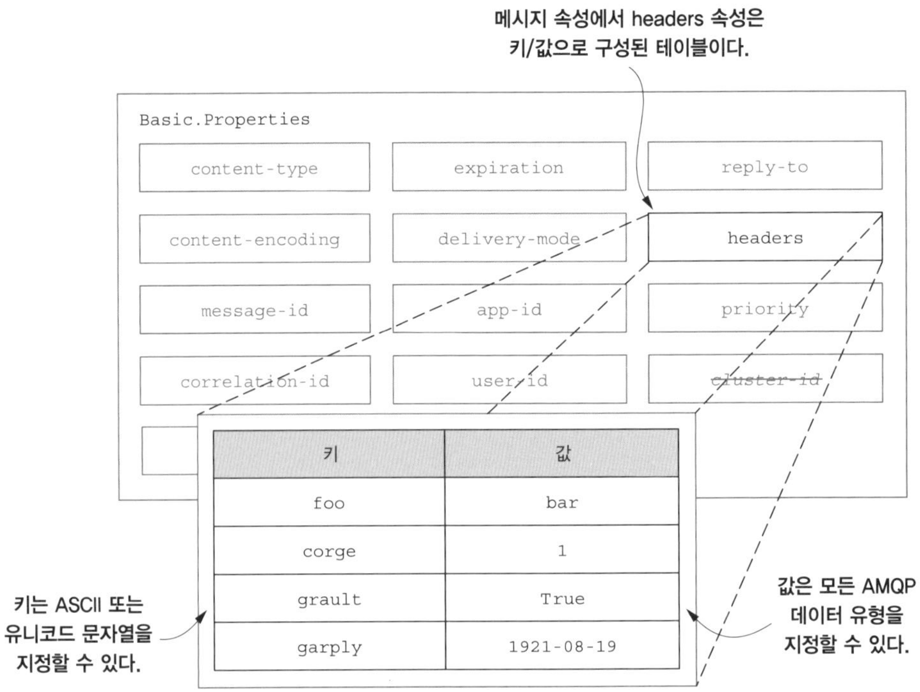

그림 3.14 메시지 속성에서 headers 속성은 임의의 키/값 쌍을 저장한다.

3.12 priority 속성

RabbitMQ 3.5.0부터 AMQP 스펙에 맞춰서 priority 필드가 구현됐다. priority 속성의 값은 큐에 포함된 메시지의 우선순위 지정에 사용하며, 0~9까지의 값을 갖는 정수로 정의된다. priority가 9인 메시지가 발행되고 나서 priority가 0인 메시지가 발행되면 새로 연결된 소비자 애플리케이션은 priority가 9인 메시지보다 priority가 0인 메시지를 먼저 받게 된다. 흥미롭게도 RabbitMQ는 priority 속성을 부호 없는 바이트^{unsigned byte}로 구현해 0에서 255 사이의 값을 지정할 수 있지만, AMQP 스펙과 상호운용성을 유지하려면 priority를 0에서 9로 제한해야 한다(그림 3.15 참조).

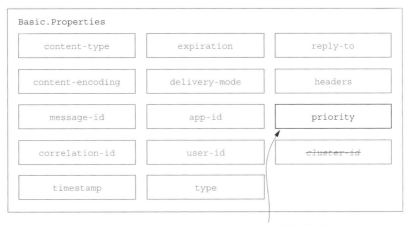

priority는 RabbitMQ에서 제한적으로
사용해야 하는 속성이다.

그림 3.15 priority 속성은 큐에서 메시지의 우선순위를 지정하는 데 사용한다.

3.13 사용할 수 없는 속성: cluster-id/reserved

흥미롭게도 마지막으로 알아볼 속성은 사용할 수 없는 값이며, 다른 속성과 달리 cluster-id 속성은 사용할 수 없으므로 줄이 쳐져 있다(그림 3.16).

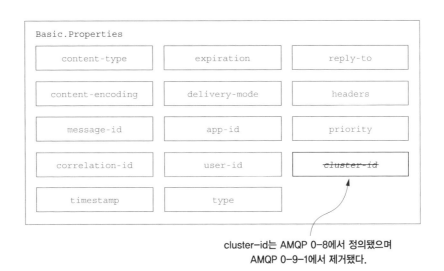

cluster-id는 AMQP 0-8에서 정의됐으며
AMQP 0-9-1에서 제거됐다.

그림 3.16 cluster-id 속성은 AMQP 0-9-1에서 예약됨(reserved)으로 변경됐으므로 사용하지 말아야 한다.

AMQP 0-8 스펙에서 cluster-id 속성을 정의했지만 차후에 제거됐으며 RabbitMQ는 그와 관련된 어떤 종류의 동작도 구현하지 않았다. AMQP 0-9-1 스펙에서는 reserved로 이름을 변경했으며 비어있어야 함을 나타냈다. RabbitMQ는 reserved 속성이 현재 비어 있어야 한다고 강제하지는 않지만 이 속성은 가급적 사용하지 않는 것이 좋다.

3.14 요약

Basic.Properties를 올바르게 사용하면 발행자와 소비자 간에 엄격한 행동 계약을 맺는 메시징 아키텍처를 만들 수 있다. 또한 초기 애플리케이션과 메시지 스펙에서 고려하지 않았을 수도 있는 통합 프로젝트에 대한 메시지를 향후에도 안전하게 사용할 수 있다. 표 3.1에서는 Basic.Properties의 속성들에 대한 간략한 요약을 보여주므로, 애플리케이션 을 개발할 때 적절한 속성을 사용하고 있는지 파악할 때 참고하길 바란다.

표 3.1 Basic.Properties에서 사용할 수 있는 속성들의 유형, 사용처, 그리고 명시된 내용 또는 제안 사항

속성	유형	사용처	명시된 내용
app-id	짧은 문자열	애플리케이션	메시지를 발행하는 애플리케이션을 정의할 때 사용한다.
content-encoding	짧은 문자열	애플리케이션	메시지 본문이 zlib, deflate 또는 Base64와 같은 특별한 방법으로 인코딩되는지 지정하는 데 사용한다.
content-type	짧은 문자열	애플리케이션	mime-types를 사용해 메시지 본문의 유형을 지정하는 데 사용한다.
correlation-id	짧은 문자열	애플리케이션	메시지가 다른 메시지 혹은 고유하게 식별 가능한 항목을 참조하고 있는 경우, correlation-id를 이용해 메시지가 참조하는 내용을 나타내는 데 사용한다.
delivery-mode	octet	RabbitMQ	1은 RabbitMQ가 메시지를 메모리에 보관할 수 있음을, 2는 디스크에 기록해야 함을 나타낸다.
expiration	짧은 문자열	RabbitMQ	메시지가 만료되는 시기를 나타내는 데 사용하는 텍스트 문자열의 유닉스 시간 값이다.
headers	테이블	양쪽 모두	메시지에 대한 추가적인 메타데이터를 첨부하는 데 사용할 수 있는 자유 형식 키/값 테이블. 원하는 경우 RabbitMQ가 이 값을 기반으로 라우팅할 수 있다.
message-id	짧은 문자열	애플리케이션	애플리케이션이 메시지를 식별하는 데 사용할 수 있는 UUID와 같은 고유 식별자다.
priority	octet	RabbitMQ	큐에서 메시지의 우선순위를 지정하는 속성이다.

(이어짐)

속성	유형	사용처	명시된 내용
timestamp	timestamp	애플리케이션	메시지 작성 시점을 나타내는 데 사용하는 유닉스 시간 값이다.
type	짧은 문자열	애플리케이션	애플리케이션이 메시지 유형 또는 페이로드를 설명하는 데 사용할 수 있는 텍스트 문자열이다.
user-id	짧은 문자열	양쪽 모두	RabbitMQ가 연결된 사용자에 대해 유효성을 검사하고 일치하지 않는 메시지를 삭제하는 자유 형식 문자열이다.

속성은 자체 설명 메시지를 위해 사용하는 것 외에, 메시지에 의미 있는 메타데이터를 전달하는 데도 사용할 수 있다. 이를 통해 메시지 본문을 메시지와 관련된 텍스트 정보로 오염시키지 않고도 정교한 라우팅 및 트랜잭션 메커니즘을 만들 수 있다. RabbitMQ는 메시지를 평가할 때 delivery-mode와 headers 테이블 같은 특정 속성을 활용해 메시지가 지정된 방법이나 특정 위치에 전달되도록 한다. 그러나 이러한 속성들은 메시지의 전달이 안전한지 확인하는 일부 방법에 불과하다.

메시지 발행에서 성능 절충

메시지 발행은 메시징 기반 아키텍처의 핵심 동작 중 하나로 RabbitMQ에는 메시지 발행에 대한 여러 설정이 있다. 애플리케이션에서 사용 가능한 다양한 메시지 발행 옵션은 애플리케이션의 성능과 안정성에 많은 영향을 준다. 메시지 브로커는 빠른 성능이나 처리량도 중요하지만, 신뢰할 수 있는 메시지 전달도 중요한 지표 중 하나다. ATM에서 은행계좌에 돈을 예치할 때, 메시지 전달을 신뢰할 수 없다고 상상해보면 계좌 잔액이 증가할 것이라는 확신 없이 계좌에 돈을 입금하게 되는데, 이는 필연적으로 은행과 고객에게 큰 문제를 발생시킬 수 있다. 미션 크리티컬한 애플리케이션이 아닌 경우에도 의도한 목적으로 메시지가 발행됐지만, 메시지가 누락되면 쉽게 문제가 발생할 수 있다.

은행 업무 애플리케이션에서 동작하는 메시지의 배달 보장처럼 모든 시스템이 까다로운 요구 사항이 있지는 않지만, RabbitMQ와 같은 소프트웨어는 대기 중인 메시지를 확실히 전달하는 것이 중요하다. AMQP 스펙은 메시지를 발행할 때 트랜잭션을 제공하고 있으며, 메시지를 디스크에 저장하는 경우 일반적인 메시지 발행보다 높은 수준의 안정적인 메시징 환경을 제공할 수 있다. RabbitMQ는 발행자 확인과 같은 추가 기능을 제공하고 있으며 여러 서버에 걸쳐 있는 HA 큐와 같은 다양한 메시지 배달 보장 수준을 선택할 수 있다. 4장에서는 이러한 기능을 사용하는 데 관련된 성능과 배달 보장의 성능 절충에 대해 알아보고 RabbitMQ가 자동으로 발행자의 메시지를 조절하는 방법을 알아본다.

4.1 발행 속도와 배달 보장의 균형 잡기

RabbitMQ 메시지 발행의 다양한 배달 보장^{delivery guarantee} 수준에는 무엇인가 적당함을 뜻하는 '세 마리 곰 이야기'의 골디락스 원칙^{Goldilocks Principle1}을 적용할 수 있다. 신뢰할 수 있는 메시지 배달을 위해 RabbitMQ에서 배달 보장을 사용할 때 발생하는 절충에 이 원칙을 고려해볼 필요가 있다. RabbitMQ 서버를 재부팅해도 메시지가 유지되도록 하는 등의 일부 기능은 특정 애플리케이션에서는 너무 느리고 적합하지 않을 수 있다. 반면에 추가적인 배달 보장 없이 메시지를 발행한다면, 속도는 훨씬 빠르지만 미션 크리티컬 애플리케이션에는 안전한 환경을 제공하지 못한다(그림 4.1).

그림 4.1 메시지 발행 속도는 각 배달 보장 메커니즘을 사용하면 느려지고, 조합해서 사용하는 경우 더욱 느려진다.

RabbitMQ에서 배달 보장을 딜성하기 위해 설계된 각 메커니즘은 성능에 영향을 미친다. 설정을 하더라도 처리량에 큰 차이가 없다고 느낄지도 모르지만, 각 메커니즘을 조합해 사용하면 메시지 처리량에 상당한 영향을 미칠 수 있다. 자체적인 성능 벤치마크를 수행해 성능과 배달 보장 간에 적절한 균형을 결정하는 것이 좋다. RabbitMQ를 사용해

---

1 서양에는 우리에게 많이 알려지지 않은 '세 마리 곰' 이야기라는 동화가 있는데, 상당히 유명해서 자주 패러디 등의 소재가 된다. 골디락스(Goldilocks)라는 어린 소녀가 세 종류의 죽을 맛보고, 너무 뜨겁지도 차갑지도 않은 적당한 온도의 죽을 선호한다는 이야기다. – 옮긴이

애플리케이션 아키텍처를 만들 때는 골디라스 원칙을 염두에 둬야 한다. 올바른 솔루션을 위한 고성능과 메시지 배달 보장 사이에 적절한 균형을 찾는 과정에서는 다음 질문들을 염두에 두길 바란다.

- 발행 시에 메시지를 큐에 넣는 것이 얼마나 중요한가?
- 메시지를 라우팅할 수 없는 경우, 발행자에게 메시지를 보내야 하는가?
- 메시지를 라우팅할 수 없는 경우, 차후에 조정하는 다른 곳으로 메시지를 보내야 하는가?
- RabbitMQ 서버에 장애가 발생할 때, 메시지가 손실돼도 괜찮은가?
- RabbitMQ가 새 메시지를 처리할 때, 요청한 모든 메시지를 라우팅한 후 디스크에 저장하는 작업이 정상적으로 수행했는지 발행자가 확인해야 하는가?
- 발행자가 메시지를 한꺼번에 전달하면 RabbitMQ는 메시지를 라우팅하고 디스크에 저장한 후 작업이 정상적으로 실행됐는지를 발행자에게 다시 알려야 하는가?
- 다수 메시지를 라우팅한 후 디스크에 정상적으로 저장됐는지 확인하는 작업을 일괄 처리하는 경우, 메시지를 저장할 큐에 원자 커밋atomic commit이 필요한가?
- 발행자가 적절한 성능과 메시지 처리량을 달성하는데, 메시지 배달 보장 기능 간에 절충점이 있는가?
- 메시지 발행의 다른 측면이 메시지 처리량 및 성능에 영향을 미치는가?

이어서 위 질문들이 RabbitMQ의 어떤 기능과 관련 있는지와 적절한 수준의 메시지 배달 보장과 성능의 절충점을 찾기 위해 애플리케이션에서 사용할 수 있는 기술과 기능에 대해 알아본다. 4장에서는 RabbitMQ가 제공하는 성능과 메시지 배달 보장에 적절한 균형을 잡는 데 사용하는 옵션에 대해 알아본다. 모든 환경에 완벽하게 사용할 수 있는 조합은 없지만, 각자의 환경이나 애플리케이션에 가장 적합한 조합을 찾을 수 있을 것이다. HA 큐와 필수mandatory 라우팅을 결합해서 선택하거나 delivery-mode를 2로 설정하고 트랜잭션 발행을 선택해 메시지를 디스크에 보관할 수도 있다. 애플리케이션 개발 시에 균형 잡힌 조합을 발견할 때까지, 각각 다른 옵션을 조합해 시도하는 것을 추천한다.

4.1.1 배달 보장을 사용하지 않는 환경

이상적인 환경이라면 RabbitMQ는 추가 구성이나 설정 없이 메시지를 안정적으로 전달한다. 올바른 Basic.Publish를 통해 익스체인지, 라우팅 정보와 함께 메시지를 발행하면 RabbitMQ가 메시지를 수신하고 적절한 큐에 전달한다. 네트워크 문제가 없고 서버 하드웨어가 안정적이며 장애도 발생하지 않는다면, 운영체제가 RabbitMQ 메시지 브로커의 운영 상태에 영향을 미치는 문제는 발생하지 않는다. 이상적인 환경이라면 소비자 애플리케이션은 처리 속도가 느려질 수 있는 서비스와 연동돼 발생하는 성능 제약을 받지 않는다. 큐는 메시지를 백업하지 않으며 발행됨과 동시에 빠르게 처리되고 발행은 어떤 식으로든 제한되지 않는다.

불행하게도 현실 세계에는 머피의 법칙이 매일 일어나고 완벽한 환경에서는 결코 일어나지 않을 일들이 정기적으로 발생한다.

미션 크리티컬한 애플리케이션이 아닌 경우, 일반적인 메시지 발행 중 발생 가능한 모든 장애를 처리할 필요는 없으며, 적절한 처리만 해도 안정적이고 예측 가능한 가동 시간을 확보할 수 있다. 네트워크 또는 하드웨어 오류에 대해 걱정할 필요가 없는 폐쇄적인 환경에서는 소비자가 메시지를 빠르게 소비하지 않는다는 것에 대해 걱정할 필요가 없다. 미션 크리티컬한 애플리케이션이 아닌 경우에는 RabbitMQ의 기본 설정으로도 적절한 수준의 안정적인 메시징 환경을 구축할 수 있다. 배달 보장을 사용하지 않아도 적절한 환경에 대해 살펴보자. 예를 들어, 오비츠^{Orbitz}가 개발한 그래프 시스템인 Graphite는 통계 데이터를 Graphite에 제출하는 AMQP 인터페이스를 제공한다. collectd와 같은 메트릭 수집 서비스를 실행하는 개별 서버는 런타임 상태에 대한 정보를 수집하고 매 분마다 메시지를 발행한다(그림 4.2).

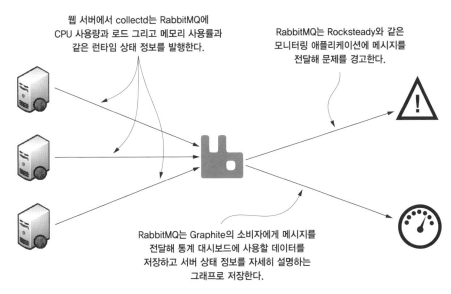

웹 서버에서 collectd는 RabbitMQ에
CPU 사용량과 로드 그리고 메모리 사용률과
같은 런타임 상태 정보를 발행한다.

RabbitMQ는 Rocksteady와 같은
모니터링 애플리케이션에 메시지를
전달해 문제를 경고한다.

RabbitMQ는 Graphite의 소비자에게 메시지를
전달해 통계 대시보드에 사용할 데이터를
저장하고 서버 상태 정보를 자세히 설명하는
그래프로 저장한다.

그림 4.2 웹 서버 collectd의 통계 수집 데몬은 모니터링 데이터를 RabbitMQ에 발행해 Graphite 및 Rocksteady 소비자에게 제공한다.

이 메시지는 서버의 CPU 로드, 메모리, 네트워크 사용과 같은 정보를 전달한다. Graphite는 콜렉터 서비스인 carbon을 사용해서 메시지를 사용하고 내부 데이터 저장소에 데이터를 저장한다. 위 환경에서 메시지는 네트워크의 전반적인 운영 관리에는 중요할지라도 미션 크리티컬한 데이터는 아니다. 매분마다 발생하는 데이터를 carbon이 수신하지 않고 Graphite가 저장하지 않는 경우에도 금융 거래의 오류와 같은 수준의 장애라고 볼 수는 없다. 누락된 샘플 데이터는 실제로 Graphite에 발행하는 서버 또는 프로세스에 문제가 있음을 나타낼 수 있다. Rocksteady와 같은 시스템을 이용해 Nagios 또는 유사한 애플리케이션에 이벤트를 발생시켜서 문제를 경고하는 데 사용할 수 있다.

이와 같이 데이터를 발행할 때는 절충점을 인식해야 한다. 메시지 발행에 추가적인 배달 보장 없이 모니터링 데이터를 제공하면 설정 옵션이 단순해지고 메시지 처리에 오버헤드가 줄어들어 간단해진다. 이 경우 추가 메시지 배달 보장을 설정하지 않아도 간단한 설정만으로 충분하지만, collectd 프로세스가 전송한 메시지가 손실될 수 있다. RabbitMQ와의 연결이 끊어지면 다음 번에 통계 데이터를 보내야 할 때 다시 연결을 시도한다. 마찬가지로 소비자 애플리케이션은 연결이 끊어지면 다시 연결하고 이전에 사용하던 동일한 큐에서 다시 메시지를 소비한다.

이런 방식은 머피의 법칙에 의해 무언가가 잘못되기 전까지 대부분의 상황에서 잘 작동한다. 메시지가 항상 전달되도록 하려는 경우, RabbitMQ의 옵션을 변경해서 미션크리티컬한 시스템에 적합하게 구성해야 한다.

4.1.2 mandatory 플래그를 설정한 메시지를 라우팅할 수 없을 때

서버 모니터링 데이터가 항상 RabbitMQ로 배달되도록 보장하려면, collectd에서 RabbitMQ에 발행하는 메시지의 mandatory를 설정한다. mandatory 플래그는 Basic.Publish RPC 명령과 함께 전달되는 인수인데, 메시지를 라우팅할 수 없으면 Basic.Return RPC를 통해 RabbitMQ가 메시지를 발행자에게 다시 보내도록 지시한다(그림 4.3). mandatory 플래그는 오류 감지 모드를 켜는 것으로 간주할 수 있는데, 메시지 라우팅 실패를 알리는 데 사용한다. 메시지 라우팅이 올바르게 처리되면 발행자에게 별도의 메시지를 전송하지 않는다. mandatory 플래그를 설정한 메시지를 발행하기 위해 다음과 같이 익스체인지, 라우팅 키, 메시지, 속성을 전달한 후 인수를 전달한다. 라우팅할 수 없는 메시지의 예외를 테스트하기 위해 2장에서 사용한 익스체인지를 사용한다. 메시지를 발행했지만, 바인딩한 대상이 없다면 예외가 발생해야 한다. 다음 코드는 '4.1.2 Publish Failure' 노트북에서 확인할 수 있다.

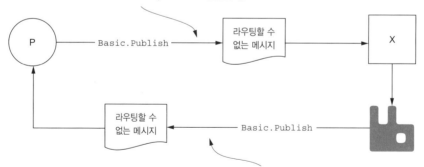

발행자는 Basic.Publish RPC 명령을 사용해 라우팅할
수 없는 메시지를 mandatory = True로 전송한다.

익스체인지가 메시지를 라우팅할 수 없으면
RabbitMQ는 Basic.Return을 통해 메시지를 보낸
그대로 전체 메시지와 함께 서버로 되돌려보낸다.

그림 4.3 mandatory = True로 설정한 메시지를 라우팅할 수 없는 경우, RabbitMQ는 Basic.Return RPC 호출을 통해 클라이언트에 반환한다.

```
import datetime
import rabbitpy

# 기본 URL인 amqp://guest:guest@localhost:15672/%2F에 접속

with rabbitpy.Connection() as connection:                           ← 컨텍스트 관리자로
    with connection.channel() as channel:                             Connection을 사용해
        body = 'server.cpu.utilization 25.5 1350884514'              RabbitMQ에 연결한다

        message = rabbitpy.Message(channel,                         ← 컨텍스트 관리자로
                                   body,                              통신할 채널을 연다
                                   {'content_type': 'text/plain',
                                    'timestamp': datetime.datetime.now(),   전달할 메시지
                                    'message_type': 'graphite metric'})     본문을 만든다

        message.publish('chapter2-example',    ← mandatory 플래그를
                        'server-metrics',        설정하고 메시지를
                        mandatory=True)          발행한다
```

채널, 본문, 속성을 전달해 발행할 메시지를 만든다

이 예제 코드를 실행하면 다음과 비슷한 예외가 발생한다. RabbitMQ는 익스체인지와 라우팅 키에 바인딩한 큐가 없기 때문에 메시지를 라우팅할 수 없다.

> **노트** 위 예제 코드에서 Connection과 Channel 객체를 호출하는 새로운 방법을 사용했는데, 두 객체 모두 컨텍스트 관리자로 생성된다. 파이썬에서는 객체가 컨텍스트 관리자(context manager)인 경우, 객체를 사용하는 들여쓰기된 범위를 벗어날 때 인스턴스를 자동으로 종료 처리한다. rabbitpy의 경우에도 실행 범위를 벗어나면 Channel.close 또는 Connection.close를 명시적으로 호출하지 않아도 채널과의 연결이 올바르게 닫힌다.

RabbitMQ의 Basic.Return은 비동기로 동작하며 메시지가 발행된 후 언제든지 발생할 수 있다. 예를 들어 RabbitMQ에 통계 데이터를 발행하는 데 실패할 경우, collectd가 Basic.Return 호출을 받기 전에 다른 데이터를 계속 발행할 수 있다. Basic.Return을 처리하도록 설정하지 않은 경우, collectd에서 메시지가 올바르게 발행되지 않았음을 알 수 없다. 이는 적절한 큐에 메시지를 전달하려는 경우 문제가 될 수 있다.

rabbitpy 라이브러리에서 클라이언트는 Basic.Return을 자동으로 수신하며, 채널 범위에서 수신하면 MessageReturnedException을 발생시킨다. 다음 예제는 이전 코드와 동일한 라우팅 키를 사용해 동일한 메시지를 동일한 익스체인지로 전송한다. 메시지를 발행할 때 발생하는 예외를 처리하기 위해 try/except 블록으로 코드를 감쌌다. 예외가 발생되면 메시지 ID Basic.Return 프레임의 reply-text 속성에서 추출한 예외 이유를 화면에 출력한다. 이전 예제와 동일하게 chapter2-example 익스체인지에 메시지를 발행하지만, 예외가 발생되고 이를 전달받는다. 이 예제는 '4.1.2 Handling Basic.Return' 노트북에서 확인할 수 있다.

```
import datetime
import rabbitpy

connection = rabbitpy.Connection()          ← RabbitMQ 로컬호스트
try:                                            5672 포트에 guest로
                                                연결한다
    with connection.channel() as channel:   ← 통신할 채널을 연다
        properties = {'content_type': 'text/plain',   ← 메시지 속성을 생성한다
                      'timestamp': datetime.datetime.now(),
                      'message_type': 'graphite metric'}
        body = 'server.cpu.utilization 25.5 1350884514'   ← 메시지 본문을 생성한다
        message = rabbitpy.Message(channel, body, properties)   ← 채널, 본문, 속성을
        message.publish('chapter2-example',                        결합한 메시지 객체를
                        'server-metrics',        ← 메시지를 발행한다    만든다
                        mandatory=True)
except rabbitpy.exceptions.MessageReturnedException as error:   ← 발생한 예외를 error라는
    print('Publish failure: %s' % error)    ← 예외 정보를             변수로 받는다
                                               출력한다
```

이전 예제와 달리 위 예제 코드를 실행하면 다음과 같이 더 친숙한 메시지가 표시된다.

```
Message was returned by RabbitMQ: (312) NO_ROUTE for exchange chapter2-example
```

다른 라이브러리의 경우, 메시지를 발행할 때 RabbitMQ에서 Basic.Return RPC를 전달받으면 실행할 콜백 메소드를 등록해야 할 수 있다. 비동기적으로 Basic.Return 메시지를 처리할 때 다른 메시지를 소비하는 것처럼 Basic.Return 메소드 프레임, 콘텐츠 헤더 프레임, 바디 프레임을 받게 되는데, 복잡해 보여도 크게 걱정할 필요는 없다. 프로세스를 단순화하고 메시지 라우팅 오류를 처리하는 다른 방법이 있는데, 그중 하나는 RabbitMQ에서 발행자 확인을 사용하는 것이다.

> **노트** 이전 예제의 rabbitpy 라이브러리는 Basic.Publish 명령을 보낼 때 최대 세 개의 인수만 받는데, 이는 추가 인수로 immediate 플래그가 포함된 AMQP 스펙과 대조적이다. immediate 플래그는 메시지 브로커가 메시지를 즉시 라우팅할 수 없는 경우 Basic.Return을 반환하도록 지시한다. immediate 플래그는 RabbitMQ 2.9 이후로 더 이상 사용되지 않으며, 사용할 경우 예외가 발생되고 채널이 닫힌다.

4.1.3 트랜잭션보다 가벼운 발행자 확인

RabbitMQ의 발행자 확인^{Publisher Confirms}은 AMQP 스펙의 확장 기능으로 RabbitMQ 관련 확장을 지원하는 클라이언트 라이브러리에서만 지원된다. 디스크에 메시지를 저장하는 것으로도 메시지 손실을 막을 수 있지만, 이것만으로는 발행자와 RabbitMQ 사이에 메시지가 전달됐음을 확신할 수는 없다. 메시지를 발행하기 전에 메시지 발행자는 RabbitMQ에 Confirm.Select RPC 요청을 전송하고 메시지가 전달됐는지 확인하기 위해 Confirm.SelectOk 응답을 기다린다. 이 시점에서 발행자가 RabbitMQ에 보내는 각 메시지에 대해 서버는 수신 확인(Basic.Ack) 또는 부정 수신 확인(Basic.Nack)으로 응답하며, 메시지의 오프셋을 지정하는 정수 값을 포함하거나 확인한다(그림 4.4). 확인 번호는 Confirm.Select RPC 요청 다음에 수신된 순서에 따라 메시지를 참조한다.

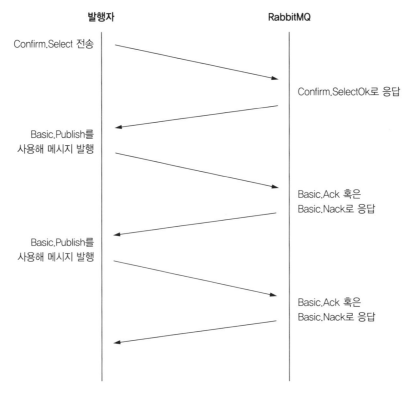

그림 4.4 발행 확인을 위해 RabbitMQ와 주고받는 메시지의 순서

Basic.Ack 요청은 발행된 메시지를 라우팅한 모든 큐의 소비자 애플리케이션이 직접 사용하거나 메시지를 큐의 디스크에 저장할 때 발행자에게 전송된다. 메시지를 라우팅할 수 없는 경우, 메시지 브로커는 오류를 뜻하는 Basic.Nack RPC 요청을 반환한다. 이후 발행자는 메시지를 어떻게 처리할지 결정한다. 다음 예제 코드는 '4.1.3 Publisher Confirms' 노트북에 포함돼 있는데, 발행자는 발행자 확인을 활성화한 후 Message.publish 호출의 응답을 평가한다.

```
import rabbitpy

with rabbitpy.Connection() as connection:          ◀── RabbitMQ에 연결
    with connection.channel() as channel:          ◀── 통신할 채널 열기
        exchange = rabbitpy.Exchange(channel, 'chapter4-example')  ◀── 익스체인지를 선언하기
        exchange.declare()                                             위한 객체 생성
        channel.enable_publisher_confirms()        ◀── RabbitMQ로 발행자
        message = rabbitpy.Message(channel,            확인 기능 켜기
                              'This is an important message',
                              {'content_type': 'text/plain',
                               'message_type': 'very important'})
        if message.publish('chapter4-example', 'important.message'):  ◀── 메시지를 발행하고
            print('The message was confirmed')                           발행 확인을 위해
                                                                         응답 평가
```

익스체인지 선언 → exchange.declare()

발행할 rabbitpy.Message 객체 생성 → message = rabbitpy.Message(channel,

보다시피, rabbitpy에서 발행자 확인을 사용하기가 매우 쉽다. 보통 다른 라이브러리에서는 Basic.Ack 또는 Basic.Nack 요청에 비동기적으로 응답하는 콜백 핸들러를 전달해야 하지만, rabbitpy는 구현하기는 쉬우나 확인을 받을 때까지 블로킹되므로 느리다. 각 스타일마다 장단점이 있다.

> **노트** 발행자 확인의 사용 여부와 상관없이 존재하지 않는 익스체인지에 메시지를 발행할 경우, 채널은 RabbitMQ에 의해 종료된다. 이 경우 rabbitpy에서는 rabbitpy.exceptions.RemoteClosed ChannelException 예외가 발생한다.

발행자 확인은 트랜잭션과 함께 사용할 수 없으며, AMQP TX 프로세스의 대안으로 가볍고 성능이 뛰어나다(4.1.5절에서 설명). 또한 발행자 확인은 Basic.Publish RPC 요청에 대한 응답을 비동기로 처리하므로 확인을 받는 시점을 정확히 알 수 없다. 따라서 발행자 확인을 사용하도록 설정한 애플리케이션은 메시지를 보낸 후 언제든지 확인을 받을 수 있어야 한다.

4.1.4 라우팅할 수 없는 메시지를 위한 대체 익스체인지 사용하기

대체 익스체인지^{alternate exchange}는 라우팅할 수 없는 메시지를 처리하기 위해 RabbitMQ 팀이 AMQP를 확장한 또 다른 예다. 대체 익스체인지는 처음 익스체인지를 선언할 때 명시되며, RabbitMQ에서 익스체인지가 라우팅할 수 없으면, 새로운 익스체인지가 메시지를 라우팅할 기존의 익스체인지를 대신해 지정된다(그림 4.5).

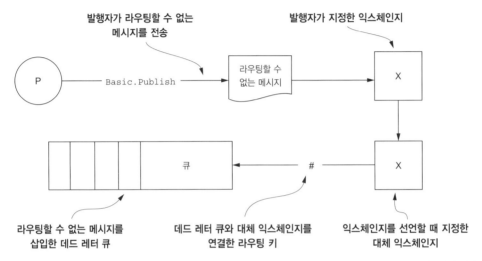

그림 4.5 라우팅할 수 없는 메시지가 대체 익스체인지를 정의한 익스체인지에 발행되면, 메시지는 대체 익스체인지에 전달된다.

> **노트** 대체 익스체인지가 설정된 익스체인지로 메시지를 보낼 때 mandatory 플래그를 설정하면 의도한 익스체인지가 메시지를 정상적으로 라우팅할 수 없는 경우 Basic.Return이 발행자에게 직접 전송되지 않는다. 라우팅할 수 없는 메시지를 대체 익스체인지에 보내는 동작은 mandatory 플래그를 True로 설정한 메시지에도 동일하게 적용된다. RabbitMQ의 메시지 라우팅 패턴이 다른 익스체인지와 마찬가지로 대체 익스체인지에도 동일하게 적용된다는 점을 주의해야 한다. 큐가 원래 라우팅 키가 명시된 메시지를 수신하도록 바인딩되지 않은 경우 메시지는 큐에 추가되지 않고 손실된다.

대체 익스체인지를 사용하려면, 먼저 라우팅할 수 없는 메시지를 전송할 익스체인지를 설정해야 한다. 기본 익스체인지를 설정한 후, 메시지를 발행할 때 Exchange.Declare 명령에 alternate-exchange 인수를 추가한다. 다음 예제 코드에는 이전 예제 코드에 라우팅할 수 없는 메시지를 저장하는 메시지 큐가 더 추가됐다. 이 예제는 '4.1.4 Alternate-Exchange Example' 노트북에서 살펴볼 수 있다.

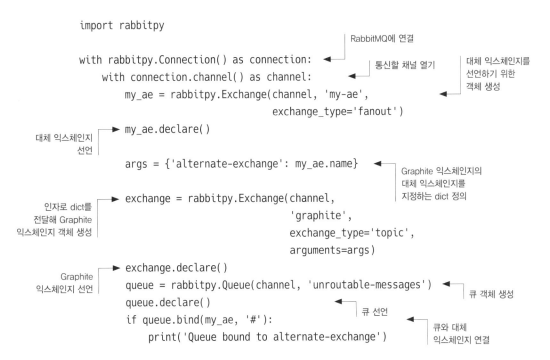

```
import rabbitpy

with rabbitpy.Connection() as connection:          # RabbitMQ에 연결
    with connection.channel() as channel:          # 통신할 채널 열기
        my_ae = rabbitpy.Exchange(channel, 'my-ae',  # 대체 익스체인지를 선언하기 위한 객체 생성
                              exchange_type='fanout')

        my_ae.declare()                            # 대체 익스체인지 선언

        args = {'alternate-exchange': my_ae.name}  # Graphite 익스체인지의 대체 익스체인지를 지정하는 dict 정의

        exchange = rabbitpy.Exchange(channel,      # 인자로 dict를 전달해 Graphite 익스체인지 객체 생성
                               'graphite',
                               exchange_type='topic',
                               arguments=args)

        exchange.declare()                         # Graphite 익스체인지 선언
        queue = rabbitpy.Queue(channel, 'unroutable-messages')   # 큐 객체 생성
        queue.declare()                            # 큐 선언
        if queue.bind(my_ae, '#'):                 # 큐와 대체 익스체인지 연결
            print('Queue bound to alternate-exchange')
```

대체 익스체인지를 팬아웃^fanout 유형으로 생성했지만, graphite 익스체인지는 토픽^topic 유형으로 생성했다. 팬아웃 익스체인지는 자신이 알고 있는 모든 큐에 메시지를 전달하고 토픽 익스체인지는 라우팅 키를 기반으로 선택적으로 메시지를 라우팅할 수 있다. 익스체인지의 유형에 대해서는 5장에서 자세히 알아본다. 두 익스체인지를 선언하고 unroutable-message라는 이름의 큐를 대체 익스체인지에 연결한다.

이후 graphite 익스체인지에 메시지가 발행되고 라우팅될 수 없는 메시지는 unroutable-message 큐에 저장된다.

4.1.5 트랜잭션으로 배치 처리하기

RabbitMQ 확장 스펙인 발행자 확인을 구현하기 전에 메시지 전달을 보장하기 위한 유일한 방법은 트랜잭션이었다. AMQP 트랜잭션 혹은 TX 클래스는 메시지를 일괄로 RabbitMQ에 발행한 후 큐에 커밋하거나 롤백할 수 있는 메커니즘을 제공한다. 다음 예제는 '4.1.5 Transactional Publishing' 노트북에 포함돼 있다. 예제 코드를 보면, 트랜잭션을 이용하는 코드 작성이 매우 쉽다는 것을 알 수 있다.

```python
import rabbitpy

with rabbitpy.Connection() as connection:          # RabbitMQ에 연결
    with connection.channel() as channel:          # 통신할 채널 열기

        tx = rabbitpy.Tx(channel)                  # rabbitpy.Tx 객체 생성
        tx.select()                                # 트랜잭션 시작

        message = rabbitpy.Message(channel,        # 발행할 메시지 생성
                                   'This is an important message',
                                   {'content_type': 'text/plain',
                                    'delivery_mode': 2,
                                    'message_type': 'important'})
        message.publish('chapter4-example', 'important.message')    # 메시지 발행
        try:
            if tx.commit():                        # 트랜잭션 커밋
                print('Transaction committed')
        except rabbitpy.exceptions.NoActiveTransactionError:   # 트랜잭션 예외가 발생할 경우 이를 처리
            print('Tried to commit without active transaction')
```

트랜잭션 메커니즘은 발행자가 RabbitMQ 메시지 브로커의 큐에 메시지를 성공적으로 전달했음을 알리는 데 사용한다. 트랜잭션을 시작하기 위해 발행자는 RabbitMQ에 TX.Select RPC 요청을 보내고 RabbitMQ 서버는 TX.SelectOk로 응답한다. 트랜잭션이 열리면 발행자는 RabbitMQ에 하나 이상의 메시지를 보낼 수 있다(그림 4.6).

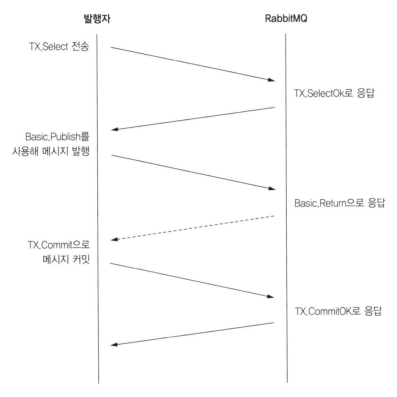

그림 4.6 발행자는 TX.Select 명령을 보내 트랜잭션을 시작하고 메시지를 발행한 후 TX.Commit 명령을 사용해 메시지를 커밋한다.

존재하지 않는 익스체인지와 같은 오류로 인해 RabbitMQ가 메시지를 라우팅할 수 없으면 TX.CommitOk 응답을 보내기 전에 Basic.Return 응답이 반환된다. 발행자가 트랜잭션을 중단하려는 경우 TX.Rollback RPC 요청을 보내고 계속 진행하기 전에 메시지 브로커의 TX.RollbackOk 응답을 기다려야 한다.

RabbitMQ와 원자 트랜잭션

원자성(atomicity)은 트랜잭션을 커밋하는 과정에서 트랜잭션의 모든 동작이 완료되는 것을 보장하는데, 이는 AMQP에서 트랜잭션의 모든 작업이 완료될 때까지 클라이언트가 TX.CommitOk 응답 프레임을 받지 않는다는 것을 의미한다. 불행하게도 RabbitMQ는 발행한 모든 명령이 단일 큐에 영향을 줄때만 원자 트랜잭션을 지원한다. 트랜잭션의 명령이 둘 이상의 큐에 영향을 주면 커밋은 원자적으로 동작하지 않는다.

트랜잭션의 모든 명령이 동일한 큐에 영향을 줄 때만 RabbitMQ가 원자 트랜잭션을 수행하지만, 일반적으로 발행자가 메시지를 둘 이상의 큐에 전달하는지 제어하지는 않는다. RabbitMQ의 고급 라우팅 기법을 사용하고 하나의 큐에 메시지를 발행해 원자적으로 커밋하는 애플리케이션을 초기에 구축하고나서 추후 동일한 라우팅 키에 큐를 쉽게 추가적으로 연결할 수 있는데, 이때 라우팅 키를 사용하는 발행 트랜잭션은 더 이상 원자적이지 않다.

delivery-mode를 2로 설정해서 디스크에 저장해야 하는 메시지가 포함된 원자 트랜잭션은 발행자의 성능에 문제를 일으킬 수도 있다. I/O 부하가 많은 서버에서 RabbitMQ가 TX.CommitOk 프레임을 보내기 전에 쓰기가 완료될 때까지 기다리는 경우, 클라이언트는 트랜잭션을 사용하지 않은 경우보다 오래 기다리게 된다.

RabbitMQ의 트랜잭션은 발행자 확인의 일괄 작업과 유사한 방식으로 동작하고 발행자에서 메시지 전달 확인 순서를 제어할 수 있다. 메시지 발행 확인을 목적으로 트랜잭션의 사용을 고려한다면 좀 더 단순한 발행자 확인을 사용하는 것을 추천하는데, 발행자 확인이 더 빠르며 성공과 실패를 확인할 수 있다.

그러나 대부분의 경우 발행자 확인뿐 아니라 메시지가 큐에 있는 동안 손실되지 않는 것이 중요한데, 이는 HA 큐로 보장할 수 있다.

4.1.6 HA 큐를 사용해 노드 장애 대응하기

안정적인 메시지 전달을 보장하기 위해 발행자와 RabbitMQ 간의 계약을 강화해야 하는 미션 크리티컬 메시징 아키텍처에서는 가용성이 높은 HA 큐가 중요한 역할을 한다. HA 큐도 AMQP 스펙이 아닌 RabbitMQ 팀이 만든 확장 기능이며, 큐를 여러 서버에 중복해 복사본을 저장하는 기능을 제공한다.

HA 큐는 클러스터로 구성된 RabbitMQ 환경이 필요하며 AMQP API 또는 웹 기반 관리자 UI로 설정할 수 있다. 이어서는 AMQP API를 이용해 설정하는 방법을 알아보고, 웹 기반 관리자 UI를 사용해 HA 큐에 대한 정책을 설정하는 방법은 8장에서 자세히 알아보자.

다음 예제 코드에서는 `Queue.Declare` AMQP 명령의 인수를 사용해 RabbitMQ 클러스터의 모든 노드에 저장되는 새 큐를 정의한다. 이 코드는 '4.1.6 HA-Queue Declaration' 노트북에서 확인할 수 있다.

```
import rabbitpy

connection = rabbitpy.Connection()          ← guest로 로컬호스트
try:                                           RabbitMQ에 연결
    with connection.channel() as channel:    ← 통신할 채널 열기
        queue = rabbitpy.Queue(channel,
                               'my-ha-queue',
                               arguments={'x-ha-policy': 'all'})  ← Queue 객체의 새 인스턴스를 만들고 HA 정책을 전달한다
        if queue.declare():                   ← 큐 선언
            print('Queue declared')
except rabbitpy.exceptions.RemoteClosedChannelException as error:  ← 예외가 발생할 경우 이를 처리
    print('Queue declare failed: %s' % error)
```

메시지가 HA 큐로 설정된 큐에 발행되면 HA 큐를 담당하는 클러스터의 각 서버로 메시지가 전송된다(그림 4.7). 클러스터의 노드가 메시지를 소비하면 다른 노드의 모든 메시지 복사본이 즉시 제거된다.

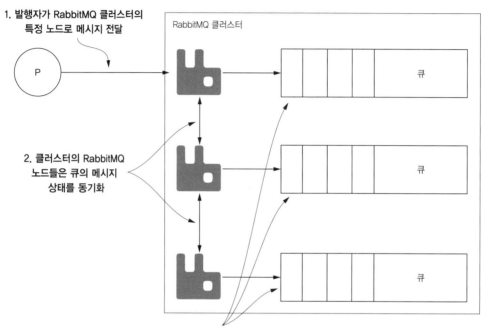

그림 4.7 HA 큐에 발행된 메시지는 구성된 각 서버에 저장된다.

HA 큐는 클러스터의 모든 서버 또는 개별 노드에만 적용할 수 있다. 개별 노드를 지정하려면 x-ha-policy: all 대신 nodes를 인수로 전달하고 다음 인수인 x-ha-nodes에 큐의 노드 목록을 지정한다. 다음 예제 코드는 '4.1.6 Selective HA Queue Declaration' 노트북에서 확인할 수 있다.

```python
import rabbitpy

connection = rabbitpy.Connection()          ← RabbitMQ에 연결
try:
    with connection.channel() as channel:   ← 통신할 채널 열기
        arguments = {'x-ha-policy': 'nodes',          ← 큐에 사용하는
                     'x-ha-nodes': ['rabbit@node1',      HA 정책을 지정
                                    'rabbit@node2',
                                    'rabbit@node3']}
        queue = rabbitpy.Queue(channel,          ← Queue 객체의
                               'my-2nd-ha-queue',    새 인스턴스를 만들고
                               arguments=arguments)  HA 정책 및 노드 목록을 전달
  큐 선언  →  if queue.declare():
                print('Queue declared')
except rabbitpy.exceptions.RemoteClosedChannelException as error:  ← RabbitMQ가 채널을
    print('Queue declare failed: %s' % error)                         닫으면 예외가 발생
```

> **노트** node1, node2, node3가 정의돼 있지 않더라도 큐를 정의할 수 있으며 my-2nd-ha-queue로
> 라우팅해 메시지를 발행하는 경우 큐에 전달된다. 나열된 노드 중 하나 이상이 존재하는 경우 메시지
> 는 해당 서버에 저장된다.

    HA 큐에는 단일 기본 서버 노드가 지정돼 있고 다른 모든 노드는 보조 노드다. 기본
노드가 실패하면 보조 노드 중 하나가 기본 노드의 역할을 대신한다. HA 큐 구성에서 보
조 노드가 다운되면 다른 노드는 계속 동작해 구성된 모든 노드에서 수행되는 작업 상태
를 공유한다. 다운된 노드가 다시 추가되거나 새 노드가 클러스터에 추가되더라도 기존
노드의 큐에 이미 존재하는 메시지는 포함되지 않는다. 대신 이전에 발행한 모든 메시지
가 소비되면 모든 새 메시지가 수신되고 동기화된다.

4.1.7 HA 큐 트랜잭션

HA 큐는 일반 큐와 유사하게 동작하는데 트랜잭션 또는 발행자 확인을 사용하는 경우, 메시지가 HA 큐의 모든 활성 노드에 있는 것으로 확인될 때까지 RabbitMQ는 성공 응답을 보내지 않는다. 이로 인해 발행자 애플리케이션에 대한 응답이 지연될 수 있다.

4.1.8 delivery-mode 2를 사용해 메시지를 디스크에 저장하기

이전 절에서 라우팅할 수 없는 메시지에 대체 익스체인지를 사용하는 방법을 알아봤다. 이어서 또 다른 단계의 배달 보장에 대해 알아보자. RabbitMQ 서버가 메시지를 소비하기 전에 특정 이유로 노드가 다운될 경우, RabbitMQ에 메시지를 발행할 때 디스크에 저장하도록 설정하지 않는다면 메시지는 영원히 손실된다.

3장에서 알아본 것처럼 delivery-mode는 AMQP의 Basic.Properties의 일부로 지정된 메시지 속성 중 하나다. 메시지의 delivery-mode가 기본값인 1로 설정된 경우 RabbitMQ는 메시지를 디스크에 저장하지 않으며 메시지를 항상 메모리에 저장한다.

반면 delivery-mode가 2로 설정되면 RabbitMQ는 메시지를 디스크에 저장한다. 메시지를 디스크에 저장하면 RabbitMQ 서버가 재시작된 후 다시 시작하면 메시지가 큐에 남아있게 된다.

> **노트** delivery-mode 2 외에 RabbitMQ 서버를 다시 시작한 후에도 메시지가 남아있게 하려면 큐를 만들 때 durable로 선언돼야 한다. 내구성(durable) 큐에 대해서는 5장에서 자세히 다룬다.

I/O 성능이 충분하지 않은 서버의 경우 메시지 저장 때문에 극적인 성능 문제가 발생할 수 있다. 웹 애플리케이션의 데이터베이스 서버와 마찬가지로 RabbitMQ 인스턴스는 저장된 메시지가 있는 디스크를 자주 접근해야 한다.

대부분의 동적인 웹 애플리케이션의 경우 OLTP[2] 데이터베이스의 읽기-쓰기 중에서 읽기 비율이 매우 높다(그림 4.8). 이 특징은 위키피디아와 같은 콘텐츠 기반 사이트의 경

---

2 OLTP(On-line Transaction Processing, 온라인 트랜잭션 처리)는 인터넷에서 트랜잭션 기반 애플리케이션을 지원할 수 있는 소프트웨어 프로그램의 한 종류를 말하며 OLAP(On-line Analytical Processing, 온라인 분석 처리)와 대비된다. - 옮긴이

우 더욱 두드러지는데, 글 중 수백만 개가 활발하게 작성되거나 수정되고 있지만, 대다수의 사용자는 단지 글을 읽고 작성하지는 않는다.

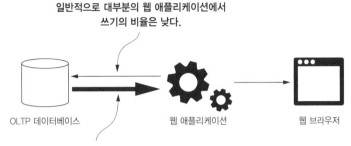

일반적으로 대부분의 웹 애플리케이션에서 쓰기의 비율은 낮다.

OLTP 데이터베이스   웹 애플리케이션   웹 브라우저

대부분의 경우 웹 애플리케이션은 데이터베이스에서 데이터를 매우 많이 읽는다.

그림 4.8 항상 그런 것은 아니지만, 대부분의 웹 애플리케이션은 데이터베이스에 저장하기보다 데이터베이스에서 읽기를 더 많이 한다.

RabbitMQ에서 메시지를 디스크에 저장할 때는 쓰기 작업에 상당히 편향된다(그림 4.9). 고성능 메시지 처리를 위해 RabbitMQ는 메시지를 디스크에 기록하고 더 이상 큐에 대기하지 않을 때까지 참조로 해당 메시지를 추적한다. 메시지에 대한 모든 참조가 사라지면, RabbitMQ는 디스크에서 메시지를 제거한다. 고속으로 쓰기 작업을 수행한다면, 대부분의 경우 디스크 쓰기 캐시는 읽기 캐시보다 훨씬 작기 때문에 최적화해서 프로비저닝provisioning[3]하지 않은 하드웨어에서 성능 문제가 발생하기 쉽다. 대부분의 운영체제에서 커널은 디스크에서 읽은 페이지를 버퍼링하기 위해 RAM의 여유분을 사용하지만, 디스크 쓰기를 캐시하는 유일한 컴포넌트는 디스크 컨트롤러와 디스크다. 이 때문에 메시지를 디스크에 저장할 때 하드웨어의 스펙을 올바르게 설정하는 것이 중요하다. 소형 서버에서는 쓰기 작업량이 과한 경우 RabbitMQ의 동작이 매우 느려질 수 있다.

---

3 사용자의 요구에 맞게 시스템 자원을 할당, 배치, 배포해뒀다가 필요시 시스템을 즉시 사용할 수 있는 상태로 미리 준비해 두는 것을 말한다. – 옮긴이

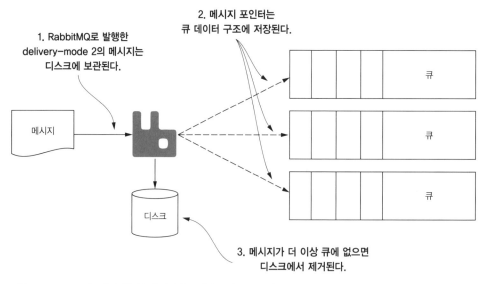

그림 4.9 RabbitMQ는 메시지를 한 번 저장하고 대기 중인 모든 큐에서 해당 참조를 추적한다. 가능한 경우 디스크 접근을 피하고 메시지의 모든 참조가 사라지면 메시지가 디스크에서 제거된다.

RabbitMQ의 메시지 디스크 저장 작업을 위한 하드웨어 프로비저닝

메시지를 디스크에 저장하는 RabbitMQ 서버의 하드웨어를 적절하게 프로비저닝하려면 OLTP 데이터 베이스와 동일한 규칙을 적용하면 된다.

RAM은 매우 중요하다. 서버의 RAM 크기를 결정할 때, 정상적인 메시지 작업 처리뿐 아니라 RAM의 추가 크기를 고려하면 운영체제는 디스크 페이지를 커널 디스크 캐시에 보관한다. 이렇게 하면 디스크 에서 이미 읽은 메시지에 대한 읽기 응답 시간이 향상된다.

하드디스크 스핀들(Spindle)이 많을수록 좋다. SSD가 패러다임을 조금 바꿔 놓았지만 이 개념은 여전 히 적용된다. 하드 드라이브가 많을수록 쓰기 처리량이 향상된다. 시스템이 RAID 설정의 모든 디스크 에 쓰기 작업량을 분산시킬 수 있으므로 각 물리적 장치가 차단되는 시간이 크게 줄어든다.

대량의 읽기/쓰기 캐시와 배터리 백업 기능을 갖춘 적절한 용량의 RAID 카드를 사용하는 것이 좋다. 쓰기 작업이 RAID 카드에 의해 처리되므로 물리적 장치의 한계 때문에 차단되는 일시적인 과부하도 견딜 수 있다.

I/O 부하가 많은 서버에서 운영체제는 저장 장치와 데이터를 주고받는 동안 I/O 작업을 하는 프로세스를 차단한다. RabbitMQ 서버가 디스크에 메시지 저장과 같은 I/O 작업을 수행하려고 할 때는 저장 장치가 응답하기를 기다리는 동안 운영체제 커널이 차단되고, 이를 RabbitMQ는 기다릴 수밖에 없게 된다. RabbitMQ 서버가 운영체제가 읽기/쓰기 요청에 응답하는 데 너무 자주 대기하는 경우, 메시지 처리량이 큰폭으로 감소한다(그림 4.10).

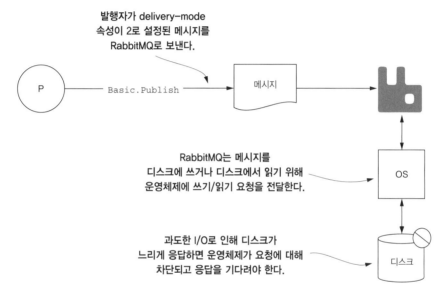

그림 4.10 RabbitMQ는 delivery-mode 속성이 2로 설정된 메시지가 수신되면 메시지를 디스크에 저장한다.

메시지를 디스크에 저장하는 것은 궁극적으로 메시지의 배달을 보장하는 가장 중요한 방법 중 하나지만 가장 비용이 많이 드는 방법이기도 하다. 디스크 성능이 좋지 않으면 RabbitMQ 메시지 발행 속도가 크게 저하될 수 있다. 극단적인 경우 부적절하게 프로비저닝된 하드웨어로 인한 I/O 지연 때문에 메시지가 손실될 수 있다. 다시 말해 운영체제가 I/O에서 차단돼 RabbitMQ가 발행자 또는 소비자에게 응답하지 않으면 메시지를 발행하거나 전달할 수 없다.

4.2 RabbitMQ 푸시백

AMQP 스펙에는 RabbitMQ 서버 구현에 유리하지 않은 발행자의 가정이 있다. RabbitMQ 버전 2.0 이전에는 발행자 애플리케이션이 너무 빨리 메시지를 발행해 RabbitMQ를 압도하기 시작한 경우 발행자에게 Channel.Flow RPC 메소드를 보내 차단하고 다른 Channel.Flow 명령을 받을 때까지 더 이상 메시지를 보내지 않도록 지시한다(그림 4.11).

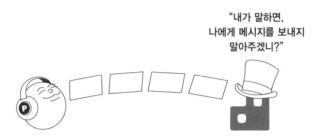

그림 4.11 RabbitMQ가 Channel.Flow를 요청했을 때 발행자가 이를 듣고 있다는 보장은 없다.

이는 Channel.Flow 명령을 처리하지 않거나 잘못 처리하는 발행자 애플리케이션의 경우, 메시지 발행을 늦추는 데 상당히 비효율적인 방법으로 알려졌다. 발행자가 메시지 발행을 계속하면 RabbitMQ가 결국 압도돼 성능 및 처리량에 문제가 발생하고 메시지 브로커는 다운될 수도 있다. RabbitMQ 3.2 버전 이전에 RabbitMQ 팀은 Channel.Flow의 사용을 중단했으며, 이를 TCP 배압^{Back-Pressure} 메커니즘으로 대체해 문제를 해결했다. 발행자에게 정중하게 요청하지 않고 RabbitMQ는 TCP 소켓에서 하위 수준의 데이터 수신을 중지한다(그림 4.12). 이는 단일 발행자에 의해 RabbitMQ가 압도당하지 않도록 보호한다.

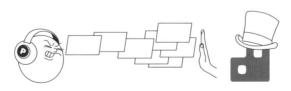

그림 4.12 RabbitMQ는 비정상적인 발행자에 의해 과부화되는 것을 막기 위해 TCP 배압을 사용한다.

내부적으로 RabbitMQ는 크레딧^{credit}이라는 개념을 사용해 발행자에 대해 언제 푸시백을 할 것인지를 관리한다. 새로운 연결이 생성되면 이 연결에 미리 사용할 수 있는 크레딧의 양이 할당되고 RabbitMQ가 각 RPC 명령을 수신하면 크레딧이 감소한다. RPC 요청이 내부적으로 처리되면 연결의 크레딧은 되돌려진다. 연결의 크레딧은 RabbitMQ가 연결의 소켓에서 값을 읽어야 하는지 판단하기 위해 평가된다. 연결에 남은 크레딧이 없으면 크레딧이 생길 때까지 무시한다.

RabbitMQ 3.2부터 RabbitMQ 팀은 AMQP 스펙을 확장해 연결에 대한 크레딧이 임 곗값에 도달했을 때 전송되는 알림을 추가하고 클라이언트에 연결이 차단됐다는 사실을 알린다. `Connection.Blocked`와 `Connection.Unblocked`는 RabbitMQ가 발행자 클라이언트를 차단하거나 해당 블록이 제거됐을 때 언제든지 클라이언트에 알릴 수 있는 비동기 메소드다. 대부분의 주요 클라이언트 라이브러리는 이 기능을 구현했다. 사용 중인 클라이언트 라이브러리에도 애플리케이션의 연결 상태를 결정하는 방법이 구현됐는지 확인해야 한다. 이어지는 절에서는 rabbitpy로 이 검사를 수행하는 방법과 3.2 이전의 RabbitMQ 버전에서 관리 API를 활용해 연결의 채널이 차단됐는지 확인하는 방법을 설명한다.

> **노트** 결과적으로 TCP 배압과 연결 차단은 매일 발생하는 문제는 아니지만, 문제가 발생하면 이를 통해 RabbitMQ를 사용하는 서버 하드웨어의 크기가 적절하지 않다는 것을 확인할 수 있는 지표이기도 하다. 이 문제가 지속되고 있다면 서버 확장에 대해 생각해봐야 하는데, 8장에서 이에 대해 자세히 알아보자.

4.2.1 rabbitpy로 연결 상태 확인하기

`Connection.Blocked` 알림을 지원하는 RabbitMQ 버전을 사용하거나 그렇지 않더라도 rabbitpy 라이브러리는 이 기능을 사용하기 쉬운 하나의 API로 제공한다. `Connection.Blocked` 알림을 지원하는 RabbitMQ 버전에 연결되면 rabbitpy는 알림을 수신하고 연결이 차단됐다는 내부 플래그를 설정한다.

'4.2.1 Connection Blocked' 노트북에서 다음 예제 코드를 확인할 수 있고, 실행하면 콘솔에 연결이 차단됐는지 여부가 출력된다.

```
import rabbitpy

connection = rabbitpy.Connection()    ◄——— RabbitMQ에
                                            접속
print('Channel is Blocked? %s' % connection.blocked)  ◄——— 클라이언트가
                                                            차단됐는지 출력
```

4.2.2 연결 상태 확인을 위한 관리자 API 사용하기

RabbitMQ 3.2 이전 버전을 사용하는 경우 애플리케이션은 웹 기반 관리 API를 사용해 연결 상태를 지속적으로 폴링^{polling}해 확인할 수 있다. 이는 매우 간단한 방법이지만 너무 자주 사용하면 RabbitMQ 서버에 원치 않는 로드가 발생할 수 있다. 보유한 큐의 수 및 클러스터 크기에 따라 이 API 요청을 반환하는 데 몇 초가 걸릴 수 있다.

RabbitMQ에서 관리자 API는 연결, 채널, 큐 또는 외부에 노출된 다른 객체의 상태를 질의하기 위한 RESTful URL을 제공한다. 관리자 API에서 차단된 상태는 연결 자체가 아닌 연결 내부의 채널에 적용된다.

채널의 상태를 질의하면 name, node, connection_details, consumer_count, client_flow_blocked와 같은 여러 필드를 확인할 수 있다. client_flow_blocked 필드는 RabbitMQ가 TCP 배압을 연결에 적용했는지를 나타낸다.

채널 상태를 확인하기 전에 먼저 해당 이름의 채널을 생성해야 한다. 채널의 이름은 연결 이름과 해당 채널 ID를 기반으로 하는데, 연결 이름을 구성하려면 다음이 필요하다.

- 로컬호스트 IP 주소 및 출력 TCP 포트
- 원격 호스트 IP 주소 및 TCP 포트

연결의 형식은 "LOCAL_ADDR : PORT -> REMOTE_ADDDR : PORT"고, 이를 확장한 채널 이름의 형식은 "LOCAL_ADDR : PORT -> REMOTE_ADDDR : PORT (CHANNEL_ID)"다.

RabbitMQ의 관리자 API에 채널 상태를 질의하는 API는 http://host:port/api/channels/[CHANNEL_NAME]이다.

API는 결과를 JSON 직렬화된 객체로 반환한다. 채널 상태 질의에 대한 응답의 예는 다음과 같다.

```
{
    "connection_details": {...},
    "publishes": [...],
    "message_stats": {...},
    "consumer_details": [],
    "transactional": false,
    "confirm": false,
    "consumer_count": 0,
    "messages_unacknowledged": 0,
    "messages_unconfirmed": 0,
    "messages_uncommitted": 0,
    "acks_uncommitted": 0,
    "prefetch_count": 0,
    "client_flow_blocked": false,
    "node": "rabbit@localhost",
    "name": "127.0.0.1:45250 -> 127.0.0.1:5672 (1)",
    "number": 1,
    "user": "guest",
    "vhost": "guest"
}
```

관리자 API는 channel_flow_blocked 필드 외에도 처리 빈도와 기타 채널에 관한 상태 정보를 반환한다.

4.3 요약

애플리케이션의 메시징 아키텍처를 만드는 중요한 단계 중 하나는 발행자의 역할과 행동을 정의하는 것이다. 다음과 같은 질문을 하면서 생각해보자.

- 발행자가 메시지를 디스크에 저장해야 하는가?
- 애플리케이션의 다양한 구성 요소는 발행된 메시지가 수신됐는지 보장해야 하는가?

- TCP 배압으로 애플리케이션이 차단되거나 RabbitMQ에 메시지를 발행하는 동안 연결이 차단된 경우 어떻게 되는가?
- 메시지가 얼마나 중요한가? 메시지 처리량을 높이기 위해 배달 보장을 희생할 수 있는가?

이러한 질문은 올바른 애플리케이션 아키텍처를 만드는 데 도움이 된다. 이를 위해 RabbitMQ는 다양한 옵션을 제공한다. 그러나 사용자 지정 기능을 활용해서 성능과 높은 안정성 사이의 균형을 유지하고 메시지에 적합한 수준의 설정을 결정해야 한다. 신뢰할 수 있는 메시지 발행을 위해 어떤 속성을 사용하고 어떤 메커니즘을 사용해야 하는지 결정하면 RabbitMQ는 선택한 옵션이 제대로 동작하도록 처리한다.

메시지를 받지 않고 소비하기 5

4장에서 메시지 발행자에 대해 자세히 알아봤으므로 이제 발행자가 보내는 메시지를 소비하는 것에 대해 알아보자. 소비자 애플리케이션은 메시지를 수신하고 이에 대한 행동을 취하는 목적으로 작성된 전용 애플리케이션이며, 보통 메시지 수신은 애플리케이션의 작은 한 부분이다. 예를 들어 RabbitMQ로 RPC 패턴을 구현하는 경우 RPC 요청을 발행하는 애플리케이션이 RPC 응답을 처리하기도 한다(그림 5.1).

애플리케이션에서 메시징을 구현하는 데 사용할 수 있는 패턴은 너무나 많기 때문에 RabbitMQ에는 성능과 신뢰성 간의 적절한 균형을 유지할 수 있는 다양한 설정이 있다. 애플리케이션이 메시지를 소비하는 방법을 결정하는 것은 이 균형을 찾는 첫 번째 단계로 '메시지를 단순히 가져올지' 아니면 '메시지를 소비해야 하는지'라는 질문으로 시작한다. 5장에서는 다음과 같은 내용을 다룬다.

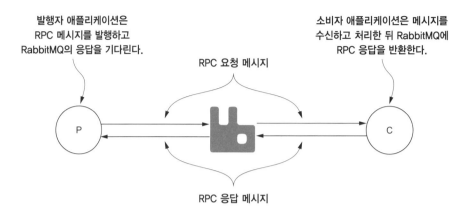

발행자 애플리케이션은
RPC 메시지를 발행하고
RabbitMQ의 응답을 기다린다.

RPC 요청 메시지

소비자 애플리케이션은 메시지를
수신하고 처리한 뒤 RabbitMQ에
RPC 응답을 반환한다.

P

C

RPC 응답 메시지

그림 5.1 발행자 애플리케이션은 RabbitMQ에 메시지를 발행하고 소비자 애플리케이션으로부터 RPC 응답을 받을 때까지 기다린다.

- 단순히 메시지를 전달받지 않고 소비하는 것이 좋은 이유
- 메시지 배달 보장과 성능 간의 균형을 유지하는 방법
- RabbitMQ의 큐별 설정을 사용해 큐를 자동으로 삭제하고, 메시지의 수명을 제한하는 등의 작업

5.1 Basic.Get vs. Basic.Consume

RabbitMQ는 큐에서 메시지를 가져오는 두 AMQP RPC 명령인 Basic.Get과 Basic. Consume을 구현했다. 이 장의 제목에서 알 수 있듯이 Basic.Get은 서버에서 메시지를 검색하는 이상적인 방법은 아니다. 간단히 말해 Basic.Get은 폴링 모델이지만 Basic. Consume은 푸시 기반 모델이다.

5.1.1 Basic.Get

소비자 애플리케이션이 Basic.Get 요청을 사용해 메시지를 검색한다면 큐에 메시지가 여러 개 있어도 메시지를 받을 때마다 새 요청을 보내야 한다. Basic.Get을 발행할 때 메시지를 검색하는 큐에 대기 중인 메시지가 있으면 RabbitMQ는 Basic.GetOk RPC로 응답한다(그림 5.2).

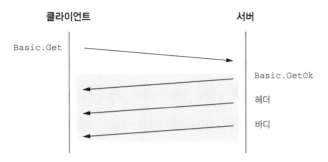

그림 5.2 애플리케이션이 Basic.Get RPC 요청을 전달할 때 사용할 수 있는 메시지가 있는 경우 RabbitMQ는 Basic.GetOk와 메시지로 응답한다.

큐에 대기 중인 메시지가 없으면 큐에 메시지가 없음을 뜻하는 `Basic.GetEmpty`로 응답한다(그림 5.3).

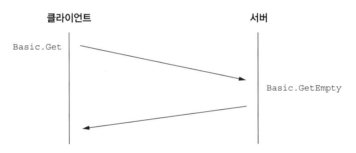

그림 5.3 Basic.Get 요청을 전달할 때 사용할 수 있는 메시지가 없으면 RabbitMQ는 Basic.GetEmpty로 응답한다.

애플리케이션이 `Basic.Get`을 사용하면 RabbitMQ의 RPC 응답을 평가해 메시지가 수신됐는지 확인해야 한다. RabbitMQ에서 메시지를 전달받는 프로세스의 경우 대부분 오래 실행되며 주기적으로 메시지가 있는지 확인하고 처리하는 이 방식은 효율적이지 않다.

다음 예제 코드는 '5.1.1 Basic.Get Example' 노트북에서 확인할 수 있다. RabbitMQ에 연결하고 채널을 연 후 RabbitMQ에서 메시지를 요청하는 무한 루프가 실행된다.

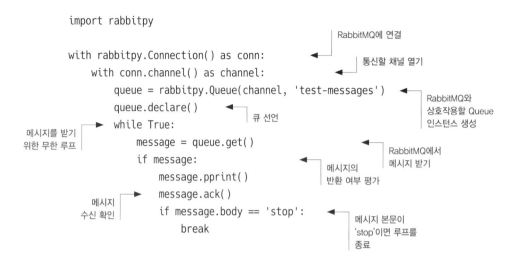

```
import rabbitpy

with rabbitpy.Connection() as conn:          ← RabbitMQ에 연결
    with conn.channel() as channel:          ← 통신할 채널 열기
        queue = rabbitpy.Queue(channel, 'test-messages')   ← RabbitMQ와
        queue.declare()          ← 큐 선언                    상호작용할 Queue
        while True:                                          인스턴스 생성
            message = queue.get()          ← RabbitMQ에서
            if message:                        메시지 받기
                message.pprint()          ← 메시지의
                message.ack()                반환 여부 평가
                if message.body == 'stop':          ← 메시지 본문이
                    break                             'stop'이면 루프를
                                                      종료
```

메시지를 받기 위한 무한 루프 (while True:)
메시지 수신 확인 (message.ack())

이 방식은 RabbitMQ와 상호작용해 메시지를 검색하는 가장 간단한 방법이지만, 대부분의 경우 성능에는 좋지 않다. 간단한 메시지 속도 테스트를 수행할 때 Basic.Consume을 사용하면 Basic.Get을 사용하는 것보다 적어도 두 배 빠르다. 두 방식의 속도 차이는 Basic.Get의 경우 전달되는 각 요청이 RabbitMQ와 동기 방식으로 통신하며 클라이언트 애플리케이션이 요청 프레임을 보내고 RabbitMQ가 응답을 보내는 것으로 구성된 오버헤드가 매번 발생된다는 점에서 그 원인을 찾을 수 있다.

Basic.Get을 피해야 하는 잠재적인 이유는 메시지 처리량에 더 많은 영향을 주는 것이 메시지 자체가 아닌 Basic.Get의 프레임 평가 작업이고 RabbitMQ는 애플리케이션이 메시지를 요구하는 시기를 결코 알 수 없기 때문에 어떤 방식으로든 전달 프로세스를 최적화할 수 없는 데 있다.

5.1.2 Basic.Consume

Basic.Get과는 반대로 Basic.Consume RPC 명령은 메시지를 소비하면 RabbitMQ에 애플리케이션을 등록하고 소비자 애플리케이션에 메시지를 비동기적으로 보내도록 요청한다. 이를 흔히 발행자-구독자 패턴 또는 Pub-Sub이라고 부른다.

Basic.Get을 이용한 RabbitMQ와의 동기 방식 대신 Basic.Consume으로 메시지를 구독하면 Basic.Cancel을 전송하기 전까지 클라이언트가 RabbitMQ에서 메시지를 자동으로 수신할 수 있다(그림 5.4).

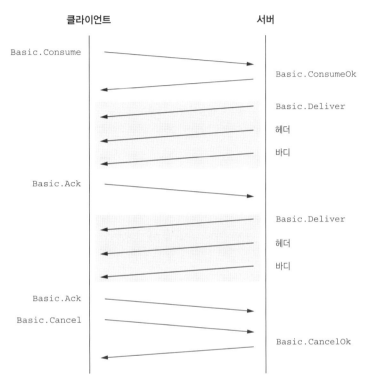

그림 5.4 클라이언트가 Basic.Consume을 발행하면 RabbitMQ는 클라이언트가 Basic.Cancel을 발행할 때까지 메시지를 사용할 수 있게 한다.

Basic.Consume은 RabbitMQ에서 메시지를 수신할 때 한 단계가 생략된다. 다음 예제 코드에서 보듯이 소비자 애플리케이션은 RabbitMQ에서 메시지를 받으면 메시지를 평가해 값이 메시지인지 또는 빈 응답(Basic.GetEmpty)인지 확인할 필요가 없다. 하지만 Basic.Get과 마찬가지로, 애플리케이션은 RabbitMQ가 메시지가 처리됐음을 알도록 message.ack를 호출해야 한다. 다음 예제 코드는 '5.1.2 Basic.Consume Example' 노트북에서 확인할 수 있다.

```
import rabbitpy

for message in rabbitpy.consume('amqp://guest:guest@localhost:5672/%2f',
                                'test-messages'):      ◄─────┐
    message.pprint()                                    test-message 큐
    message.ack()  ◄────┐                               메시지에 반복문 실행
                   메시지
                   수신 확인
```

> **노트** 이전 예제 코드에 비해 코드가 짧아졌다. rabbitpy가 RabbitMQ에 연결하고 채널을 사용하는 데 필요한 많은 로직을 라이브러리 내부에 캡슐화했기 때문이다.

소비자 태그

애플리케이션에서 Basic.Consume을 실행하면 RabbitMQ로 열린 채널에서 애플리케이션을 식별하는 고유한 문자열이 생성된다. 소비자 태그[consumer tag]라고 불리는 이 문자열은 RabbitMQ의 각 메시지와 함께 애플리케이션에 전송된다.

소비자 태그는 이후에 Basic.Cancel RPC 명령으로 RabbitMQ에 메시지 수신을 취소할 때 사용할 수 있다. 이는 수신된 각 메시지가 메소드 프레임으로 전달되는 소비자 태그를 포함하기 때문에 애플리케이션이 동시에 여러 큐에서 메시지를 수신하는 경우 유용하다. 애플리케이션이 다른 큐에서 받은 메시지에 대해 다른 작업을 수행해야 하는 경우, Basic.Consume 요청에 전달된 소비자 태그를 사용해 메시지 처리 방법을 구분할 수 있다. 그러나 대부분의 경우 소비자 태그는 클라이언트 라이브러리가 자동으로 처리하므로 크게 걱정할 필요는 없다.

다음 예제 코드는 '5.1.2 Consumer with Stop' 노트북에서 확인할 수 있으며 'stop'이라는 단어가 포함된 메시지 본문이 수신될 때까지 메시지를 소비한다.

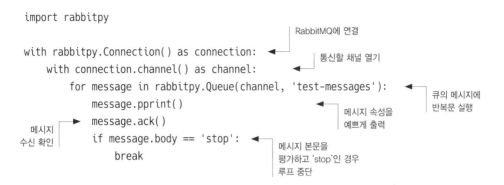

```
import rabbitpy

with rabbitpy.Connection() as connection:
    with connection.channel() as channel:
        for message in rabbitpy.Queue(channel, 'test-messages'):
            message.pprint()
            message.ack()
            if message.body == 'stop':
                break
```

RabbitMQ에 연결

통신할 채널 열기

큐의 메시지에
반복문 실행

메시지 속성을
예쁘게 출력

메시지
수신 확인

메시지 본문을
평가하고 'stop'인 경우
루프 중단

소비자 애플리케이션을 실행하면 '5.1.2 Message Publisher' 노트북의 예제 코드를
실행해서 메시지를 발행할 수 있다.

```
import rabbitpy

for iteration in range(10):
    rabbitpy.publish('amqp://guest:guest@localhost:5672/%2f',
                     '', 'test-messages', 'go')
rabbitpy.publish('amqp://guest:guest@localhost:5672/%2f',
                 '', 'test-messages', 'stop')
```

10회 반복

동일한 메시지를
RabbitMQ에 발행

중지 메시지를
RabbitMQ에 발행

발행자 예제 코드를 실행하고 중지 메시지를 받으면 Queue.consume_messages 반복문
이 종료되고 '5.1 Consumer with Stop Example' 노트북의 코드 실행이 중지된다. 반복
문이 종료될 때 rabbitpy 라이브러리의 내부에는 몇 가지 동작이 실행된다. 먼저 라이브
러리는 RabbitMQ에 Basic.Cancel 명령을 전송한다. 이후 Basic.CancelOk RPC 응답이 수
신되면 RabbitMQ가 클라이언트에 처리되지 않은 메시지를 보낸 경우 rabbitpy는 Basic.
Nack(부정적인 수신 확인Negative Acknowledgement) 명령을 전송하고 RabbitMQ가 메시지를 다
시 큐에 삽입하도록 지시한다.

동기 방식의 Basic.Get과 비동기 방식의 Basic.Consume 중 하나를 선택하는 것은 소비
자 애플리케이션을 작성할 때 택해야 할 첫 번째 선택이다. 메시지를 발행할 때 발생되는
트레이드오프와 마찬가지로 애플리케이션에 대한 선택 사항은 메시지 배달 보장 및 성능
에 직접적인 영향을 줄 수 있다.

5.2 소비자 성능 조정

메시지를 발행할 때와 마찬가지로 메시지를 소비할 때도 메시지 처리량과 배달 보장에 균형을 잡아야 하는 절충점이 있다. 그림 5.5에서 보듯이 RabbitMQ에서 애플리케이션으로 메시지를 전달하는 데 사용할 수 있는 몇 가지 옵션이 있다. 또한 메시지를 발행할 때와 마찬가지로 RabbitMQ는 좀 더 빠르고 많은 메시지 처리량을 위해 메시지 배달에 대한 보장을 거의 제공하지 않을 수 있다. 이번 절에서는 메시지 수신 확인 옵션을 선택해 RabbitMQ의 메시지 전달 처리량을 조정하는 방법과 RabbitMQ의 메시지 사전 할당 임계값을 조정하는 방법과 소비자를 사용할 때의 트랜잭션이 미치는 영향에 대해 알아본다.

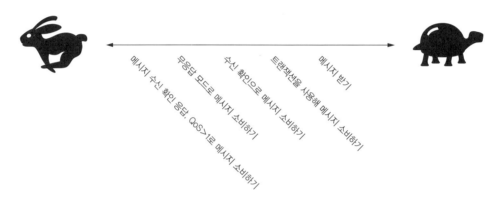

그림 5.5 소비자 메시지 처리 성능 범위 조정

5.2.1 빠른 성능을 위해 무응답 모드로 메시지 소비하기

메시지를 소비할 때 애플리케이션은 자신을 RabbitMQ에 등록하고 메시지를 사용할 수 있을 때 전달되도록 요청한다. 애플리케이션이 Basic.Consume RPC 요청을 보낼 때, 인자에는 no-ack 플래그가 있다. 이 플래그가 활성화되면 RabbitMQ는 소비자가 메시지 수신 확인을 하지 않으므로 RabbitMQ가 가능한 한 빨리 메시지를 보낼 수 있다.

다음 예제 코드는 '5.2.1 No-Ack Consumer' 노트북에서 확인 가능하며 메시지를 확인하지 않고 메시지를 소비하는 방법으로 구현돼 있다. Queue.consumer 메소드에 True를 인수로 전달하면 rabbitpy는 no_ack=True로 Basic.Consume RPC 요청을 전송한다.

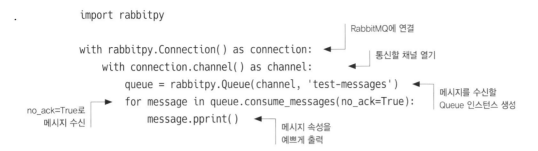

```
.       import rabbitpy                                    RabbitMQ에 연결

        with rabbitpy.Connection() as connection:  ◄─
            with connection.channel() as channel:       통신할 채널 열기

                queue = rabbitpy.Queue(channel, 'test-messages')  ◄─   메시지를 수신할
                                                                       Queue 인스턴스 생성
no_ack=True로 ─►  for message in queue.consume_messages(no_ack=True):
메시지 수신            message.pprint()  ◄─
                                         메시지 속성을
                                         예쁘게 출력
```

　　no_ack=True로 메시지를 소비하는 것은 RabbitMQ가 소비자에게 메시지를 전달하는 가장 빠른 방법이며 메시지를 보내는 가장 안정적인 방법이기도 하다. 그 이유에 대해 이해하려면 소비자 애플리케이션에서 메시지를 받기 전에 메시지가 통과해야 하는 각 단계에 대해 고려해야 한다(그림 5.6).

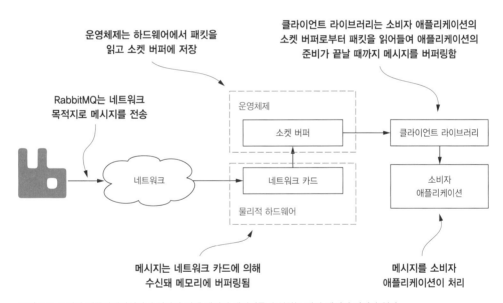

그림 5.6 소비자 애플리케이션이 수신하기 전에 메시지 데이터를 수신하는 여러 데이터 버퍼가 있다.

　　RabbitMQ는 열려 있는 연결을 통해 메시지를 보낼 때 TCP 소켓 연결을 통해 클라이언트와 통신한다. 이 연결이 열려 있고 쓰기 가능한 경우 RabbitMQ는 모든 것이 정상적으로 작동하며 메시지가 전달됐다고 가정한다. RabbitMQ가 메시지를 전달하기 위해 소켓에 쓰려고 할 때 네트워크 문제가 발생하면 운영체제에서 RabbitMQ에 문제가 있음을 알리는 소켓 오류가 발생한다. 오류가 발생하지 않으면 RabbitMQ는 메시지가 배달됐다고 가정한다. 대부분의 경우 메시지를 처리할 때, 클라이언트가 `Basic.Ack` RPC 응답을 통해 메시지 수신 확인을 전송하고 RabbitMQ는 메시지를 성공적으로 수신했음을 알게 된다. 그러나 메시지 수신 확인을 끄면 RabbitMQ는 수신 확인을 기다리지 않고 가능한 경우 다른 메시지를 전송한다. 실제로 RabbitMQ는 소켓 버퍼가 다 찰 때까지 가능한 경우 메시지를 사용자에게 계속 전송한다.

리눅스에서 수신 소켓 버퍼 늘리기

리눅스 운영체제에서 수신 소켓 버퍼 수를 늘리려면 net.core.rmem_default와 net.core.rmem_max 값을 기본 128KB 값에서 더 큰 값으로 늘려야 한다. 대부분의 환경에는 16MB(16777216) 값이 적합하다. 대부분의 배포판에서는 /etc/sysctl.conf에서 이 값들을 변경하는데, 다음 명령을 실행해 수동으로 값을 설정할 수도 있다.

echo 16777216 > /proc/sys/net/core/rmem_default

echo 16777216 > /proc/sys/net/core/rmem_max

RabbitMQ가 메시지 수신 확인을 기다리지 않기 때문에 메시지를 소비하는 데 가장 빠른 메시지 처리량을 제공한다. 일회용 메시지의 경우, 가능한 한 가장 빠른 메시지 처리 속도를 만드는 가장 이상적인 방법이지만 중요한 위험 요소가 없는 것은 아니다. 소비자 애플리케이션이 운영체제의 수신 소켓 버퍼에 100KB 메시지를 버퍼링한 상태로 장애가 발생할 경우 어떻게 될지 생각해보면 알 수 있다. RabbitMQ는 이미 메시지들을 보낸 것으로 간주하며 애플리케이션이 충돌하고 소켓이 닫힐 때 운영체제에서 읽어야 하는 메시지의 수를 표시하지 않는다. 애플리케이션이 직면하는 문제는 운영체제의 소켓 수신 버퍼 크기와 함께 메시지 크기 및 수량에 따라 달라진다.

메시지를 이런 방식으로 소비하는 것이 애플리케이션 아키텍처에 맞지 않지만, 단일 메시지 전달 후 메시지 수신이 제공하는 것보다 빠른 메시지 처리를 원한다면 소비자 채널 서비스 품질 설정의 프리페치prefetching를 제어하는 것이 좋다.

5.2.2 서비스 품질 설정을 통한 소비자 프리페치 제어

AMQP 스펙에서는 소비자가 메시지 수신을 확인하기 전에 미리 지정된 수의 메시지를 수신하도록 처리할 수 있는 서비스 품질$^{QoS, \text{ Quality of Service}}$ 설정을 채널에 요청할 수 있다. QoS 설정을 통해 RabbitMQ는 소비자에게 미리 할당할 메시지 수를 지정해 메시지를 좀 더 효율적으로 보낼 수 있다.

수신 확인을 비활성화(no_ack=True)한 소비자와 달리, 소비자 애플리케이션은 메시지를 확인하기 전에 충돌하는 경우 소켓을 닫으면 미리 가져온 모든 메시지가 큐로 반환된다.

프로토콜 수준에서 채널에 Basic.QoS RPC 요청을 보내면 서비스 품질이 지정된다. 이때 요청을 전송하는 채널에 대해서만 QoS를 설정할지 혹은 연결된 모든 채널에 대해 QoS를 설정할지 지정할 수 있다. Basic.QoS RPC 요청은 언제든지 보낼 수 있지만, '5.2.2 Specifying QoS' 노트북의 예제 코드처럼 보통 소비자가 Basic.Consume RPC 요청을 발행하기 전에 수행된다.

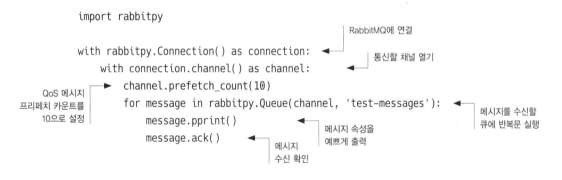

```
import rabbitpy

with rabbitpy.Connection() as connection:          ◄── RabbitMQ에 연결
    with connection.channel() as channel:          ◄── 통신할 채널 열기
        channel.prefetch_count(10)                 ◄── QoS 메시지 프리페치 카운트를 10으로 설정
        for message in rabbitpy.Queue(channel, 'test-messages'):   ◄── 메시지를 수신할 큐에 반복문 실행
            message.pprint()                       ◄── 메시지 속성을 예쁘게 출력
            message.ack()                          ◄── 메시지 수신 확인
```

> **노트** AMQP 스펙에는 Basic.QoS 메소드의 프리페치 수와 프리페치 크기를 모두 설정하지만, no-ack 옵션을 설정하면 프리페치 크기가 무시된다.

프리페치 값을 최적의 수준으로 교정

프리페치 수를 지나치게 할당하면 메시지 처리량에 부정적인 영향을 미칠 수 있음을 인식하는 것이 중요하다.

RabbitMQ에서 동일한 큐에 연결된 다수 소비자는 라운드 로빈^{Round-Robin} 방식으로 메시지를 수신하는데, 고속의 소비자 애플리케이션에서는 프리페치 수가 성능에 영향을 미치는지 벤치마크하는 것이 중요하다. 특정 설정은 메시지 구성, 소비자 애플리케이션의 행동 혹은 운영체제 및 언어와 같은 다른 요인에 따라 영향도가 달라질 수 있다.

그림 5.7은 간단한 메시지를 단일 소비자에서 벤치마크했는데, 2,500의 프리페치 카운트 값이 최고 메시지 속도에 가장 적합한 설정임을 확인할 수 있다.

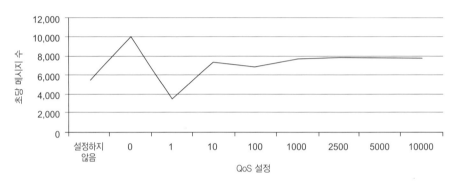

그림 5.7 QoS 프리페치 카운트 값에 따른 간단한 메시지 소비에 대한 벤치마크 결과

한 번에 여러 메시지 확인하기

QoS 설정 중 유용한 또 다른 점은 Basic.Ack RPC 응답과 함께 받은 각 메시지를 개별적으로 하나씩 확인하지 않아도 되는 점이다. 대신 Basic.Ack RPC 응답의 multiple 속성을 True로 설정해 반환하면 RabbitMQ는 수신 확인하지 않은 모든 메시지를 수신 확인으로 처리한다. 다음 예제 코드는 '5.2.2 Multi-Ack Consumer' 노트북에서 확인할 수 있다.

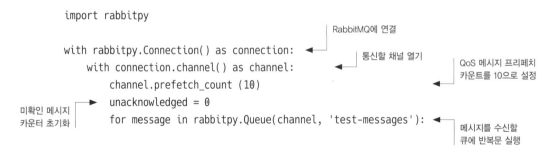

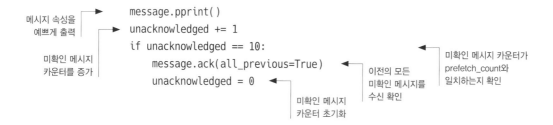

동시에 여러 메시지를 수신 확인하면 메시지 처리에 필요한 네트워크 통신을 최소화해 메시지 처리량을 향상시킬 수 있다(그림 5.8). 이 방식의 수신 확인은 일정 수준의 위험이 따른다는 점을 주의해야 한다.

일부 메시지를 성공적으로 처리하고 애플리케이션이 메시지를 확인하기 전에 장애가 발생한다면, 모든 미확인 메시지는 큐로 돌아가서 다른 소비자 프로세스에 의해 처리된다.

메시지 발행과 마찬가지로 메시지를 소비하는 데 수용 가능한 위험과 최고 성능 사이의 적절한 지점을 찾는 부분에는 골디락스 원칙이 적용된다. QoS뿐 아니라 트랜잭션도 애플리케이션에 대한 메시지 전달 보장을 향상시키는 방법이다. 다음 벤치마크의 소스 코드는 http://www.manning.com/roy에서 확인할 수 있다.

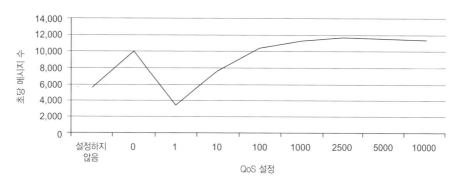

그림 5.8 여러 메시지를 동시에 수신 확인 처리하면 메시지 처리량이 향상된다.

5.2.3 소비자 애플리케이션에서 트랜잭션 사용하기

메시지를 RabbitMQ에 발행할 때와 마찬가지로 트랜잭션을 사용해 소비자 애플리케이션에서 일괄 작업을 커밋하고 롤백할 수 있다. 트랜잭션(AMQP TX 클래스)은 한 가지 예외적인 상황을 제외하고는 메시지 처리량에 부정적인 영향을 미칠 수 있다. QoS 설정을 사용하지 않는 경우에도 트랜잭션을 사용해 메시지 확인 응답을 일괄 처리할 때 약간의 성능이 향상되는 점을 볼 수 있다(그림 5.9).

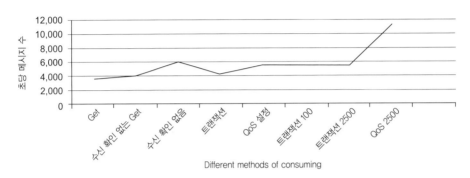

그림 5.9 일반 메시지와 트랜잭션 메시지의 속도 차이

다른 QoS 설정처럼 트랜잭션 방식을 결정할 때도 소비자 애플리케이션의 성능을 벤치마크해 판단하는 것이 좋다. 메시지 수신 확인을 일괄 처리하는 데 사용하든, 메시지를 소비할 때 RPC 응답을 롤백하는 역할로 사용하든 트랜잭션의 실제 성능 영향을 참고하면 메시지 배달 보장과 메시지 처리 간에 적절한 균형을 찾는 데 도움이 된다.

> **노트** 메시지 수신 확인이 비활성화된 소비자 애플리케이션은 트랜잭션이 작동하지 않는다.

5.3 메시지 거부하기

메시지 수신 확인은 RabbitMQ가 큐의 메시지를 처리하고 제거하기 전에 소비자 애플리케이션이 메시지를 받았는지 알 수 있는 좋은 방법이다. 하지만 메시지를 처리하는 중에 문제가 발생하면 어떻게 해야 할까? 이러한 경우 RabbitMQ는 메시지를 메시지 브로커에 다시 전달하는 `Basic.Reject`, `Basic.Nack` 두 가지 메커니즘을 제공한다(그림 5.10). 이번 절에서는 두 기능의 차이점과 거부된 메시지를 일괄 처리해서 시스템 문제를 파악하는 데 용이한 RabbitMQ 전용 확장, 데드 레터 익스체인지에 대해 알아본다.

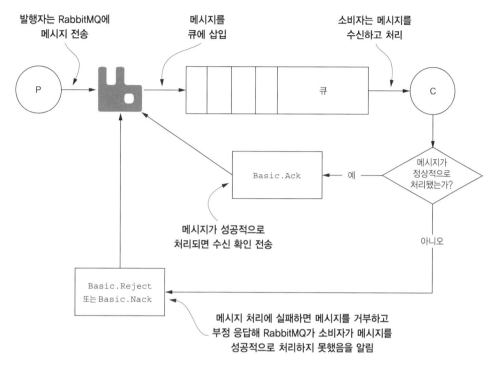

발행자는 RabbitMQ에
메시지 전송

메시지를
큐에 삽입

소비자는 메시지를
수신하고 처리

P

큐

C

Basic.Ack

예

메시지가
정상적으로
처리됐는가?

메시지가 성공적으로
처리되면 수신 확인 전송

아니오

Basic.Reject
또는 Basic.Nack

메시지 처리에 실패하면 메시지를 거부하고
부정 응답해 RabbitMQ가 소비자가 메시지를
성공적으로 처리하지 못했음을 알림

그림 5.10 소비자는 메시지를 확인, 거부 또는 부정 응답할 수 있다. Basic.Nack은 한 번에 여러 메시지를 거부할 수 있지만,
Basic.Reject는 한 번에 하나의 메시지만 거부할 수 있다.

5.3.1 Basic.Reject

Basic.Reject는 전달받은 메시지를 처리할 수 없음을 메시지 브로커에 알리는 AMQP의
RPC 응답이다. Basic.Ack와 마찬가지로 RabbitMQ가 생성한 배달 태그$^{\text{delivery tag}}$와 함께
소비자가 RabbitMQ와 통신하는 채널의 메시지를 고유하게 식별한다. 소비자가 메시지
를 거부하면 RabbitMQ가 메시지를 삭제하거나 큐에 있는 메시지를 다시 삽입되도록 지
시할 수 있다. 재삽입^{requeue} 플래그가 활성화되면 RabbitMQ는 차후에 다시 처리되도록
큐에 메시지를 넣는다.

requeue 플래그는 데이터베이스나 원격 API와 같은 다른 서비스와 통신하는 소비
자 애플리케이션을 작성하는 데 종종 사용된다. Basic.Ack는 소비자 애플리케이션에서
RabbitMQ와 통신하고 있는 채널의 메시지를 고유하게 식별하기 위해 RabbitMQ에서
만든 배달 태그를 전달한다. 소비자가 메시지를 거부하면 RabbitMQ에서 메시지를 삭제

하거나 큐에 메시지를 다시 삽입할 수 있다. 재삽입 플래그가 활성화되면 RabbitMQ는 재처리할 수 있도록 큐에 메시지를 다시 넣는다.

재삽입 플래그는 데이터베이스나 원격 API와 같은 다른 서비스와 통신하는 소비자 애플리케이션을 작성하는 데 종종 사용된다. 데이터베이스와의 연결이 끊어지거나 원격 API에 연결하는 것이 실패하는 경우와 같은 원격지의 예외로 인해 실패한 경우, 재시도를 위해 소비자 애플리케이션에 로직을 구현하는 대신, 예외를 잡아서 재삽입 플래그를 활성화한 메시지를 거부해서 처리한다. 이를 통해 소비자 애플리케이션의 라우팅 로직을 단순화할 수 있었으며, Graphite와 같은 통계 프로그램과 함께 사용하면 큐의 속도를 관찰해 예외가 발생하는 추세를 볼 수 있다.

다음 예제 코드는 '5.3.1 Message Rejection' 노트북에서 확인할 수 있다. 큐에 재삽입된 메시지가 다음 소비자에게 배달될 때, 재삽입된 메시지임을 알리는 redelivered 플래그가 참으로 출력되고 '두 번 실패 시 제거' 정책으로 구현돼 있다. 메시지의 잘못된 형식 때문에 예외가 발생할 수도 있다. 문제의 원인이 메시지 혹은 다른 이유인지가 불확실한 경우, redelivered 플래그를 검사해서 메시지를 다시 재삽입해야 하는지, 폐기해야 하는지를 결정할 수 있다.

```
import rabbitpy

for message in rabbitpy.consume('amqp://guest:guest@localhost:5672/%2f',
                                'test-messages'):
    message.pprint()
    print('Redelivered: %s' % message.redelivered)
    message.reject(True)
```

메시지를 수신할
큐에 반복문 실행

메시지 속성을
예쁘게 출력

메시지의 redelivered
플래그 출력

메시지를 거부하고
메시지를 큐에 재삽입

Basic.Ack와 마찬가지로 Basic.Reject를 사용하면 no-ack가 활성화되지 않은 상태로 전달된 후 메시지가 제거된다. Basic.Ack로 한 번에 여러 메시지의 수신 또는 처리를 확인할 수 있지만, Basic.Reject는 동시에 여러 메시지를 거부할 수는 없다. 이는 Basic. Nack를 이용해 처리한다.

5.3.2 Basic.Nack

Basic.Reject는 단일 메시지를 거부할 수 있다. Basic.Ack의 다중 메시지를 처리하는 작업 흐름을 구현한 경우, 메시지를 거부할 때도 다중 메시지를 처리해야 하는데, 아쉽게도 AMQP 스펙에는 다중 메시지 거부 기능이 제공되지 않는다. RabbitMQ 팀은 AMQP 스펙의 단점을 보완하기 위해 Basic.Nack이라는 새로운 RPC 응답 메소드를 구현했다. Basic.Nack은 '부정적인 수신 확인'의 줄임말로, Basic.Reject 응답 메소드와 뜻이 유사해서 혼동될 수 있다. 요약하면 Basic.Nack 메소드는 Basic.Reject 응답 메소드와 동일한 메시지 거부를 구현했지만 다중 메시지를 처리할 수 있다.

> **경고** 다른 RabbitMQ 확장 스펙과 마찬가지로, Basic.Nack은 QPID, ActiveMQ와 같은 다른 AMQP 메시지 브로커에 존재하지 않을 수도 있다. 또한 RabbitMQ 관련 프로토콜 확장을 구현하지 않은 일반 AMQP 클라이언트에는 해당 메소드가 없을 수 있다.

5.3.3 데드 레터 익스체인지

RabbitMQ의 데드 레터 익스체인지^{DLX, Dead-Letter Exchange}는 RabbitMQ 확장 스펙이며, 전달된 메시지를 거부할 수 있는 추가적인 기능이다. 이는 특정 메시지를 소비하는 데 발생한 문제의 원인을 찾는 데 유용하다.

예를 들어 한 소비자 애플리케이션에서 XML 기반 메시지를 가져와서 표준 마크업 언어인 XSL:FO를 사용해 PDF 파일로 변환한다고 하자. 이는 아파치^{Apache} FOP 애플리케이션을 사용해 메시지의 XSL:FO 문서와 XML을 결합하고 PDF 파일을 생성한 다음 저장해 처리할 수 있다. 이 작업이 이전에는 잘 동작했지만, 현재는 계속 실패한다고 가정하자. 큐에 연결된 데드 레터 익스체인지를 사용해 실패한 XML 문서를 찾고 수동으로 XSL:FO 문서를 직접 변환해서 오류의 원인을 찾을 수 있다. 데드 레터 익스체인지가 없다면, 소비자 애플리케이션에 XML 문서를 나중에 접근할 수 있는 특정 디렉터리에 저장하는 코드를 작성해야 한다. 코드를 직접 작성하는 대신, 데드 레터 익스체인지를 이용해 또 다른 큐를 지정한 후 터미널에서 소비자 코드를 직접 실행해 메시지 발행자 애플리케이션이 문서를 생성할 때, 유니코드 문자가 처리되는 방식과 관련된 문제 등의 원인을 확인할 수 있다.

데드 레터 익스체인지는 RabbitMQ의 특별한 유형으로 보이지만, 다른 일반적인 익스체인지와 동일하며 생성하거나 실행하는 데 특별한 점은 없다. 데드 레터 익스체인지와 일반적인 익스체인지의 차이점은 큐를 만들 때 거부된 메시지에 대해 이 익스체인지를 사용한다는 점이다. 큐에 없는 메시지가 거부되면 RabbitMQ는 메시지를 큐의 x-dead-letter-exchange 인수에 지정된 익스체인지로 라우팅한다(그림 5.11).

> **노트**　데드 레터 익스체인지는 4장에서 알아본 대체 익스체인지와는 다르다. 만료되거나 거절된 메시지가 데드 레터 익스체인지를 통해 전달되는 반면, 대체 익스체인지는 RabbitMQ가 라우팅할 수 없는 메시지가 전달된다.

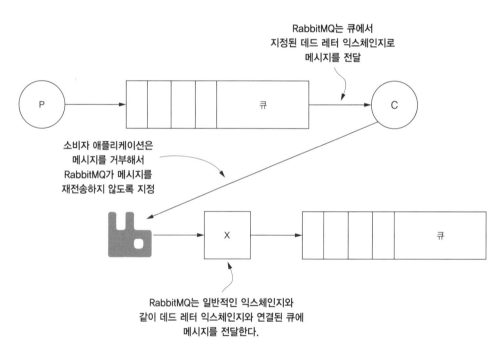

그림 5.11 거부된 메시지는 데드 레터 익스체인지를 통해 라우팅된다.

큐를 선언할 때 데드 레터 익스체인지를 지정하는 것은 간단하다. Queue.Declare RPC 요청을 발행할 때 rabbitpy Queue 객체를 생성하고 익스체인지의 이름과 dead_letter_ exchange 인수 혹은 x-dead-letter-exchange 인수를 함께 전달하면 된다. 이 사용자 정의 인수는 큐의 정의와 함께 임의의 키/값 쌍으로 저장되는데, 이는 5.4.6절에서 자세히 알아본다. 다음 예제 코드는 '5.3.3 Specifying a Dead Letter Exchange' 노트북에서 확인할 수 있다.

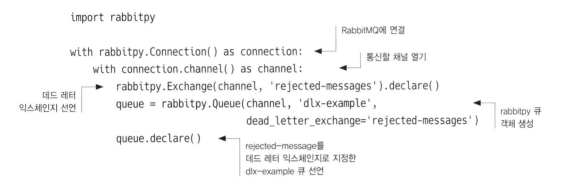

```
import rabbitpy

with rabbitpy.Connection() as connection:          RabbitMQ에 연결
    with connection.channel() as channel:          통신할 채널 열기
        rabbitpy.Exchange(channel, 'rejected-messages').declare()
        queue = rabbitpy.Queue(channel, 'dlx-example',
                              dead_letter_exchange='rejected-messages')
        queue.declare()
```

데드 레터 익스체인지 선언

rabbitpy 큐 객체 생성

rejected-message를 데드 레터 익스체인지로 지정한 dlx-example 큐 선언

데드 레터 익스체인지를 이용해서 익스체인지를 지정하는 것 외에, 라우팅 키를 미리 지정된 값으로 대체할 수도 있다. 이렇게 하면 데드 레터[dead-lettered] 메시지에 대해 동일한 익스체인지를 사용하지만 데드 레터 메시지를 서로 다른 큐에 전달할 수 있다. 미리 지정된 라우팅 키를 설정하려면 큐를 선언할 때 x-dead-letter-routing-key라는 추가 인수를 지정해야 한다.

> **노트** AMQP 표준에 따라 RabbitMQ의 모든 큐는 선언 후에 설정을 변경할 수 없다. 특정 큐의 데드 레터 익스체인지 설정을 변경하려면, 큐를 삭제하고 재선언해야 한다.

데드 레터 익스체인지가 애플리케이션 아키텍처에서 활용될 수 있는 시나리오는 많다. 잘못된 형식의 메시지를 안전한 저장소로 저장하는 것부터 거부된 신용카드 승인 처리와 같은 직접적인 기능까지 데드 레터 익스체인지는 매우 강력하지만, 큐를 선언할 때 간단한 옵션으로 지정할 수 있으므로 종종 유용성이 간과되는 경향이 있다.

5.4 큐 제어하기

소비자 애플리케이션은 다양하게 사용할 수 있는데, 일부 애플리케이션은 여러 소비자가 동일한 큐를 구독해야 할 수도 있고 다른 경우 단일 소비자만 있어야 할 수 있다. 채팅 애플리케이션은 큐의 메시지를 임시로 저장하고 사용자당 하나의 큐를 만들어야 하지만, 신용카드 처리 애플리케이션에서는 항상 존재하는 영구적인 큐를 만들어야 할 수 있다. 이와 같이 큐의 사용 사례가 다양하므로 큐에 필요한 모든 옵션을 제공하는 것은 어려운 일인데, 놀랍게도 RabbitMQ는 큐를 만들 때 거의 모든 사용 사례를 만족할 정도로 충분한 유연성을 제공한다.

큐를 정의할 때, 큐의 동작을 결정하는 설정은 다음과 같이 다양하다.

- 자동 삭제 큐
- 큐 독점 설정
- 자동 메시지 만료
- 대기 메시지 수 제한
- 오래된 메시지 큐에서 제거

AMQP 스펙에 따라 큐 설정이 불변immutable이라는 점을 유의하자. 큐를 선언한 후에는 큐를 만들 때 지정한 설정을 변경할 수 없고, 큐의 설정을 변경하려면 큐를 삭제하고 다시 만들어야 한다.

큐를 생성할 때 사용할 수 있는 다양한 설정을 알아보기 위해 우선 임시 큐를 생성하는 방법을 알아보자.

5.4.1 임시 큐

자동 삭제 큐

RabbitMQ는 영화 《미션 임파서블》의 서류 가방처럼 사용 후 더 이상 필요하지 않은 경우 자신을 삭제하는 큐를 제공한다. 스파이 영화에서 즉시 제거되는 가방처럼 자동으로 삭제되는 큐를 만들고 메시지를 발행하자. 소비자와 연결을 맺고 메시지를 전달한 후 연결을 끊으면 큐는 제거된다. 자동 삭제 큐를 생성하는 것은 쉬운 작업으로 Queue.Declare

RPC 요청에서 `auto_delete` 플래그를 True로 설정하면 된다. '5.4.1 Auto-Delete Queue' 노트북에서 예제 코드를 찾아볼 수 있다.

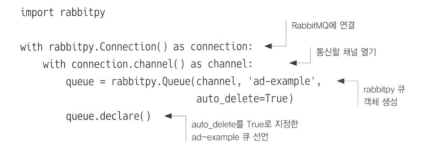

```
import rabbitpy

with rabbitpy.Connection() as connection:          ◄──── RabbitMQ에 연결
    with connection.channel() as channel:          ◄──── 통신할 채널 열기
        queue = rabbitpy.Queue(channel, 'ad-example',  ◄──── rabbitpy 큐
                               auto_delete=True)                  객체 생성
        queue.declare()  ◄──── auto_delete를 True로 지정한
                               ad-example 큐 선언
```

자동 삭제 큐를 다수 소비자가 구독할 수 있다는 점에 유의해야 한다. 큐는 구독자가 더 이상 없을 때만 자신을 삭제한다. 큐를 자동으로 삭제하는 것은 스파이 영화처럼 재미있지만, 다양한 용도로 사용될 수 있다.

한 사용 사례로서 채팅 애플리케이션에서 각 큐를 사용자의 입력 버퍼로 사용하는 경우가 있다. 채팅 애플리케이션에서 사용자의 연결이 끊어지면 큐에 읽지 않은 메시지가 있더라도 자동으로 삭제하는 데 이용하기도 한다.

또 다른 예를 살펴보면, RPC 스타일 애플리케이션에서 소비자에게 RPC 요청을 보내고 응답을 RabbitMQ가 전달할 경우에 애플리케이션이 종료되거나 연결이 끊어질 때 자신을 삭제하는 큐를 만들어서 RabbitMQ가 애플리케이션을 종료할 때 자동으로 큐를 정리하도록 할 수 있다. 이 경우 RPC 응답 큐는 원래 RPC 요청을 발행한 애플리케이션에서만 사용할 수 있어야 한다.

큐 독점 설정

RabbitMQ에서 큐의 독점exclusive 설정을 사용하지 않는다면 다수 소비자가 큐를 구독할 수 있는데, 큐를 구독해서 메시지를 소비하는 소비자의 수에 대한 제한은 없다. 실제로 큐는 메시지를 수신하는 모든 구독자에게 라운드 로빈으로 메시지를 전달한다.

하지만 RPC 응답 큐와 같은 특정 시나리오에서는 단일 소비자만 큐의 메시지를 사용할 수 있도록 해야 한다. `auto_delete` 인수와 마찬가지로 큐를 독점적으로 사용하려면 큐를 생성할 때 `exclusive` 인수를 전달해야 하며, 큐에 독점 기능을 활성화하면 소비자가 연결 해제된 후 큐가 자동으로 제거된다. 다음 예제 코드는 '5.4.1 Exclusive Queue' 노트북에서 확인할 수 있다.

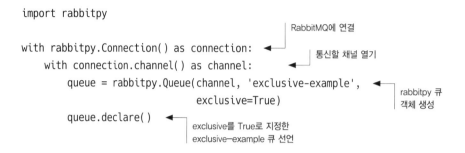

```
import rabbitpy

with rabbitpy.Connection() as connection:
    with connection.channel() as channel:
        queue = rabbitpy.Queue(channel, 'exclusive-example',
                               exclusive=True)
        queue.declare()
```

auto_delete를 True로 설정한 자동 삭제 큐를 다수 사용자가 구독할 수 있는 것과 달리, 독점 큐exclusive queue는 선언한 연결과 채널에서만 사용할 수 있다. 독점 큐는 큐를 생성한 채널이 닫히면 자동으로 삭제되는데, 이는 자동 삭제를 설정한 큐를 소비자가 더 이상 구독하지 않으면 삭제되는 것과 유사하다. 자동 삭제 큐와는 달리 채널이 닫힐 때까지 독점 큐를 구독하는 사용자가 원하는 만큼 여러 번 소비하고 취소할 수 있다. 또한 자동 삭제 큐와 달리 Basic.Consume 요청이 발행됐는지에 관계없이 독점 큐의 자동 삭제가 발생한다는 점도 중요하다.

자동 만료 큐

RabbitMQ는 일정 기간 동안 사용하지 않은 큐를 삭제할 수 있는 기능을 제공하는데, 이는 큐를 선언할 때 추가적인 인수를 전달해 설정할 수 있다. 독점 큐와 마찬가지로 자동 만료 큐 또한 RPC 응답 큐에 사용할 수 있다.

자동 만료 큐는 시간에 민감한 작업에 대해 RPC 응답을 무기한으로 대기하지 않을 경우 유용하다. 만료 값이 설정된 RPC 응답 큐를 만든 후에 해당 큐가 만료되면 큐가 자동으로 삭제된다. 큐를 선언하고 큐의 존재를 폴링해서 대기 중인 메시지가 있거나 큐가 더 이상 존재하지 않는지 확인할 수 있다.

자동으로 만료되는 큐를 만들기 위해서는 단순하게 밀리초 단위로 지정된 큐의 TTL$^{Time\ To\ Live}$을 설정하는 x-expires 인수로 큐를 선언하면 된다. 관련 예제 코드는 '5.4.1 Expiring Queue' 노트북에서 찾아볼 수 있다.

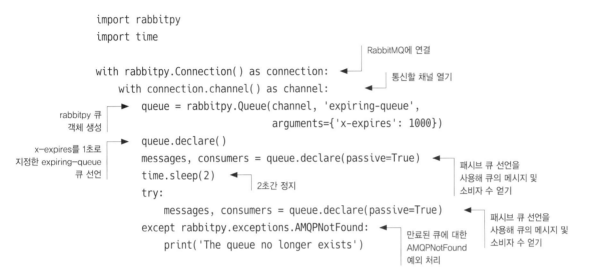

자동 만료 큐와 관련해 다음과 같은 몇 가지 규칙이 있다.

- 큐는 소비자가 없으면 만료된다. 연결된 소비자가 있는 경우 큐는 Basic.Cancel을 실행하거나 연결을 해제한 후에만 자동으로 제거된다.

- 큐는 TTL 지속 시간 동안 Basic.Get 요청이 없으면 만료된다. 하나의 Basic.Get 요청이 만료 값이 있는 큐로 전송되면 만료 설정이 초기화되고 큐는 자동으로 삭제되지 않는다.

- 다른 일반적인 큐와 마찬가지로 x-expires 설정은 다시 설정되거나 변경될 수 없다. 큐를 다시 선언하고 x-expires 인수의 값을 원하는 값으로 설정한다면 AMQP 스펙에서 클라이언트가 다른 설정으로 큐를 다시 선언하지 말아야 한다는 규칙을 위반하게 된다.

- RabbitMQ는 큐가 만료될 때 즉시 제거되는 것을 보장하지 않는다.

5.4.2 영구적인 큐

내구성 큐

서버를 재시작한 후에도 계속 유지돼야 하는 큐를 선언하려면 내구성^{durability} 플래그를 True로 설정해야 한다. 큐의 내구성은 종종 메시지 지속성^{persistence}과 혼동된다. 이전 장에서 알아본 것처럼 delivery-mode 속성을 2로 설정해 메시지를 발행하면 메시지가 디스크에 저장된다. 반대로 내구성 플래그는 Queue.Delete가 호출되기 전까지 RabbitMQ가 큐를 삭제하지 않도록 설정한다.

일반적으로 RPC 스타일 애플리케이션은 소비자와 주고받는 큐를 사용하지만, 내구성 큐는 여러 소비자를 같은 큐에 연결한 후 메시지 흐름이 동적으로 변경되지 않는 애플리케이션에 매우 편리하다. 관련 예제 코드는 '5.4.2 Durable Queue' 노트북에서 찾아볼 수 있다.

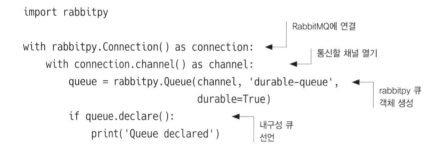

```
import rabbitpy

with rabbitpy.Connection() as connection:        ◀── RabbitMQ에 연결
    with connection.channel() as channel:        ◀── 통신할 채널 열기
        queue = rabbitpy.Queue(channel, 'durable-queue',   ◀── rabbitpy 큐
                               durable=True)                    객체 생성
        if queue.declare():        ◀── 내구성 큐
            print('Queue declared')     선언
```

큐에서 메시지의 자동 만료

미션 크리티컬한 애플리케이션이 아닌 경우, 메시지를 너무 오랫동안 소비하지 않을 때 자동으로 삭제하는 기능이 필요할 수 있다. 유용하지 않은 오래된 데이터를 제거해야 하거나 소비자 애플리케이션이 고속으로 큐를 사용해야 할 경우, 메시지 단위 TTL 설정을 통해 서버 측에서 메시지의 최대 수명에 대한 제약 조건을 걸 수 있다. 데드 레터 익스체인지와 TTL 값을 모두 설정한 큐는 만료 시에 메시지를 데드 레터로 간주한다.

메시지마다 적용되는 메시지의 expiration 속성과 달리 x-message-ttl 큐 설정은 큐에 있는 모든 메시지의 최대 수명을 적용한다. 이 예제 코드는 '5.4.2 Queue with Message TTL' 노트북에서 확인할 수 있다.

```
import rabbitpy

with rabbitpy.Connection() as connection:        ◀──  RabbitMQ에 연결
    with connection.channel() as channel:        ◀──  통신할 채널 열기
        queue = rabbitpy.Queue(channel, 'expiring-msg-queue',    ◀──
                          arguments={'x-message-ttl': 1000})          rabbitpy 큐
                                                                      객체 생성
        queue.declare()        ◀──
                               큐 선언
```

큐에 있는 메시지별 TTL은 메시지의 사용처에 따라 서로 다른 값으로 지정할 때 사용한다. 특정 소비자 애플리케이션의 경우, 메시지가 금전적 가치가 있는 트랜잭션 값이며 고객의 계정에 적용될 필요가 있을 수 있다. 실시간 대시보드에서 메시지를 자동으로 만료시키는 큐를 작성해 큐에서 수신 대기 중인 오래된 정보를 수신하는 것을 방지할 수도 있다.

제한된 수의 메시지 보관

RabbitMQ 3.1.0부터 큐의 메시지 최대 크기를 설정할 수 있다. 큐에 x-max-length 인수를 설정한 후 대기 중인 메시지 수가 최대 크기에 도달하면 RabbitMQ는 새로운 메시지가 추가될 때 가장 먼저 받은 메시지를 삭제한다. x-max-length로 선언한 큐는 클라이언트가 채팅방의 n개의 최신 메시지를 받는 데 사용할 수 있다.

메시지 만료 설정과 데드 레터 익스체인지 설정과 마찬가지로 메시지 최대 크기 설정은 선언 이후에는 변경할 수 없다. 메시지 최대 크기를 설정한 큐의 맨 앞에서 제거된 메시지는 데드 레터 익스체인지를 설정한 경우 해당 익스체인지로 이동한다. 다음 예제 코드는 메시지 최대 크기를 설정한 큐를 정의한다. 이 예제 코드는 '5.4.2 Queue with Maximum Length' 노트북에서 확인할 수 있다.

```
import rabbitpy

with rabbitpy.Connection() as connection:        ◀──  RabbitMQ에 연결
    with connection.channel() as channel:        ◀──  통신할 채널 열기
        queue = rabbitpy.Queue(channel, 'max-length-queue',    ◀──
                          arguments={'x-max-length': 1000})          rabbitpy 큐
                                                                      객체 생성
        queue.declare()        ◀──
                               메시지의 최대 크기가
                               1000인 큐 선언
```

5.4.3 임의의 큐 설정

RabbitMQ 팀은 큐와 관련된 AMQP 스펙을 확장하는 새로운 기능을 구현했는데, 각 기능들은 큐를 정의할 때 인수로 전달한다. 큐 인수는 HA 큐, 데드 레터 익스체인지, 메시지 만료, 큐 만료 그리고 메시지의 최대 크기를 지정하는 데 사용된다. AMQP 스펙에서 큐의 인수는 표로 정의하는데, 이 값의 형식과 의미는 서버에서 평가한다. RabbitMQ는 표 5.1에 나열한 인수를 처리하며 다른 인수가 전달될 경우 무시한다. 이 인수는 유효한 AMQP 데이터 형식으로 설정돼야 하며 원하는 용도로 사용할 수 있다. 또한 큐별 모니터링 설정 및 임곗값을 설정하는 등 매우 유용한 기능이 있다.

표 5.1 시작

인수 이름	목적
x-dead-letter-exchange	메시지가 재삽입되지 않고 거부될 때, 라우팅할 익스체인지
x-dead-letter-routing-key	거부된 메시지를 라우팅하는 데 사용하는 라우팅 키
x-expires	지정된 시간(밀리초 단위) 후에 큐를 삭제
x-ha-policy	HA 큐를 만들 때, 노드 간에 HA를 적용하는 정책 지정
x-ha-nodes	HA 큐를 분산할 노드(4.1.6절 참조)
x-max-length	큐에서 지정하는 메시지 만료 시간(밀리초 단위)
x-message-ttl	큐의 최대 메시지 수
x-max-priority	최대 값이 255인 큐의 우선순위를 지정하는 데 사용(RabbitMQ 버전 3.5.0 이상)

5.5 요약

RabbitMQ에서 소비자 애플리케이션의 성능을 조정하려면 메시지를 발행할 때와 유사하게 빠른 처리량과 메시지 배달 보장 사이의 균형을 고려하고 벤치마크를 수행해서 결정해야 한다. 소비자 애플리케이션을 작성할 때는 다음 질문을 고려해 애플리케이션에 적합한 옵션을 찾는 것을 추천한다.

- 모든 메시지를 수신했는지 또는 폐기할 수 있는지 확인해야 하는가?
- 메시지를 받은 다음 일괄적으로 수신 확인하거나 거부해야 하는가?

- 그렇지 않다면, 개별 작업을 자동으로 일괄 처리하고 트랜잭션을 사용해 성능을 향상시킬 수 있는가?
- 소비자 애플리케이션에서 트랜잭션 커밋 및 롤백 기능이 정말로 필요한가?
- 소비자가 구독하는 큐의 메시지를 독점적으로 접근해야 하는가?
- 소비자 애플리케이션에 오류가 발생했을 때 어떻게 처리해야 하는가? 메시지를 버려야 하는가? 큐에 재삽입해야 하는가? 혹은 데드 레터 익스체인지로 보내야 하는가?

위 질문이 발행자 애플리케이션과 소비자 애플리케이션 간에 규칙을 만들고 견고한 메시징 아키텍처를 만들기 위한 출발점이 되길 바란다.

지금까지 메시지의 발행과 소비에 대한 기본 사항을 살펴봤다. 6장에서는 여러 가지 메시징 패턴 및 사용 사례를 사용해 실제로 활용하는 방법을 알아보자.

익스체인지 라우팅을 통한 메시지 패턴

이 장에서 다루는 내용

- RabbitMQ가 제공하는 기본 유형 익스체인지와 플러그인 익스체인지
- 애플리케이션 아키텍처에 적합한 익스체인지 유형 선택하기
- 익스체인지 간 라우팅을 통한 메시지의 다양한 라우팅 옵션

아마도 RabbitMQ의 최대 강점은 발행자 애플리케이션이 제공한 라우팅 정보를 기반으로 메시지를 서로 다른 큐로 유연하게 라우팅할 수 있다는 점일 것이다. 발행자 애플리케이션에서 단일 큐, 다중 큐, 익스체인지 또는 익스체인지 플러그인에서 제공하는 다른 외부 소스로 메시지를 배달하는 경우에도 RabbitMQ의 라우팅 엔진은 매우 빠르고 유연성이 뛰어나다. 간단한 애플리케이션에는 복잡한 라우팅 로직이 필요하지 않지만, 올바른 유형의 익스체인지를 선택하는 것은 전체 애플리케이션 아키텍처에 큰 영향을 줄 수 있다.

이 장에서는 네 가지 기본 유형의 익스체인지와 각 익스체인지에 적절한 아키텍처 유형을 알아본다.

- 다이렉트^{direct} 익스체인지
- 팬아웃^{fanout} 익스체인지

- 토픽^{topic} 익스체인지
- 헤더^{headers} 익스체인지

다이렉트 익스체인지를 사용하는 간단한 메시지 라우팅 예제부터 팬아웃 익스체인지를 사용해 얼굴 인식 처리를 하는 소비자 애플리케이션과 이미지 해싱 처리를 하는 소비자 애플리케이션에 이미지를 전송하는 방법을 알아본다. 토픽 익스체인지는 라우팅 키의 와일드카드 매칭^{wildcard matching}을 기반으로 메시지를 선택적으로 전달하며, 헤더 익스체인지는 메시지 라우팅에 메시지 자체를 사용하는 새로운 방식을 제공한다. 특정 익스체인지가 다른 익스체인지에 비해 성능이 좋지 않다는 이야기가 있는데, 정말 그런지에 대해 살펴보고 익스체인지-익스체인지 결합을 어떤 상황에 활용할 수 있는지 알아본다. 마지막으로 단일 큐를 공유하는 여러 소비자 애플리케이션에 소비자의 처리량을 올리기 위해 사용하는 플러그인, 컨시스턴트 해싱^{consistent hashing} 익스체인지에 대해 살펴본다.

6.1 다이렉트 익스체인지를 사용한 간단한 메시지 라우팅

다이렉트 익스체인지는 특정 큐 또는 특정 큐 그룹에 메시지를 전달할 때 유용하다. 메시지를 발행할 때 사용하는 라우팅 키와 동일한 키로 익스체인지에 바인딩된 모든 큐에 메시지가 전달된다. RabbitMQ는 다이렉트 익스체인지 바인딩의 라우팅 키를 평가할 때 문자열이 동일한지만 평가한다(그림 6.1).

그림 6.1과 같이 동일한 라우팅 키를 사용해 여러 큐를 다이렉트 익스체인지에 바인딩할 수 있다. 동일한 라우팅 키로 바인딩한 모든 큐는 해당 라우팅 키로 발행된 모든 메시지를 전달받는다.

다이렉트 익스체인지는 RabbitMQ에 기본으로 내장돼 있으므로 추가 플러그인이 필요하지 않다.

다이렉트 익스체인지의 생성은 익스체인지의 유형을 'direct'로 입력해 선언할 수 있으며, 다음 예제 코드는 '6.1 Direct Exchange' 노트북에서 확인할 수 있다.

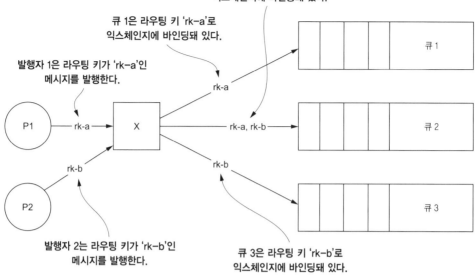

큐 2는 라우팅 키 'rk-a'와 'rk-b'로
익스체인지에 바인딩돼 있다.

큐 1은 라우팅 키 'rk-a'로
익스체인지에 바인딩돼 있다.

발행자 1은 라우팅 키가 'rk-a'인
메시지를 발행한다.

발행자 2는 라우팅 키가 'rk-b'인
메시지를 발행한다.

큐 3은 라우팅 키 'rk-b'로
익스체인지에 바인딩돼 있다.

그림 6.1 다이렉트 익스체인지를 사용하면 발행자 1(P1)이 발행한 메시지는 큐 1과 큐 2로 라우팅되지만 발행자 2(P2)가 발행한 메시지는 큐 2와 큐 3으로 라우팅된다.

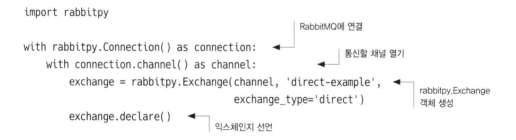

```
import rabbitpy

with rabbitpy.Connection() as connection:        ← RabbitMQ에 연결
    with connection.channel() as channel:        ← 통신할 채널 열기
        exchange = rabbitpy.Exchange(channel, 'direct-example',   ← rabbitpy.Exchange
                                     exchange_type='direct')         객체 생성
        exchange.declare()        ← 익스체인지 선언
```

    다이렉트 익스체인지는 매우 단순하며 RPC 메시징 패턴에서 응답 메시지의 라우팅에 적합하다. RPC 패턴을 사용해 애플리케이션 간에 의존성을 분리하고 서로 다른 서버에서 독립적으로 실행되는 컴포넌트로 구성하면 확장성이 뛰어난 아키텍처를 만들 수 있다.

    RPC 아키텍처를 사용해 첫 번째 예제를 작성하자. 이미지를 전달받아 얼굴 인식을 수행한 후 발행자 애플리케이션에 다시 응답하는 소비자 애플리케이션을 작성한다. RPC 작업자를 활용해 이미지 혹은 비디오 처리와 같이 계산이 복잡한 프로세스를 원격에서 처리해 애플리케이션을 손쉽게 확장할 수 있다. 예를 들어 클라우드에서 이 애플리케이션을 구축한다면, 요청을 발행하는 발행자 애플리케이션은 소규모 시스템에서 구동하고 이미지 처리 작업자는 CPU 집중^{CPU intensive} 작업에 적합한 더 큰 시스템에서 구동한다.

예제 애플리케이션의 구현은 이미지 처리를 실행하는 소비자 애플리케이션부터 작성하자.

6.1.1 애플리케이션 아키텍처 만들기

휴대전화로 업로드한 사진을 처리하는 웹 기반 API 서비스를 구현해야 한다고 가정해보자. 그림 6.1에서 설명한 구조는 가볍고 확장성이 뛰어난 비동기식 프론트엔드 웹 애플리케이션인 Tornado(http://tornadoweb.org) 웹 프레임워크 또는 Node.js(http://www.nodejs.org)와 같은 기술을 활용해 구현할 수 있다.

프론트엔드 애플리케이션이 실행되면 RPC 패턴의 요청과 응답을 위해 해당 프로세스에 고유한 이름을 사용해 RabbitMQ에 큐를 생성한다.

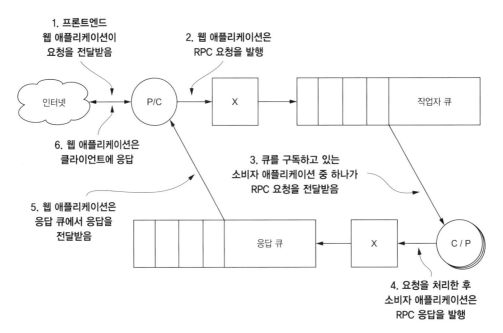

그림 6.2 다이렉트 익스체인지를 사용해 발행자가 요청을 보내면 작업자가 메시지를 소비하고 클라이언트가 사용할 응답을 발행하는 간단한 RPC 패턴

그림 6.2에서 볼 수 있듯이 모바일 클라이언트가 이미지를 업로드하면 웹 애플리케이션은 콘텐츠를 수신하고 요청 프로세스를 시작한다. 그런 다음 웹 애플리케이션은 원격 요청을 식별하는 고유한 ID로 메시지를 작성한다. 이미지를 익스체인지에 발행할 때 응답 큐 이름은 메시지 속성의 reply-to 필드에, 요청 ID는 correlation-id 필드에 저장된다. 메시지 본문에는 이미지의 바이너리 데이터만 저장한다.

2장에서 몇 가지 하위 수준 프레임 구조에 대해 알아봤다. 이러한 RPC 요청을 생성하는 데 필요한 프레임에 대해서는 그림 6.3을 참고한다.

그림 6.3 385,911바이트의 이미지를 전달하는 RPC 메시지의 저수준 프레임 구조

그림 6.3에서 reply-to와 correlation-id 필드 값은 Content-Headers 속성에 전달된다. 메시지 본문 이미지는 세 개 청크chunk로 나눠지는 AMQP 바디 프레임으로 전송된다. RabbitMQ의 최대 프레임 크기인 131,072바이트를 초과하는 메시지 본문은 AMQP 프로토콜 수준에서 청크로 나눠진다. 7바이트의 추가 데이터가 있으므로 각 바디 프레임은 131,065바이트의 바이너리 형식 이미지 데이터만 전달할 수 있다.

5장에서 알아본 것처럼 메시지가 발행되면 큐를 구독한 소비자 애플리케이션에 메시지가 전달된다. 소비자 애플리케이션은 웹 애플리케이션에서 다른 클라이언트의 요청이 차단될 수 있어서 실행하기 어려운 계산 비용이 많이 드는 무거운 작업이나 I/O 집중적인I/O intensive 작업을 실행한다. 대신 많은 계산량을 요구하거나 I/O 집중적인 작업을 소비자 애플리케이션에 위임해 웹 애플리케이션은 비동기로 RPC 작업자의 응답을 기다리는 동안 다른 클라이언트 요청도 처리한다. 일단 소비자 애플리케이션이 이미지 처리를 완료하면 RPC 요청의 결과가 웹 애플리케이션으로 전송되고 모바일 클라이언트에 응답을 보내 클라이언트의 원래 요청을 완료한다.

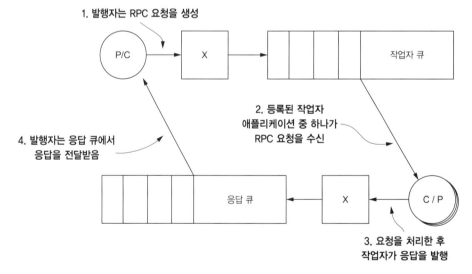

그림 6.4 애플리케이션의 간단한 구조

이어서 웹 애플리케이션의 전체 코드를 직접 살펴보지는 않는다. 클라이언트가 전송한 이미지에서 얼굴을 감지한 다음 변환된 이미지를 클라이언트에 반환한다. 그림 6.4에서 볼 수 있듯이 대부분의 작업은 웹 애플리케이션에서 이뤄진다.

작업할 애플리케이션의 간단한 구조에 대해 알아봤는데, 코드를 작성하기 전에 약간의 준비 작업이 필요하다.

익스체인지 선언하기

소비자 애플리케이션과 발행자 애플리케이션을 작성하기 전에 익스체인지를 선언해야한다. 다음 예제 코드에서는 연결할 URL을 지정하지 않았으므로 애플리케이션은 기본 URL인 amqp://guest:guest@localhost:5672/%2F로 RabbitMQ에 연결한다. 연결되면 RPC 요청 메시지를 라우팅하는 익스체인지와 RPC 응답을 라우팅하는 익스체인지를 선언한다. RPC 다이렉트 익스체인지를 선언하는 다음 예제 코드는 '6.1 RPC Exchange Declaration' 노트북에서 확인할 수 있다.

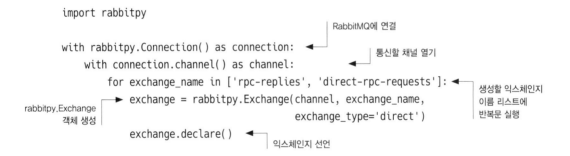

이전 예제 코드들과는 달리 한 개가 아닌 다수 익스체인지를 선언한다. 이 작업을 처리하는 과정에서 중복 코드를 방지하기 위해 Exchange 이름의 파이썬 리스트 또는 배열에 반복문을 실행한다. 반복문의 각 단계에서 rabbitpy.Exchange 객체를 생성한 후 RabbitMQ에 익스체인지를 선언한다.

RPC 작업 처리를 위한 익스체인지를 선언한 후에는 이어서 RPC 작업자를 만든다.

6.1.2 RPC 작업자 생성하기

RPC 작업자인 소비자 애플리케이션을 만들어 이미지 파일이 포함된 메시지를 수신하고 OpenCV(http://opencv.org)를 사용해 이미지 얼굴 인식^{facial recognition}을 수행해 사진의 각 얼굴 주위에 상자를 그린다. 이미지가 처리되면 원래 이미지의 속성에 제공된 라우팅 정보를 사용해 새 이미지를 포함한 메시지가 RabbitMQ를 통해 다시 발행된다(그림 6.5).

그림 6.5 RPC 작업자가 얼굴 인식을 처리한 사진

RPC 소비자는 지금까지 살펴본 다른 예제 코드보다 더 복잡하므로 하나씩 나눠서 확인해보자. 얼굴 인식 로직을 수행하는 작업을 진행하기 위해 파이썬 ch6 패키지에 포함된 detect 모듈을 추가한다. 또한 ch6.utils 모듈은 소비자 애플리케이션에서 디스크의 이미지 파일을 관리하는 기능을 사용할 수 있도록 제공한다. 소비자 애플리케이션의 예제 코드는 '6.1.2 RPC Worker' 노트북에서 확인할 수 있다.

적절한 라이브러리 첨부하기

얼굴 인식을 처리하는 소비자 애플리케이션의 개발을 시작하기 위해, 먼저 애플리케이션에 필요한 파이썬 패키지와 모듈을 첨부해야 한다. 앞서 언급한 ch6 패키지, rabbitpy, os, time 모듈을 첨부한다.

```
import os
import rabbitpy
import time
from ch6 import detect
from ch6 import utils
```

os 패키지는 디스크에서 이미지 파일을 제거하고 현재 프로세스 ID를 얻는 곳에 사용하며, time 패키지는 처리 정보와 시간 정보를 시스템 콘솔에 출력하는 데 사용한다.

접속한 후 큐를 선언하고 바인드하기

라이브러리를 추가한 후에 rabbitpy를 사용해 RabbitMQ에 연결하고 통신할 채널을 연다.

```
connection = rabbitpy.Connection()
channel = connection.channel()
```

이전 소비자 애플리케이션 예제와 마찬가지로, rabbitpy.Queue 객체는 메시지를 수신할 RabbitMQ 큐를 선언하고 바인딩한 후 메시지를 소비하는 데 사용한다. 앞의 예제들과는 달리 생성할 큐는 일시적이며 소비자 애플리케이션의 한 인스턴스에서만 사용할 수 있도록 한다. RabbitMQ가 소비자 애플리케이션이 중지되면 즉시 큐를 제거하도록 auto_delete 플래그를 True로 설정하고 durable 플래그를 False로 설정한다. RabbitMQ에서 다른 소비자 애플리케이션이 큐의 메시지에 접근할 수 없도록 exclusive 플래그를 True로 설정한다. 다른 소비자 애플리케이션이 큐의 메시지를 소비하려고 시도하면 RabbitMQ는 소비자 애플리케이션에 거절 응답인 AMQP Channel.Close 프레임을 전송한다.

큐의 이름을 의미 있게 하기 위해 파이썬 소비자 애플리케이션의 운영체제에서의 프로세스 ID를 포함해 쉽게 식별할 수 있도록 한다.

```
queue_name = 'rpc-worker-%s' % os.getpid()
queue = rabbitpy.Queue(channel, queue_name,
                       auto_delete=True,
                       durable=False,
                       exclusive=True)
```

Queue 객체가 만들어지면 RabbitMQ에 AMQP Queue.Declare RPC 요청이 실행된다. 이어서 AMQP Queue.Bind RPC 요청이 detect-faces 라우팅 키를 사용해 큐를 적절한 익스체인지에 바인드하므로 다음 절에서 작성할 발행자의 얼굴 인식 RPC 요청으로 보낸 메시지만 수신한다.

```
if queue.declare():
    print('Worker queue declared')
if queue.bind('direct-rpc-requests', 'detect-faces'):
    print('Worker queue bound')
```

RPC 요청 처리하기

큐를 생성하고 연결하면 애플리케이션에서 메시지를 사용할 준비가 완료된다. RabbitMQ에서 메시지를 전달받기 위해 소비자 애플리케이션은 rabbitpy.Queue.consume_messages 메소드를 사용하는데, 이는 파이썬 컨텍스트 매니저context manager로도 사용된다. 파이썬 컨텍스트 매니저는 with문에 의해 호출되는 언어 구조다. 컨텍스트 매니저 지원을 제공하는 객체의 경우 with문을 사용해 코드 블록을 입력하거나 종료할 때 실행되는 메소드인 __enter__ 와 __exit__를 정의해야 한다.

콘텐츠 매니저를 사용해 코드를 호출하면 rabbitpy가 AMQP RPC 요청인 Basic.Consume과 Basic.Cancel을 처리하기 때문에 로직 코드에만 집중할 수 있다.

```
for message in queue.consume_messages():
```

RabbitMQ가 제공하는 각 메시지를 반복하면서 메시지가 수신되기 전에 메시지가 큐에 대기하고 있는 시간을 표시하기 위해 메시지의 timestamp 속성을 살펴보자. 발행자 코드는 모든 메시지에서 timestamp 값을 자동으로 설정해 RabbitMQ 외부에서 메시지가 처음 작성되거나 발행될 때의 시간 정보를 제공한다.

rabbitpy는 timestamp 속성을 파이썬 datetime 객체로 자동 변환하므로 메시지를 발행한 후 초 단위로 계산하려면 값을 유닉스^{UNIX} 시간으로 다시 변환해야 한다.

```
duration = (time.time() -
            int(message.properties['timestamp'].strftime('%s')))
print('Received RPC request published %.2f seconds ago'
      % duration)
```

이미지 메시지 처리하기

이어서 얼굴 인식을 수행하려면 이미지 파일이 포함된 메시지 본문을 디스크에 저장해야 한다. 이미지 파일은 잠시 동안만 필요하기 때문에 임시 파일로 저장된다. 메시지의 content-type도 전달되므로 파일 이름을 지정할 때 적절한 파일 확장명을 선택하는 데 사용할 수 있다.

```
temp_file = utils.write_temp_file(message.body,
                                  message.properties['content_type'])
```

이어서 소비자 애플리케이션에서 ch6.detect.faces 메소드로 파일시스템에 저장된 파일을 입력으로 얼굴 인식을 수행한다. ch6.detect.faces 메소드는 감지한 얼굴에 상자를 그린 이미지의 디스크상에 새 파일 경로를 반환한다.

```
result_file = detect.faces(temp_file)
```

결과 응답하기

지금까지 열심히 이미지를 변환했으므로 RPC 요청 결과를 원래 발행자에게 다시 발행할 차례다. 이를 위해 원본 메시지의 correlation-id를 포함하는 응답 메시지의 속성을 만들어서 발행자가 어떤 이미지의 응답인지 알 수 있게 한다. 또한 headers 속성에 메시지를 처음 발행할 때의 timestamp를 설정하는데, 발행자 애플리케이션에서 요청에서 응답까지의 총시간을 측정해 모니터링하는 데 사용할 수 있다.

```
properties = {'app_id': 'Chapter 6 Listing 2 Consumer',
              'content_type': message.properties['content_type'],
              'correlation_id':
                  message.properties['correlation_id'],
              'headers': {
                  'first_publish':
                      message.properties['timestamp']}}
```

응답 속성을 정의한 후, 이미지 결과 파일을 디스크에서 읽고 원본 임시 파일과 결과 파일을 모두 파일시스템에서 제거한다.

```
body = utils.read_image(result_file)
os.unlink(temp_file)
os.unlink(result_file)
```

마지막으로 응답 메시지를 생성하고 발행한 후, 원래 RPC 요청 메시지를 확인해 RabbitMQ가 큐에서 메시지를 제거하도록 한다.

```
response = rabbitpy.Message(channel, body, properties)
response.publish('rpc-replies', message.properties['reply_to'])
message.ack()
```

소비자 애플리케이션 실행하기

소비자 코드 실행이 완료되면 소비자 애플리케이션을 실행한다. 이전 예제와 마찬가지로 노트북에서 Cell > Run all을 선택해 각 셀을 전부 실행한다. 주피터 노트북에서 예제 애플리케이션의 마지막 셀은 중지할 때까지 계속 실행된다. Kernel Busy가 표시되면 실행 중임을 알 수 있다(그림 6.6). 이 브라우저 탭을 열어두고 다음 절의 수피터 노트북 대시보느로 돌아갈 수 있다.

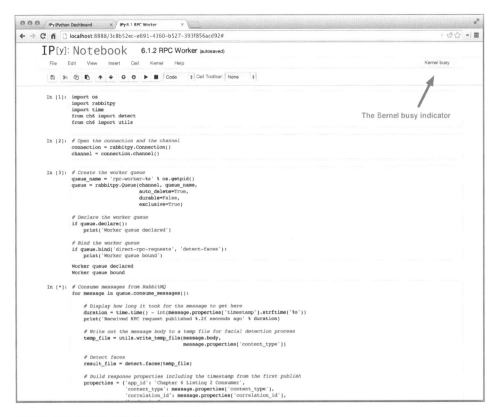

```
                          IPy IPython Dashboard    x    IPy 6.1 RPC Worker    x

← → C  🔒  localhost:8888/3c8b52ec-e691-4360-b527-393f856acd92#

IP[y]: Notebook       6.1.2 RPC Worker (autosaved)                    Kernel busy

File    Edit    View    Insert    Cell    Kernel    Help

🖫  ✂ 🗗 🗐  ↑ ↓  ◎ ◎  ▶ ■  Code    ‡ Cell Toolbar: None    ‡

                                                      The Bernel busy indicator

In [1]: import os
        import rabbitpy
        import time
        from ch6 import detect
        from ch6 import utils

In [2]: # Open the connection and the channel
        connection = rabbitpy.Connection()
        channel = connection.channel()

In [3]: # Create the worker queue
        queue_name = 'rpc-worker-%s' % os.getpid()
        queue = rabbitpy.Queue(channel, queue_name,
                               auto_delete=True,
                               durable=False,
                               exclusive=True)

        # Declare the worker queue
        if queue.declare():
            print('Worker queue declared')

        # Bind the worker queue
        if queue.bind('direct-rpc-requests', 'detect-faces'):
            print('Worker queue bound')

        Worker queue declared
        Worker queue bound

In [*]: # Consume messages from RabbitMQ
        for message in queue.consume_messages():

            # Display how long it took for the message to get here
            duration = time.time() - int(message.properties['timestamp'].strftime('%s'))
            print('Received RPC request published %.2f seconds ago' % duration)

            # Write out the message body to a temp file for facial detection process
            temp_file = utils.write_temp_file(message.body,
                                              message.properties['content_type'])

            # Detect faces
            result_file = detect.faces(temp_file)

            # Build response properties including the timestamp from the first publish
            properties = {'app_id': 'Chapter 6 Listing 2 Consumer',
                          'content_type': message.properties['content_type'],
                          'correlation_id': message.properties['correlation_id'],
```

그림 6.6 RPC 작업자를 실행하는 주피터 노트북

6.1.3 간단한 RPC 발행자 코드 작성하기

지금까지 메시지를 전달받아 얼굴 인식을 수행하고 결과를 반환하는 RPC 소비자 애플리케이션을 구현했다. 메시지를 발행하는 발행자 애플리케이션을 작성하자. 우리가 작성하는 샘플 애플리케이션에서 목표는 실행 중 차단되고 무거운 작업을 소비자 애플리케이션으로 이동해 고성능 비동기 웹 애플리케이션이 처리를 수행하는 동안 다른 요청을 차단하지 않고 수신하고 처리할 수 있도록 하는 것이다.

완전한 비동기 웹 애플리케이션 전체를 작성하는 것은 이 책의 범위를 벗어나므로, 발행자 코드는 RPC 요청 메시지를 발행하고 응답 메시지를 수신받으면 RPC 응답 메시지를 출력하도록 한다. 이 예제에 사용된 이미지도 Vagrant VM에서 확인할 수 있다.

외부 라이브러리 설정하기

코드 작성을 위해 먼저 필요한 파이썬 패키지와 모듈을 가져온다. 발행자 애플리케이션은 소비자 애플리케이션의 ch6.detect 모듈을 제외하고 동일한 패키지와 모듈을 사용한다.

```
import os
import rabbitpy
import time
from ch6 import utils
```

소비자 애플리케이션에서 os 패키지를 사용한 것과 마찬가지로 발행자 애플리케이션은 os.getpid() 메소드를 사용해 처리된 이미지를 가져오는 데 사용할 고유한 이름의 응답 큐를 만든다. 소비자 애플리케이션의 요청 큐과 마찬가지로 발행자의 응답 큐도 auto_delete와 exclusive를 True로 설정하고 durable은 False로 설정한다.

```
queue_name = 'response-queue-%s' % os.getpid()
response_queue = rabbitpy.Queue(channel,
                                queue_name,
                                auto_delete=True,
                                durable=False,
                                exclusive=True)
```

익스체인지를 선언하고 바인딩하기

응답 큐의 rabbitpy.Queue 객체를 생성했으면 이어서 선언하고 바인딩해야 한다. 이번에는 라우팅 키의 이름을 rpc-replies로 설정해 해당 익스체인지에 연결한다.

```
if response_queue.declare():
    print('Response queue declared')
if response_queue.bind('rpc-replies', queue_name):
    print('Response queue bound')
```

큐를 선언하고 바운딩한 후 사용 가능한 이미지에 반복문을 실행한다.

사용 가능한 이미지에 반복문 실행하기

발행해야 하는 이미지 리스트를 하드디스크에서 불러와야 하는데, ch6.utils 모듈의 get_images() 메소드를 사용해 이미지에 반복문을 실행한다. get_images() 메소드는 파이썬 열거형 반복자 함수로 싸여 있는데, 목록에 있는 값의 현재 인덱스와 연관된 값의 튜플을 반환한다. 파이썬에서 튜플은 일반적인 데이터 구조로 연속된 불변^{immutable} 객체다.

```
for img_id, filename in enumerate(utils.get_images()):
```

반복문 안에서 메시지를 만들고 RabbitMQ에 발행한다. 발행자 애플리케이션이 메시지를 발행하기 전에 처리 과정을 확인하기 위해 발행되는 이미지에 대한 정보를 출력한다.

```
print('Sending request for image #%s: %s' % (img_id, filename))
```

요청 메시지 구성하기

메시지를 작성하는 것은 상당히 간단하다. rabbitpy.Message 객체를 생성하며, 첫 번째 인수로 채널을 전달하고 ch6.utils.read_image() 메소드를 사용해 디스크에서 원본 이미지 데이터를 읽고 이를 메시지 본문 인수로 전달한다.

마지막으로 메시지 속성을 만들어야 하는데, content-type은 이미지의 MIME 타입을 리턴하는 ch6.utils.mime_time() 메소드를 사용해 설정한다. 반복문을 실행할 때 전달되는 img_id를 correlation-id 속성에 설정하는데, 이 값에는 비동기 웹 애플리케이션에서 클라이언트의 연결 ID 혹은 소켓 파일 설명자$^{file\ descriptor}$ 번호가 설정된다. 마지막으로 메시지의 reply_to 속성은 발행자의 응답 큐의 이름으로 설정한다. rabbitpy 라이브러리는 opinionated 플래그를 True로 설정하면 timestamp 속성을 생략해도 자동으로 timestamp 값을 설정한다.

```
message = rabbitpy.Message(channel,
                    utils.read_image(filename),
                    {'content_type':
                        utils.mime_type(filename),
```

```
                              'correlation_id': str(img_id),
                              'reply_to': queue_name},
                           opinionated=True)
```

메시지 객체를 생성한 후, `detect-faces` 라우팅 키를 사용해 `direct-rpc-requests` 익스체인지에 메시지를 발행한다.

```
message.publish('direct-rpc-requests', 'detect-faces')
```

이 작업이 실행되는 즉시 메시지가 전송되고 RPC 소비자 애플리케이션에서 신속하게 수신한다.

응답 기다리기

비동기 웹 애플리케이션에서 애플리케이션은 RPC 소비자의 응답을 기다리는 동안 다른 클라이언트 요청을 처리한다. 예제에서는 비동기 서버를 구현하는 대신 실행이 차단되는 코드를 작성한다. 응답 큐에서 메시지를 소비하고 다른 작업을 비동기적으로 수행하는 대신, 발행자 애플리케이션은 Basic.Get AMQP RPC 메소드를 사용해 다음과 같이 메시지가 큐에 있는지 확인한다.

```
message = None
while not message:
    time.sleep(0.5)
    message = response_queue.get()
```

메시지 수신 확인하기

발행자는 메시지가 수신되면 RabbitMQ가 큐에서 메시지를 제거할 수 있도록 메시지를 승인한다.

```
message.ack()
```

응답 처리하기

나와 동일한 생각을 한다면 아마도 얼굴 인식과 메시지 라우팅에 걸리는 시간을 알고 싶을 것이다. 원본 메시지를 발행할 때부터 응답을 받을 때까지 전체 시간을 출력하는 라인을 추가한다. 좀 더 복잡한 애플리케이션에서는 메시지 속성을 사용해 메타데이터를 전달할 수 있는데, 이는 디버깅 정보 혹은 모니터링, 트렌드, 분석에 사용되는 데이터 등 다양한 용도에 사용할 수 있다.

```
duration = (time.time() -
        time.mktime(message.properties['headers']['first_publish']))
print('Facial detection RPC call for image %s duration %.2f sec' %
    (message.properties['correlation_id'], duration))
```

이 예제 코드는 소비자 애플리케이션에서 설정한 메시지 속성 헤더 테이블의 first_publish 타임스탬프 값을 사용해 시간을 화면에 출력한다. 이를 통해 초기 RPC 요청 발행에서 RPC 응답 수신까지의 전체 왕복 시간을 확인할 수 있다.

마지막으로, ch6.utils .display_image() 메소드를 사용해 주피터 노트북에 이미지를 표시한다.

```
utils.display_image(message.body,
                message.properties['content_type'])
```

사용한 리소스 닫기

발행자 코드의 실행이 완료되면 마지막 라인에서 채널과 연결을 닫는다.

```
channel.close()
connection.close()
```

전체 애플리케이션 테스트하기

마지막으로 구현한 애플리케이션을 테스트한다. 주피터 노트북에서 '6.1.3 RPC Publisher'를 열고 Run Code play 버튼을 클릭해 메시지를 실행한 후 결과를 확인한다(그림 6.7).

완벽하지는 않지만 얼굴 인식 코드는 저전력 가상 머신에서도 잘 작동한다. 얼굴 인식의 품질을 향상시키기 위해 추가 알고리즘을 사용해 각 알고리즘의 결과 쿼럼quorum에서 결과 값을 선택하는 방식으로 처리할 수도 있는데, 이 작업은 실시간 웹 애플리케이션에는 너무 느리지겠만 고성능 하드웨어의 RPC 소비자 애플리케이션에서는 적절한 속도로 실행된다. 다행히도, RabbitMQ는 동일한 메시지를 다른 큐로 라우팅하는 다양한 방법을 제공한다. 다음 절에서는 이미 설정한 작업 흐름에 영향을 주지 않고 RPC 발행자가 보낸 메시지를 전달하는 방법을 알아본다. 이를 위해 RPC 요청 시에 다이렉트 익스체인지 대신 팬아웃 익스체인지를 사용한다.

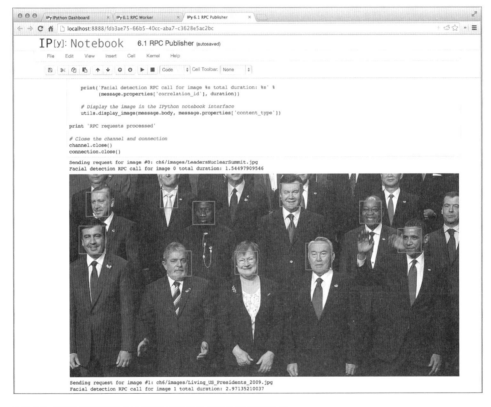

그림 6.7 소비자 애플리케이션의 결과를 받은 RPC 발행자 애플리케이션

6.2 팬아웃 익스체인지를 사용한 메시지 브로드캐스팅

다이렉트 익스체인지가 특정 큐에 메시지를 하나씩 전달하는 반면, 팬아웃 익스체인지는 전체 큐를 대상으로 처리한다. 팬아웃 익스체인지를 통해 발행된 모든 메시지는 팬아웃 익스체인지에 연결된 모든 큐에 전달된다. RabbitMQ가 메시지를 전달할 때 라우팅 키를 평가할 필요가 없기 때문에 상당한 성능적인 이점이 있지만, 선택의 폭이 부족하기 때문에 팬아웃 익스체인지에 연결된 모든 큐에서 메시지를 수신하는 모든 애플리케이션이 이 메시지를 전달받게 된다.

모바일 애플리케이션에서 이전에 구현한 얼굴을 감지하는 것 외에도 스패머를 실시간으로 식별하는 도구를 만든다고 가정해보자. 웹 애플리케이션에서 얼굴 인식 RPC 요청을 전달하는 데 팬아웃 익스체인지를 사용하면, RPC 소비자 큐와 메시지를 처리하는 다른 소비자 애플리케이션을 바인딩할 수 있다. 얼굴 인식 소비자 애플리케이션은 웹 애

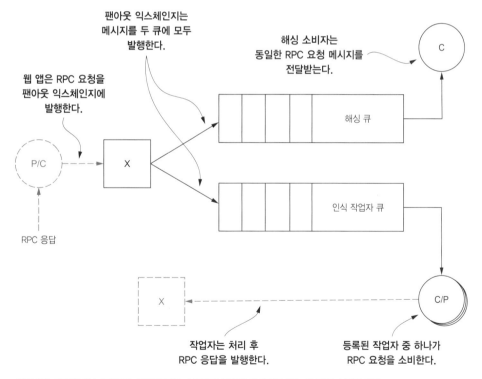

그림 6.8 팬아웃 익스체인지를 사용해 RPC 소비자와 동일한 메시지를 받는 또 다른 소비자 추가

플리케이션에 RPC 응답을 제공하는 데 사용한다. 새로 추가한 소비자는 개발 팀 내부에서만 사용하며, 외부에 노출하지 않고 발행된 이미지에 대해 다른 유형의 분석을 수행한다(그림 6.8).

경험에 비춰볼 때, 스패머는 서비스에 등록하거나 서비스에 콘텐츠를 작성할 때 종종 동일한 이미지를 사용한다. 스팸 공격을 완화하는 한 가지 방법은 이미지에서 핑거프린트fingerprint를 추출하고 데이터베이스에 이미지의 핑거프린트마다 스팸을 식별할 수 있게 저장하고 새로운 이미지가 동일한 핑거프린트로 업로드될 때 조치를 취하는 것이다. 이어지는 예제 코드에서는 RPC 요청 메시지를 얼굴 인식 처리 소비자와 핑거프린트 생성 소비자가 모두 사용하는 사용 사례에 대해 알아본다.

6.2.1 얼굴 인식 소비자 코드 수정

다음 예제 코드에서는 6.1절의 예제 코드를 약간 수정해 RPC 요청에서 이미지의 핑거프린트를 생성하는 새로운 이미지 해싱 소비자를 추가한다. 먼저 팬아웃 익스체인지를 만들어야 한다. 다음 예제 코드는 '6.2.1 Fanout Exchange Declaration' 노트북에서 확인할 수 있다.

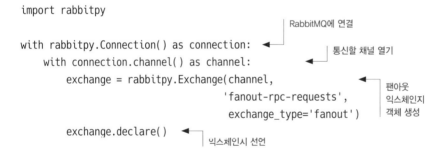

```
import rabbitpy

with rabbitpy.Connection() as connection:          ← RabbitMQ에 연결
    with connection.channel() as channel:          ← 통신할 채널 열기
        exchange = rabbitpy.Exchange(channel,      ┐ 팬아웃
                        'fanout-rpc-requests',     │ 익스체인지
                        exchange_type='fanout')    ┘ 객체 생성
        exchange.declare()                         ← 익스체인시 선언
```

6.1절에서 구현한 소비자 코드에서 큐를 바인딩하는 방식을 조금 수정해야 하는데 direct-rpc-requests에 바인딩하는 대신 라우팅 키 없이 fanout-rpc-requests에 바인딩한다. 수정된 코드는 '6.2.1 RPC Worker' 노트북에서 확인할 수 있으며 다음 코드를 수정했다.

```
if queue.bind('direct-rpc-requests', 'detect-faces'):
```

다음과 같이 새로운 팬아웃 익스체인지를 사용한다.

```
if queue.bind('fanout-rpc-requests'):
```

발행자 코드 중 수정해야 하는 부분은 발행 중인 익스체인지를 변경하는 것이다. 수정된 코드는 '6.2.1 RPC Publisher' 노트북에서 확인할 수 있으며 다음 코드를 수정했다.

```
message.publish('direct-rpc-requests', 'detect-faces')
```

다음과 같이 새로운 익스체인지를 사용한다.

```
message.publish('fanout-rpc-requests')
```

메시지를 발행하고 소비하기 전에 이미지의 핑거프린트를 생성하는 해싱 소비자 애플리케이션을 먼저 작성한다.

6.2.2 간단한 이미지 해싱 소비자 만들기

이미지 해시를 만들기 위한 자르기, 해상도 및 비트 심도의 변화를 처리하는 훨씬 더 정교한 알고리즘도 있지만, 예제 코드의 목적이 멋진 이미지 인식 알고리즘을 설명하는 것이 아니라 RabbitMQ 익스체인지를 설명하는 것이므로 단순한 소비자 애플리케이션을 구현하기 위해 간단한 이진 해싱 알고리즘인 MD5를 사용한다.

기본 라이브러리를 추가하고 RabbitMQ에 연결하기

'6.2.2 Hasing Consumer' 노트북에서 예제 코드를 확인할 수 있으며 기존 RPC 소비자와 대부분 동일한 코드를 사용한다. 소비자 코드 중 주목할 만한 부분은 ch6.detect를 추가하는 대신 파이썬의 hashlib 패키지를 추가한다는 점이다.

```
import os
import hashlib
import rabbitpy
```

앞서 알아본 RPC 발행자 및 소비자와 마찬가지로 이미지 해싱 소비자도 RabbitMQ 에 연결하고 채널을 만들어야 한다.

```
connection = rabbitpy.Connection()
channel = connection.channel()
```

작업할 큐를 생성하고 바인딩하기

채널이 열리면 소비자가 사라질 경우 자동으로 제거되는 큐를 만들어야 하는데 한 소비 자만 단독으로 사용할 수 있도록 exclusive를 True로 설정한다.

```
queue_name = 'hashing-worker-%s' % os.getpid()
queue = rabbitpy.Queue(channel, queue_name,
                       auto_delete=True,
                       durable=False,
                       exclusive=True)
if queue.declare():
    print('Worker queue declared')
if queue.bind('fanout-rpc-requests'):
    print('Worker queue bound')
```

이미지 해싱하기

해싱 소비자 애플리케이션은 매우 간단하다. 받은 각 메시지에 반복문을 실행하고 hashlib.md5 객체를 생성해서 이진 메시지 데이터를 생성하고 화면에 출력한다. 실전에 서는 해시 출력 라인을 해시 데이터베이스에 삽입하는 코드로 변경하거나 다른 RPC 요 청으로 변경할 수 있다.

```
for message in queue.consume_messages():
    hash_obj = hashlib.md5(message.body)
    print('Image with correlation-id of %s has a hash of %s' %
          (message.properties['correlation_id'],
           hash_obj.hexdigest()))
message.ack()
```

노트 실제 구현할 때 이미지 해시를 저장하기 위해 Redis(http://redis.io) 데이터베이스를 선택하는 것은 탁월한 선택 중 하나다. 특정 해시 조회를 신속하게 처리해야 하는데, Redis는 해시 조회를 신속하게 처리할 수 있는 메모리 데이터 구조를 제공하며 사용자의 질의에 신속하게 응답한다.

새로운 작업 흐름 테스트하기

이어서 지금까지 작성한 새로운 소비자 애플리케이션을 테스트해야 하는데, '6.2.2 Hashing Consumer', '6.2.1 RPC Worker', '6.2.1 RPC Publisher' 노트북을 웹 브라우저에서 연다. '6.2.2 RPC Worker' 노트북에서 Run all을 클릭한 후, 이어서 '6.2.2 Hashing Consumer' 노트북에서 Run All을 클릭한 다음 '6.2.1 RPC Worker' 노트북에서 Run all을 실행하고 마지막으로 '6.2.1 RPC Publisher' 노트북에서 Run all을 실행해 이미지를 전송한다. 이전 절에서 예제 코드를 실행했을 때와 동일한 응답이 RPC 발행자 및 소비자 애플리케이션에 표시되는 것을 확인할 수 있다. 추가로 '6.2.2 Hashing Consumer' 애플리케이션의 출력에서 그림 6.9와 비슷한 결과를 확인할 수 있다.

```
In [*]: # Consume messages from RabbitMQ
        for message in queue.consume_messages():

            # Create the hashing object
            hash_obj = hashlib.md5(message.body)

            # Print out the info, this might go into a database or log file
            print('Image with correlation-id of %s has a hash of %s' %
                  (message.properties['correlation_id'],
                   hash_obj.hexdigest()))

            # Acknowledge the delivery of the RPC request message
            message.ack()

        Image with correlation-id of 0 has a hash of ba3acb1d632c42c4a7b7ea0eaf32b50a
        Image with correlation-id of 1 has a hash of 3b2bb8455f68943745c3a362a567cba5
```

그림 6.9 주피터 노트북에서 해싱 소비자 애플리케이션의 출력 예

팬아웃 익스체인지는 모든 소비자가 메시지에 접근할 수 있는 방법을 제공하지만, 이는 양날의 검이 될 수 있다. 소비자는 받은 메시지를 선택할 수 없기 때문이다. 예를 들어 여러 유형의 RPC 요청을 라우팅하는 다이렉트 익스체인지를 사용하고 있지만, 유형과 관계없이 각 RPC 요청을 감시하는 것과 같은 일반적인 작업을 수행할 경우 처리가 어

려워진다. 이러한 경우 토픽 익스체인지를 사용해서 RPC 작업 처리 소비자가 자신의 작업에 전달되는 특정 메시지를 선택할 수 있게 특정 라우팅 키를 사용해 바인딩하고, 요청 감시 소비자는 모든 메시지 혹은 특정 하위 메시지를 선택할 수 있는 와일드카드로 바인딩한다.

6.3 토픽 익스체인지로 메시지를 선택적으로 라우팅하기

다이렉트 익스체인지와 유사하게 토픽 익스체인지는 일치하는 라우팅 키가 있는 모든 큐로 메시지를 라우팅하는데, 라우팅 키에 기간 구분^{period-delimited} 형식의 와일드카드 기반 패턴 매칭을 사용해 큐에 바인딩할 수 있다는 점이 다르다. 라우팅 키의 특정 부분에 별표(*)와 파운드(#) 문자를 사용해서 여러 부분을 동시에 매칭할 수 있다. 별표는 마침표까지의 라우팅 키의 모든 문자에 매칭하며 파운드 문자는 이후의 모든 마침표를 포함해 그 뒤에 오는 모든 문자에 매칭된다.

그림 6.10에서는 업로드한 새 프로필 이미지를 세 파트로 구성한 토픽 익스체인지의 라우팅 키 예제를 확인할 수 있다.

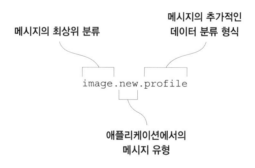

그림 6.10 세 부분으로 구성된 토픽 익스체인지의 라우팅 키

첫 번째 파트는 메시지가 이미지 관련 사항을 처리하는 소비자 애플리케이션에 라우팅돼야 함을 나타낸다. 두 번째 파트는 메시지에 새 이미지가 포함돼 있음을 뜻하고, 세 번째 파트는 프로필 관련 기능을 처리하는 소비자에 연결된 큐로 라우팅돼야 함을 뜻한다.

메시징 기반 아키텍처로 웹사이트에서 모든 이미지 작업을 관리하기 위한 이미지 업로드 프로세스를 구축하려는 경우, 다음과 같이 메시지를 발행할 때 라우팅 키로 메시지를 설명할 수 있다.

- `Image.new.profile`: 새 프로필 이미지가 포함된 메시지
- `image.new.gallery`: 새 사진 갤러리 이미지가 포함된 메시지
- `image.delete.profile`: 프로필 이미지 삭제를 위한 메타데이터가 포함된 메시지
- `images.delete.gallery`: 갤러리 이미지 삭제를 위한 메타데이터가 포함된 메시지
- `image.resize`: 이미지의 크기 조정을 요청하는 메시지

위의 라우팅 키 예제에서 메시지의 라우팅 키로 의도 혹은 내용을 명확하게 구분할 수 있다. 토픽 익스체인지를 통해 라우팅할 메시지의 라우팅 키에 의미적인 이름을 사용하면 라우팅 키의 특정 파트에 맞게 메시지를 라우팅할 수 있으며 메시지를 특정 작업 큐에 전달할 수 있다. 그림 6.11에서 메시지를 토픽 익스체인지에 전달할 때 라우팅 키를 기반으로 수신할 소비자 애플리케이션의 큐를 결정하는 예를 볼 수 있다.

토픽 익스체인지는 특정 메시지를 각자 다른 작업을 수행하는 단일 목적의 소비자 애플리케이션에 연결된 큐로 라우팅하는 데 적합하다. 그림 6.11에서 얼굴 인식 RPC 작업자에 연결된 큐는 다이렉트 익스체인지에 바인딩된 것처럼 `image.new.profile`에 바인딩돼 새 프로필 이미지 요청만 수신한다. 이미지 해싱 소비자 애플리케이션에 연결된 큐는 `image.new.#`에 바인딩돼 원본과 관계없이 새로운 이미지만 수신한다.

구체화한 사용자 디렉터리를 유지 관리하는 소비자 애플리케이션은 `#.profile`에 연결돼 있는데, `.profile`로 끝나는 모든 메시지를 큐에서 수신해 구체적인 작업을 수행할 수 있다. 이미지 삭제 요청 메시지는 `image.delete.*`로 바인딩한 큐에 발행돼 특정 소비자 애플리케이션이 사이트에 업로드한 모든 이미지를 제거하도록 한다. 마지막으로, 감시 소비자 애플리케이션은 이미지와 관련된 모든 메시지를 수신해 문제 해결이나 행동 분석에 도움이 되는 정보를 기록한다.

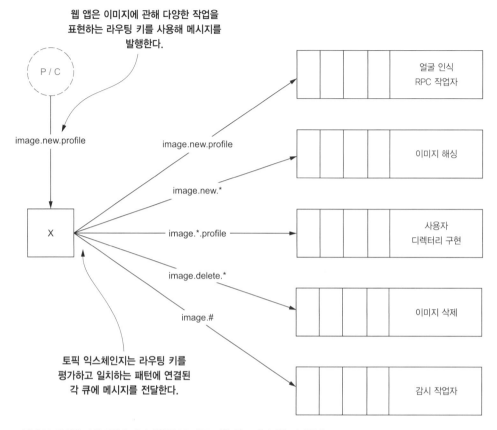

그림 6.11 라우팅 키의 구성에 따라 선택적으로 서로 다른 큐로 메시지를 전달한다.

이와 같이 단일 목적의 소비자 애플리케이션이 단일 큐에 연결함으로써 아키텍처를 구성하면 모놀리식 애플리케이션^{monolithic application}에 비해 유지 보수 혹은 확장에 용이하다. 모놀리식 애플리케이션은 유지 보수 및 코드 복잡성을 증가시킨다. 모듈별로 소비자 애플리케이션을 구성하는 방식은 하드웨어를 변경하거나 새로운 소비자 애플리케이션을 추가함으로써 처리량을 증가시키거나 단순히 애플리케이션의 기능을 추가하거나 제거하는 복잡한 작업을 단순화할 수 있다. 토픽 익스체인지를 사용하며 단일 목적의 모듈로 구성하는 접근 방식을 통해 다른 소비자 애플리케이션의 작업 흐름에 영향을 주지 않으면서 적절한 새로운 기능을 새로운 소비자와 큐로 구성할 수 있다.

> **노트** 메시지의 라우팅 키를 의미적으로 작성하면 메시지의 의도 또는 내용을 유용하게 설명할 수 있다. 메시지와 라우팅 키를 애플리케이션에 특화된 이름으로 지정하는 대신 일반적인 이벤트 기반 이름으로 지정한다면 재사용에도 유리하다. 애플리케이션 기존 메시지 형식을 재사용해 코드 복잡성을 낮추고 메시지 처리량을 조절할 수 있다. 가상 호스트와 익스체인지의 이름처럼 라우팅 키도 애플리케이션에서 어색한 이름을 선택하지 않아야 하며 메시지에 대한 충분한 의미를 설명하는 것이 좋다.

다이렉트 익스체인지 대신 토픽 익스체인지를 사용하는 예제 코드는 '6.3 Topic Exchange Declaration', '6.3 RPC Publisher', '6.3 RPC Worker' 노트북에서 확인할 수 있는데, 6.1절의 노트북과 비교할 때 주요 차이점은 선언한 익스체인지의 유형과 사용한 라우팅 키에서 찾을 수 있다. 예제 코드를 실행하면 라우팅 키를 사용할 때 토픽 익스체인지와 다이렉트 익스체인지를 사용하는 데 약간의 차이가 있음을 알 수 있다. 토픽 익스체인지를 사용하면 아키텍처를 변경하지 않고도 부분 패턴 매칭을 사용해서 서로 다른 용도로 메시지를 라우팅할 수 있다.

네임스페이스가 지정된 라우팅 키를 정의한 토픽 익스체인지를 사용하면 애플리케이션을 미래에 유지 보수하는 데도 유용하다. 처음부터 라우팅 키의 패턴 매칭 기능이 필요하지 않을 경우에도 적절한 큐에 연결한 토픽 익스체인지를 사용하면 다이렉트 익스체인지나 팬아웃 익스체인지의 동작을 흉내 낼 수 있다.

다이렉트 익스체인지의 동작을 흉내 내려면 패턴 매칭을 사용하는 대신 전체 라우팅 키로 큐를 연결하면 된다.

팬아웃 익스체인지의 동작도 흉내 내기 쉬운데, 토픽 익스체인지에 발행된 모든 메시지를 # 라우팅 키로 큐에 연결하면 된다. 토픽 익스체인지의 유연성은 메시징 기반 아키텍처에서 강력한 도구가 될 수 있는 충분한 이유가 된다.

또 RabbitMQ에는 토픽 익스체인지와 비슷한 유연성을 제공할 뿐 아니라 라우팅 과정 중에 메시지가 자신을 설명할 수 있도록 구조화해서 별도의 라우팅 키가 필요 없는 헤더 익스체인지가 내장돼 있다. 다이렉트 익스체인지 혹은 토픽 익스체인지와는 다른 라우팅 패러다임을 사용하는 헤더 익스체인지를 사용하면 메시지 라우팅에 대한 완전히 다른 시각으로 라우팅 구조를 구성할 수 있다.

6.4 헤더 익스체인지를 통한 선택적 라우팅

RabbitMQ의 내장된 헤더 익스체인지는 메시지 속성 중 `headers` 테이블을 사용해 RabbitMQ에서 특정한 규칙의 라우팅을 처리한다. 헤더 익스체인지에 연결한 큐는 `Queue.Bind` 메소드의 인수로 키/값 쌍의 배열과 x-match를 사용한다. x-match 인수는 문자열로 any 또는 all로 값을 설정한다. x-match의 값이 any일 경우 헤더 테이블 값 중 하나가 연결된 값 중 하나와 일치하면 메시지가 전달된다. x-match의 값이 all이면 `Queue.Bind` 인수로 전달된 모든 값이 일치해야 메시지를 전달하는데, 메시지의 헤더 테이블에 추가적인 키/값 쌍을 갖는 것은 제외하지 않는다.

헤더 익스체인지의 동작 방식을 알아보기 위해 6.1절의 RPC 작업자와 발행자 예제를 수정해야 하는데, 라우팅 키를 headers 테이블 값으로 변경한다. 헤더 익스체인지는 토픽 익스체인지와 달리 메시지 자체에는 라우팅 기준을 구성하는 값이 포함된다.

RPC 발행자와 소비자가 헤더 익스체인지를 사용하기 전에 먼저 헤더 익스체인지를 선언한다.

다음 예제 코드에서는 headers-rpc-requests라는 헤더 익스체인지를 생성하는데, 이는 '6.4 Headers Exchange Declaration' 노트북에서 확인할 수 있다.

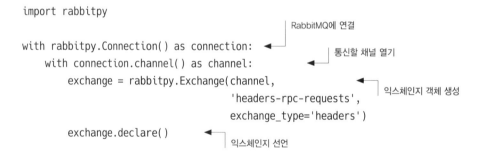

```
import rabbitpy

with rabbitpy.Connection() as connection:        ◀── RabbitMQ에 연결
    with connection.channel() as channel:        ◀── 통신할 채널 열기
        exchange = rabbitpy.Exchange(channel,
                                                  ◀── 익스체인지 객체 생성
                              'headers-rpc-requests',
                              exchange_type='headers')
        exchange.declare()        ◀── 익스체인지 선언
```

헤더 익스체인지를 선언한 후에는 '6.4 RPC Publisher' 노트북에 포함된 RPC 발행자 코드의 수정해야 하는 부분에 대해 살펴보자. 두 가지 주요 변경 사항이 있는데, 첫 번째는 발행될 메시지를 구성하는 부분으로 다음과 같이 메시지의 headers 속성을 채운다.

```
message = rabbitpy.Message(channel,
                           utils.read_image(filename),
```

```
                        {'content_type': utils.mime_type(filename),
                         'correlation_id': str(img_id),
                         'headers': {'source': 'profile',
                                        'object': 'image'
                                        'action': 'new'},
                         'reply_to': queue_name})
```

세 가지 값이 설정돼 있음을 볼 수 있는데, headers 속성의 source, object, action에 값이 지정된다. 이 값들은 메시지를 발행할 때 함께 전달된다. 메시지와 함께 이 값들이 전달되므로 별도의 라우팅 키가 필요 없으며 message.publish()를 호출할 때 메시지가 전달될 익스체인지의 이름만 변경한다.

```
message.publish('headers-rpc-requests')
```

먼저 '6.4 RPC Worker' 노트북의 변경 사항을 함께 살펴본 후 RPC 작업자 코드를 실행한다. 기본적인 변경 사항은 Queue.Bind 메소드를 호출하는 부분인데, 라우팅 키를 인자로 넘기는 대신 큐에 이미지를 라우팅하는 데 필요한 값들과 비교할 각 속성을 지정한다.

```
if queue.bind('headers-rpc-requests',
              arguments={'x-match': 'all',
                         'source': 'profile',
                         'object': 'image',
                         'action': 'new'}):
```

x-match 인수의 값이 all로 지정돼 있다. 이는 메시지 headers의 source, object, action 값이 바인딩 인수에 지정된 값과 모두 일치해야 함을 뜻한다. '6.4 RPC Worker' 노트북을 실행한 다음 '6.4 RPC Publisher' 노트북을 실행하면 다이렉트 익스체인지와 토픽 익스체인지의 예제에서 봤던 것과 동일한 결과를 볼 수 있다.

익스체인지가 제공하는 메시지 속성에 지정한 추가적인 메타데이터는 가치가 있을까? 헤더 익스체인지는 all 또는 any로 값을 설정해 라우팅 규칙에 추가적인 선택 사항을 제공하지만, 추가적인 계산 오버헤드가 발생된다. 헤더 익스체인지를 사용해 메시지를 라우팅할 때 값을 평가하기 전에 헤더 속성의 모든 값을 키의 이름별로 정렬해야 한다. 일반적으로 헤더 익스체인지는 추가적인 계산 때문에 다른 익스체인지 유형보다는 상당히 느리다고 알려져 있다. 그러나 이 책을 쓰는 시점에 직접 벤치마크를 수행한 결과에 따르면, 헤더 등록 정보에 동일한 양의 값을 사용할 경우 기본으로 제공하는 익스체인지들과 성능 면에서 큰 차이가 없음을 발견했다.

> **노트** RabbitMQ가 headers 테이블을 정렬하는 데 사용하는 내부 동작에 관심이 있다면, rabbit-server 깃(Git) 저장소에 있는 rabbit_misc 모듈의 sort_field_table 함수를 참고하길 바란다. 이 코드는 깃허브에서 확인할 수 있다(https://github.com/rabbitmq/rabbitmq-server/blob/master/src/rabbit_misc.erl).

6.5 익스체인지 성능 벤치마크하기

헤더 속성을 사용하면 발행에 사용하는 익스체인지의 유형과 관계없이 메시지 발행의 성능에 직접 영향을 미친다(그림 6.12).

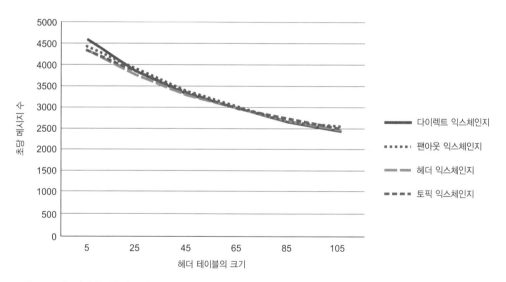

그림 6.12 익스체인지 유형 및 헤더 테이블 크기에 따른 전체 발행 속도

그림에서 보는 것처럼, RabbitMQ가 기본으로 제공하는 네 가지 익스체인지들의 성능은 상대적으로 안정적이다. 이 벤치마크를 통해 동일한 메시지와 동일한 메시지 헤더를 사용한다면 익스체인지의 유형에 관계없이 메시지 발행 속도에 큰 차이가 없음을 확인할 수 있다.

토픽 익스체인지와 헤더 익스체인지를 비교할 수 있는 좀 더 적합한 테스트 케이스에는 어떤 것이 있을까? 그림 6.13에서는 동일한 메시지 본문에 대해 헤더 테이블이 비어있는 토픽 익스체인지와 headers 속성에 라우팅 정보가 있는 헤더 익스체인지의 메시지 발행 시 속도의 차이를 확인할 수 있다. 이 시나리오에서는 메시지를 라우팅하기 위한 기본적인 상황에서 비교할 때 헤더 익스체인지보다 토픽 익스체인지가 더 효과적임을 알 수 있다.

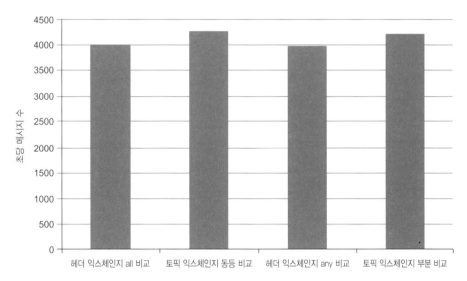

그림 6.13 헤더 익스체인지와 토픽 익스체인지의 메시지 발행 속도

상당히 많은 양의 headers 속성을 사용하지 않는다면 헤더 익스체인지를 사용하는 것이 전반적인 메시지 발행 속도에 그다지 영향을 주지 않으며, 이는 모든 내장 익스체인지 유형에도 동일하다.

지금까지 내장된 익스체인지들 간의 기능적인 차이와 사용하는 방법을 살펴봤다. 이어서 RabbitMQ에 발행된 단일 메시지에 대해 여러 유형의 익스체인지를 활용하는 방법을 알아보자.

6.6 익스체인지 간에 라우팅하기

지금까지 알아본 메시지 라우팅 방식들이 작성하는 애플리케이션에 충분히 유연하지 않다고 생각되고 동일한 메시지에 사용할 특정 익스체인지를 다른 익스체인지와 동시에 사용하고 싶은 경우도 운이 좋다고 생각한다.

AMQP 스펙에는 없지만, RabbitMQ에는 익스체인지의 조합으로 메시지를 라우팅할 수 있는 매우 유연한 메커니즘을 제공한다. 익스체인지 간 연결 메커니즘은 큐 바인딩과 매우 유사하지만, 큐를 익스체인지에 연결하는 대신 Exchange.Bind RPC 메소드를 사용해 익스체인지를 다른 익스체인지와 연결한다.

익스체인지 간 바인딩을 사용할 때, 익스체인지에 적용하는 라우팅 로직은 큐에 연결할 때와 동일하다. 모든 익스체인지는 기본 익스체인지들을 포함한 다른 익스체인지에 연결할 수 있다. 상상력을 동원한다면 다양한 방식으로 메시지를 라우팅할 수 있다.

토픽 익스체인지를 사용해 네임스페이스 키의 메시지를 전달한 다음 메시지의 속성 중 headers 테이블을 기반으로 메시지를 발행하고 싶다면, 익스체인지 간 바인딩은 좋은 선택이다(그림 6.14).

'6.6 Exchange Binding' 노트북에 포함된 다음 예제에서 distributed-events라는 이름의 컨시스턴트 해싱^{consistent hashing} 익스체인지는 events라는 이름의 토픽 익스체인지에 연결돼 있으며, events 익스체인지는 컨시스턴트 해싱 익스체인지에 연결된 큐에 메시지를 분배한다.

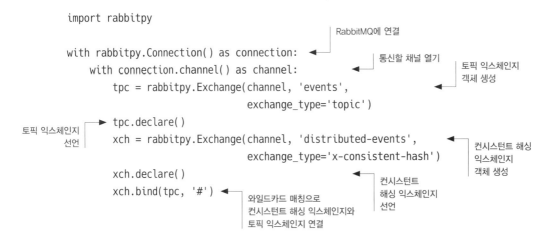

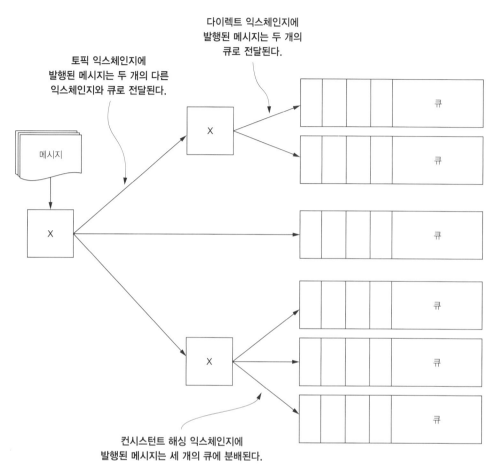

그림 6.14 유연한 익스체인지 간 바인딩 예

　익스체인지 간 바인딩은 엄청나게 유연하며 실제로 매우 유용하지만, 이러한 유연성 때문에 복잡성과 추가적인 오버헤드가 발생한다. 매우 복잡하게 익스체인지를 연결한 구조를 도입하려고 한다면 단순한 아키텍처가 문제가 발생할 때 유지 관리하고 상태를 진단하기가 더 쉽다는 점을 잊지 말자. 익스체인지 간 바인딩 사용을 고려하고 있다면 복잡도가 높아지는 점과 추가적인 성능 오버헤드가 현재 사용 사례에 적합한지 판단해야 한다.

6.7 컨시스턴트 해싱 익스체인지

컨시스턴트 해싱 익스체인지는 RabbitMQ에 배포하는 플러그인으로 연결된 큐에 메시지를 분배한다. 컨시스턴트 해싱 익스체인지는 메시지를 발행할 큐의 로드를 조정하는 데 사용할 수 있다. 컨시스턴트 해싱 익스체인지를 사용해 클러스터 내부에 다른 물리적 서버에 있는 큐 혹은 단일 사용자가 연결된 큐에 메시지를 분배할 수 있으므로 단일 큐를 사용하는 여러 사용자에게 메시지를 전달하는 경우보다 처리량이 높다. RabbitMQ에 소비자 애플리케이션으로 데이터베이스 혹은 유사한 시스템을 연결할 경우, 컨시스턴트 해싱 익스체인지는 직접 미들웨어를 작성하지 않고도 데이터를 샤딩sharding할 수 있다.

> **노트** 컨시스턴트 해싱 익스체인지를 사용해서 처리량을 향상시키려는 경우, 단일 큐의 여러 소비자 혹은 여러 큐의 단일 소비자의 속도 차이를 벤치마크해서 환경에 적합한 것을 선택하는 것이 좋다.

이 익스체인지는 컨시스턴트 해싱 알고리즘을 사용해 목적지인 큐들 중에 메시지를 수신할 큐를 선택한다. 기존의 익스체인지가 라우팅 키 또는 헤더 값으로 연결된 큐를 선택하는 것과는 달리 정수 기반 가중치를 사용하는 알고리즘을 사용해서 큐를 선택하고 메시지를 전달한다. 컨시스턴트 해싱 알고리즘은 memcached와 같은 네트워크 기반 캐싱 시스템과 Riak, 카산드라Cassandra, PostgreSQL(PL/Proxy 샤딩 사용 시)과 같은 분산 데이터베이스 시스템에서 일반적으로 사용된다. 데이터 집합 또는 라우팅을 위한 문자열 값이 엔트로피가 높은 경우, 컨시스턴트 해싱 익스체인지는 데이터를 상당히 균일하게 분산시킨다. 두 개의 큐에 컨시스턴트 해싱 익스체인지가 연결돼 있고 각 큐의 가중치가 동일한 경우, 메시지는 대략적으로 절반씩 분배된다(그림 6.15).

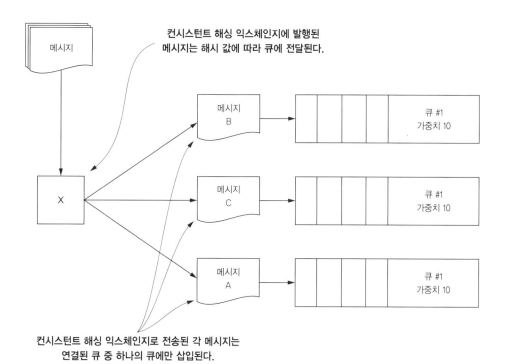

컨시스턴트 해싱 익스체인지에 발행된
메시지는 해시 값에 따라 큐에 전달된다.

메시지

컨시스턴트 해싱 익스체인지로 전송된 각 메시지는
연결된 큐 중 하나의 큐에만 삽입된다.

그림 6.15 컨시스턴트 해싱 익스체인지에 발행된 메시지는 연결된 큐에 분산된다.

메시지가 전달될 대상에 메시지를 균일하게 배포하기 위해 추가적인 작업이 필요 없다. 컨시스턴트 해싱 익스체인지는 메시지를 라운드 로빈하지 않고 라우팅 키의 해시 값혹은 메시지 속성 중 header-type의 값을 기반으로 메시지를 전달한다. 그러나 다른 큐보다 높은 가중치를 갖는 큐는 익스체인지에 발행된 메시지를 더 높은 비율로 전달받게 된다. 물론 기존의 익스체인지들도 여러 큐에 걸쳐 메시지를 분배하는 경우 라우팅 키 또는헤더 테이블 값을 사용해 메시지를 발행했다. 컨시스턴트 해싱 익스체인지와 다른 익스체인지의 차이점은 메시지를 분배하는 데 필요한 엔트로피를 제공한다는 것이며, 동일한라우팅 키로 전송한 다섯 개의 메시지는 모두 같은 큐에 저장된다.

다시 이미지 프로세싱 RPC 시스템 예제를 생각해보면, 이미지를 다른 HTTP 클라이언트에 제공할 수 있도록 디스크에 저장해야 한다. 또 이미지 저장소를 확장해야 할 경우, 일반적으로 분산 저장 솔루션을 사용해야 하는 경우가 대부분이다. 다음 예제 코드에서는 컨시스턴트 해싱 익스체인지를 사용해 네 개의 다른 스토리지 서버에 이미지를 저장하도록 네 개의 큐에 메시지를 분산한다.

기본적으로 라우팅 키는 메시지를 분산하기 위한 해시 값이다. '6.2.2 Hashing Consumer' 노트북의 예제 코드와 같이 이미지의 경우 가능한 한 라우팅 키 값은 이미지 자체의 해시다. 라우팅 키 값의 해시를 통해 메시지를 분배하는 데 사용할 익스체인지를 선언할 때, 일반적으로 특별한 설정은 필요하지 않다. 예제 코드는 '6.7 A Consistent-Hashing Exchange that Routes on a Routing Key' 노트북에서 확인할 수 있다.

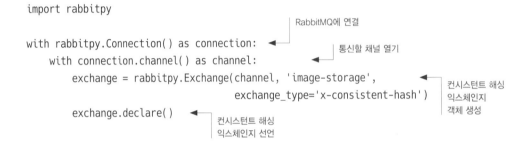

또 다른 방법으로 headers 속성 테이블에 해시 값을 지정할 수 있는데, 이 방법으로 라우팅하려면 익스체인지를 선언할 때 해시 헤더 값을 전달해야 한다. hash-header는 메시지 해시를 실행할 때 사용할 단일 키를 값으로 갖는다. 예제 코드는 '6.7 A Consistent-Hashing Exchange that Routes on a Header'에서 확인할 수 있다.

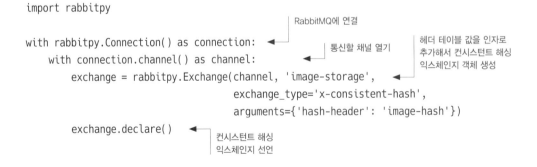

컨시스턴트 해싱 익스체인지에 큐를 연결할 때, 해싱 알고리즘에 대한 큐의 가중치를 문자열 값으로 입력한다.

예를 들어 가중치가 10인 큐를 선언하려면 Queue.Bind AMQP RPC 요청의 바인딩 키로 문자열 값 10을 전달한다. 이미지 저장 예제에서 이미지를 저장하는 서버마다 각각 다른 저장 용량을 갖고 있다고 가정해보자.

가중치를 사용하면 용량이 작은 서버보다 용량이 큰 서버에 더 많은 이미지를 저장할 수 있다. 가중치를 서버의 기가바이트 혹은 테라바이트 단위인 디스크 용량 크기로 지정해 분배 시에 균형을 맞출 수 있다.

다음 예제 코드는 '6.7 Creating Multiple Bound Queues' 노트북에서 확인 가능한데, q0, q1, q2, q3라는 네 개의 큐를 생성하고 모두 image-storage라는 익스체인지에 동등한 가중치로 연결한다.

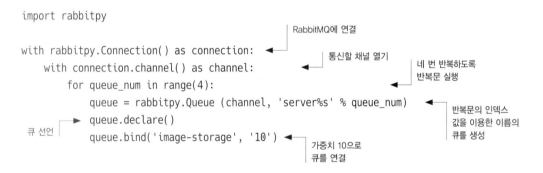

```
import rabbitpy

with rabbitpy.Connection() as connection:       ← RabbitMQ에 연결
    with connection.channel() as channel:       ← 통신할 채널 열기
        for queue_num in range(4):              ← 네 번 반복하도록 반복문 실행
            queue = rabbitpy.Queue (channel, 'server%s' % queue_num)  ← 반복문의 인덱스 값을 이용한 이름의 큐를 생성
            queue.declare()        큐 선언
            queue.bind('image-storage', '10')   ← 가중치 10으로 큐를 연결
```

컨시스턴트 해싱 알고리즘의 작동 방식 때문에 익스체인지에 연결된 큐의 수를 변경하면, 메시지의 분배 방식이 변경될 가능성이 높다. 라우팅 키 혹은 헤더 테이블 값에 지정된 특정 해시의 메시지가 항상 q0 큐로 삽입되고 있었는데, 새롭게 q4 큐를 추가하면 이 해시 값의 메시지가 다섯 개의 큐 중 하나에 삽입될 수 있다. 동일한 해시 값을 가진 메시지는 다시 큐의 수가 변경될 때까지 일관적으로 해당 큐로 삽입된다.

컨시스턴트 해싱 익스체인지를 사용해 데이터를 분배하는 방법을 자세히 확인할 수 있는 예제 코드는 '6.7 Simulated Image Publisher' 노트북에서 확인할 수 있는데, 이 예제 코드는 image-storage 익스체인지에 100,000개의 메시지를 발행한다. 예제에서 100,000개 이미지의 해시를 구하는 것은 다소 과도하기 때문에 라우팅 키로 현재 시간과 메시지 번호를 연결한 값의 MD5 해시를 사용했다. 메시지의 분포 결과는 그림 6.16에서 확인할 수 있다.

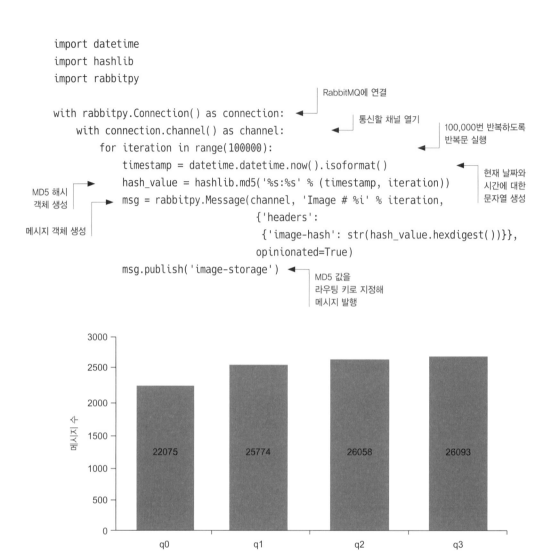

```
import datetime
import hashlib
import rabbitpy

with rabbitpy.Connection() as connection:          RabbitMQ에 연결
    with connection.channel() as channel:          통신할 채널 열기
        for iteration in range(100000):            100,000번 반복하도록
                                                   반복문 실행
            timestamp = datetime.datetime.now().isoformat()
            hash_value = hashlib.md5('%s:%s' % (timestamp, iteration))   현재 날짜와
                                                                          시간에 대한
MD5 해시                                                                  문자열 생성
객체 생성     msg = rabbitpy.Message(channel, 'Image # %i' % iteration,
                            {'headers':
메시지 객체 생성          {'image-hash': str(hash_value.hexdigest())}},
                            opinionated=True)
            msg.publish('image-storage')          MD5 값을
                                                  라우팅 키로 지정해
                                                  메시지 발행
```

그림 6.16 무작위 값의 해시로 100,000개의 메시지를 발행한 결과

그림에서 볼 수 있듯이 메시지의 분포가 정확하지는 않다. 이는 큐를 선택하는 결정이 라우팅에 지정된 값에 의해 이뤄지고, 매우 특정한 라우팅 키 값을 만들지 않고서는 라운드 로빈 방식과 같이 메시지를 분배할 수 없기 때문이다. 메시지를 여러 큐에 로드 밸런싱하기 위해 컨시스턴트 해싱 익스체인지 외에 다른 방법을 찾고 있다면, 존 브리스빈[John Brisbin]이 구현한 무작위 익스체인지 플러그인(https://github.com/jbrisbin/randomexchange)을 살펴보길 바란다. 무작위 익스체인지는 큐에 메시지를 분배하기 위해 라우팅 키를 지정하는 대신 난수를 생성한다. RabbitMQ 플러그인 시스템의 유연성을 감안해 생각해보면, 앞으로 진정한 라운드 로빈 익스체인지도 등장할 수 있을 것이라 기대된다. 새로운 플러그인이 현재 상황에 적합하다면, 쉽게 사용할 수 있을 것이다.

처리량을 늘리기 위해 컨시스턴트 해싱 익스체인지를 활용하려는 경우, 성능이나 메시지 처리량을 늘리지 않아도 될 경우가 많기 때문에 먼저 벤치마크를 수행하길 권한다. 데이터센터 또는 RabbitMQ 클러스터 전체에서 하위 집합에 메시지를 분배하는 작업을 수행해야 하는 경우, 컨시스턴트 해싱 익스체인지는 유용한 도구가 될 수 있다.

6.8 요약

지금까지 RabbitMQ에 내장된 다양한 라우팅 메커니즘에 대해 알아봤다. 내용을 다시 훑어보고 싶은 경우 익스체인지와 그에 대한 요약 설명을 담은 표 6.1을 살펴보자. 각 유형의 익스체인지들은 메시지가 가능한 한 빨리 적절한 소비자에게 전달되도록 애플리케이션에서 활용할 수 있는 고유한 기능을 제공한다.

표 6.1 시작

이름	플러그인	설명
다이렉트 익스체인지	아님	라우팅 키의 값에 따라 연결된 큐에 라우팅하며 문자열 일치 매칭만 수행한다.
팬아웃 익스체인지	아님	메시지에 설정한 라우팅 키에 관계없이 연결된 모든 큐에 전달한다.
토픽 익스체인지	아님	라우팅 키 패턴 매칭 및 문자열 동일 비교를 사용해 모든 연결된 큐에 전달한다.
헤더 익스체인지	아님	메시지 속성 headers 테이블의 값을 기반으로 메시지를 연결된 큐에 전달한다.
컨시스턴트 해싱 익스체인지	맞음	팬아웃 익스체인지와 유사하게 동작하지만, 라우팅 키 또는 메시지 속성 헤더 값의 해시 값을 기반으로 메시지를 분배한다.

초반 설계 시에 기대한 바와 달리 각 라우팅 유형은 다양한 방식으로 재사용될 수 있으므로, 메시징 아키텍처를 설계할 때 최대한 융통성 있게 구성하는 것이 좋다. 네임스페이스로 의미를 부여한 라우팅 키를 이용하는 토픽 익스체인지를 사용하면 메시지의 흐름을 쉽게 활용할 수 있지만, 다이렉트 익스체인지를 사용하는 것보다는 복잡할 수 있다.

토픽 익스체인지는 라우팅을 위한 AMQP 메시지 속성 값 지정과 같은 프로토콜을 강제하지 않고도 헤더 익스체인지와 거의 동일한 수준의 유연성을 제공한다.

RabbitMQ에서 익스체인지는 흐르는 메시지에 대한 라우팅 메커니즘일 뿐이다. Riak 익스체인지(https://github.com/jbrisbin/riak-exchange)와 같은 데이터베이스에 메시지를 저장하는 플러그인부터 메시지 히스토리 익스체인지(https://github.com/videlalvaro/rabbitmq-recent-history-exchange)와 같은 다양한 익스체인지 플러그인들까지 두루 살펴보길 바란다.

다음 장에서는 두 개 이상의 RabbitMQ 서버를 응집력 있는 메시징 클러스터로 결합해 메시징 처리량을 수평적으로 확장하고 가용성이 높은 큐를 사용해 좀 더 강력한 메시지 배달을 보장하는 방법에 대해 알아본다.

데이터센터
또는 클라우드에서
RabbitMQ 운영하기

애플리케이션의 개발 초기 단계에 RabbitMQ를 도입하면 애플리케이션의 아키텍처를 크게 향상시킬 수 있다. 최근에는 인프라 팀에 운영을 맡기지 않는 분위기며, 인프라의 설정을 잘 이해하는 것도 개발자의 책임으로 인식되고 있다.

2부에서는 RabbitMQ를 클러스터로 사용하는 방법을 살펴본다. 클러스터의 설정 및 동작 방식에 대해 알아보고 관리하는 방법도 다룬다. 또한 웹에서의 메시지 배포 및 복제를 살펴본다. 두 개 이상의 클러스터를 물리적으로 분리할 수 있는 페더레이션 익스체인지와 큐와 클러스터를 통해 복제하는 방법에 대해서도 알아본다.

클러스터를 이용한 RabbitMQ 확장

메시지 브로커인 RabbitMQ는 독립적으로 실행이 가능한 애플리케이션이다. 그러나 애플리케이션에서 메시지 배달을 보장하는 가용성이 높은 큐가 필요하거나 RabbitMQ를 여러 애플리케이션의 중앙 메시징 허브로 사용할 수도 있다. RabbitMQ는 내장 클러스터링 기능을 통해 여러 서버로 확장할 수 있는 견고하고 응집력 있는 환경을 제공한다.

먼저 RabbitMQ 클러스터의 기능과 동작에 대해 알아보고 Vagrant VM 환경을 이용해 두 개의 노드를 RabbitMQ 클러스터로 설정한다. 또한 클러스터 성능에 큐의 배치가 중요한 이유와 HA 큐를 설정하는 방법을 알아본다. 그리고 RabbitMQ 클러스터가 저수준에서 작동하는 방식과 클러스터 성능과 안정성을 보장하는 데 가장 중요한 서버 리소스에 대해 알아본다. 이 장의 마지막에서는 노드 장애 및 노드 장애를 복구하는 방법에 대해 알아본다.

7.1 클러스터

RabbitMQ 클러스터는 둘 이상의 서버를 하나의 RabbitMQ처럼 사용할 수 있도록 한다. RabbitMQ 클러스터에서는 익스체인지, 큐, 바인딩, 사용자, 가상 호스트, 정책 등의 런타임 상태를 모든 노드에서 사용할 수 있다. 공유 런타임 상태로 인해 클러스터의 모든 노드는 첫 번째 노드에서 생성된 익스체인지를 바인딩하고 메시지를 발행하거나 삭제할 수 있다(그림 7.1).

응집력 있는 RabbitMQ 클러스터는 RabbitMQ를 확장하는 강력한 방법과 발행자와 소비자를 위해 구조화된 아키텍처를 만들 수 있는 메커니즘을 제공한다. 대규모 클러스터 환경에서는 특정 작업이나 큐 전용 노드를 종종 설정하곤 한다. 예를 들어, 발행자 애플리케이션은 특정 노드에 실행하고 소비자 애플리케이션을 별도 노드로 구분해서 실행하도록 클러스터를 구성할 수 있다. RabbitMQ 환경에서는 장애 허용$^{fault\ tolerance}$ 시스템을 구성하려는 경우, 유용한 HA 큐를 사용한다. HA 큐는 여러 클러스터 노드에 걸쳐 있으며, 각 노드는 메시지 데이터를 포함해 동기화된 큐의 상태를 공유한다. HA 큐의 노드 중 하나가 다운돼도 클러스터의 다른 노드들에는 메시지와 큐 상태가 계속 유지된다. 장애가 발생한 노드가 클러스터에 다시 접속하면 장애가 발생된 동안 추가된 메시지가 모두 소비된 후에 노드가 완전히 동기화된다.

RabbitMQ 내장 클러스터의 장점이 있지만, 클러스터의 한계와 단점을 인식하는 것도 중요하다. 첫째, 클러스터는 대기 시간이 짧은$^{low-latency}$ 환경을 위해 설계됐다. RabbitMQ 클러스터를 WAN이나 인터넷 연결로 생성할 수는 없다. 클러스터는 상태 동기화와 노드 간 메시지 전달을 빈번히 하므로 대기 시간이 짧은 통신 환경인 LAN에서만 구성할 수 있다. 아마존 EC2와 같은 클라우드 환경에서도 RabbitMQ를 사용할 수 있지만, 가용성 영역$^{availability\ zone}$에 걸쳐서는 사용할 수 없다. 대기 시간이 긴$^{high-latency}$ 환경에서 RabbitMQ 클러스터를 구성하려면 다음 장에 설명된 Shovel과 Federation 도구를 살펴보길 권한다.

고려해야 할 RabbitMQ 클러스터의 또 다른 이슈는 클러스터 크기다. 클러스터의 공유 상태를 관리하는 작업의 로드는 클러스터의 노드 수에 비례해 증가한다.

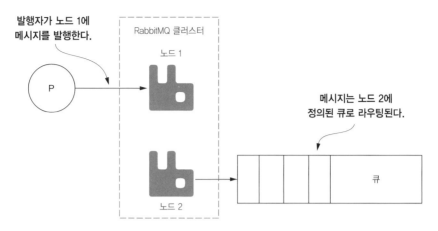

발행자가 노드 1에
메시지를 발행한다.

RabbitMQ 클러스터

노드 1

P

메시지는 노드 2에
정의된 큐로 라우팅된다.

큐

노드 2

그림 7.1 클러스터의 여러 노드에 메시지 발행

예를 들어 관리자 API를 사용해 통계 데이터를 수집하는 작업은 단일 노드보다 대형 클러스터에서 훨씬 오래 걸릴 수 있는데, 보통 가장 느린 노드의 응답 시간만큼 시간이 걸린다. RabbitMQ 커뮤니티에 따르면 클러스터의 노드 수 상한을 32-64로 설정하는 것이 적절하다고 알려져 있다. 클러스터에 노드를 추가하면 클러스터의 동기화가 복잡해지는 것을 감안해야 한다. 각 노드는 클러스터의 다른 모든 노드에 대해 알고 있어야 한다. 이러한 비선형 복잡성 때문에 클러스터 내부의 노드 간 메시지 전달과 관리자 API 속도가 느려질 수 있다. 이런 복잡함에도 RabbitMQ 관리자 UI는 대형 클러스터에서도 정상적으로 동작한다.

7.1.1 클러스터 및 관리자 UI

RabbitMQ 관리자 UI는 모든 작업들이 클러스터에서도 단일 노드와 동일하게 수행하도록 디자인돼 있으며 RabbitMQ 클러스터를 이해하는 데도 유용하다. 관리자 UI의 Overview 페이지에는 RabbitMQ 클러스터 및 해당 노드에 대한 최상위 정보가 포함돼 있다(그림 7.2).

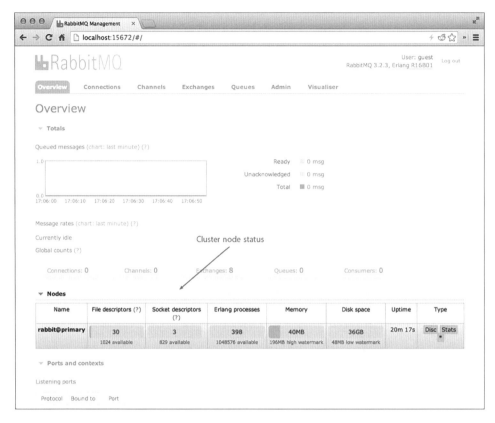

그림 7.2 클러스터의 단일 노드 상태를 볼 수 있는 관리자 UI

그림 7.2의 강조 표현한 부분에서 클러스터 각 노드들의 일반적인 상태와 각 상태를 설명하는 칼럼을 볼 수 있다. 클러스터에 노드를 추가하면 노드가 테이블에 추가된다. 정보 수집을 위한 API를 호출할 때는 응답을 반환하기 전에 클러스터 각 노드의 최신 정보를 개별적으로 조회하기 때문에 대용량 클러스터에서 테이블에 최신 정보를 표현하는 데까지는 더 많은 시간이 걸릴 수 있다.

클러스터의 정보를 알 수 있는 관리자 UI를 알아보기 전에 먼저 RabbitMQ 클러스터의 노드 유형에 대해 알아보자.

7.1.2 클러스터 노드 유형

RabbitMQ 클러스터에는 서로 동작하는 방식이 다른 노드 유형이 존재한다. 클러스터에 노드를 추가하면 디스크 노드 또는 RAM 노드라는 두 가지 기본 유형 중 하나로 설정된다. 디스크 노드는 클러스터의 런타임 상태를 RAM과 디스크에 저장한다. RabbitMQ에서 런타임 상태에는 익스체인지, 큐, 바인딩, 가상 호스트, 사용자, 정책이 포함돼 있다. 대형 클러스터에서 디스크 I/O는 RAM 노드보다 디스크 노드에서 더 많은 문제가 발생할 수 있다. RAM 노드는 런타임 상태 정보를 메모리 데이터베이스에만 저장한다.

노드 유형과 메시지 저장

디스크 노드, RAM 노드와 같은 노드 유형은 메시지의 디스크 저장과는 관련이 없다. 메시지 속성 중 delivery-mode를 2(persistent)로 설정하면, 메시지는 노드 유형에 관계없이 디스크에 기록된다. 이 때문에 RabbitMQ 클러스터에서 디스크 I/O가 RAM 노드에도 영향을 미칠 수 있다. 메시지를 디스크에 저장해야 한다면, 필요한 만큼 메시지 쓰기 속도를 처리할 수 있는 적절한 디스크 시스템을 설정해야 한다.

노드 유형과 장애 처리 동작

노드 또는 클러스터에 장애가 발생하면 디스크 노드는 클러스터에 재접속할 때 런타임 상태를 재구성한다. 반면 RAM 노드는 클러스터에 재접속할 때 런타임 상태 데이터를 포함하지 않는다. 장애 노드가 클러스터에 재접속하면 다른 노드들이 큐 정의와 같은 런타임 정보를 장애 노드에 전달한다.

클러스터를 생성할 때는 최소한 하나의 디스크 노드가 있어야 하며 때에 따라 더 많아야 한다. 클러스터에 디스크 노드가 많을수록 하드웨어 오류가 발생할 때 더 많은 복원력을 제공한다. 그러나 다수의 디스크 노드는 일부 시나리오에서는 양날의 검이 될 수 있다. 두 개의 디스크 노드가 공유 상태에 대해 동의하지 않는 클러스터에서 여러 노드에 장애가 발생하면, 클러스터를 이전 상태로 복구하는 데 문제가 발생한다. 이 경우 전체 클러스터를 종료하고 순서대로 노드를 다시 시작하면 정상화되는데, 가장 정확한 상태 데이터를 가진 디스크 노드를 시작한 다음 다른 노드를 추가하는 것이 좋다. 이 장의 뒷부분에서는 클러스터 문제 해결 및 복구를 위한 추가적인 대응 전략에 대해 알아본다.

통계 노드

rabbitmq-management 플러그인을 사용하면 디스크 노드와 연결된 통계 노드를 볼 수 있다. 통계 노드는 클러스터의 각 노드에서 모든 통계 및 상태 데이터를 수집하는데, 특정한 시간에 클러스터에서 한 노드만 통계 노드가 된다. 대형 클러스터 설정에 적합한 전략은 기본 디스크 노드와 통계 노드를 전용 노드로 설정하고 장애 조치 기능을 제공하기 위해 하나 이상의 추가적인 디스크 노드를 설정하는 것이다(그림 7.3).

관리자 API의 사용 빈도와 RabbitMQ에서 사용되는 리소스의 양에 따라 관리자 API를 실행하기 위한 CPU 비용이 높을 수 있다. 전용 노드를 설정하면 메시지 전달이 통계 수집 속도를 늦추지 않으며 통계 수집이 메시지 전달 속도에 영향을 미치지 않게 할 수 있다.

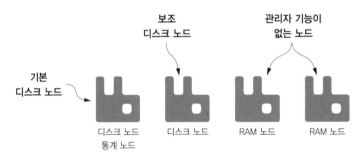

그림 7.3 보조 디스크 노드와 두 개의 RAM 노드로 구성한 클러스터

두 개의 디스크 노드를 설정한 클러스터 토폴로지에서 기본 노드에 장애가 발생하면 보조 디스크 노드에 통계 노드 역할이 지정된다. 기본 디스크 노드가 다시 가동돼도 보조 디스크 노드에 장애가 발생하지 않는 한, 기본 디스크 노드가 통계 노드로 지정되지 않는다. 통계 노드는 RabbitMQ 클러스터를 관리하는 데 중요한 역할을 한다. rabbitmq-management 플러그인과 통계 노드가 없다면 클러스터의 성능, 커넥션, 큐, 운영 이슈에 대한 클러스터 전체의 가시성을 얻기가 어려울 수 있다.

7.1.3 클러스터 및 큐 동작

클러스터에 발행한 메시지는 해당 큐가 클러스터의 어느 노드에 있는지와 상관없이 올바르게 전달된다. 큐를 선언할 때는 `Queue.Declare` RPC 요청이 전송된 클러스터 노드에 큐가 생성된다. 큐가 선언된 노드는 메시지 처리량 및 성능에 영향을 줄 수 있다. 너무 많은 큐 혹은 발행자와 소비자가 연결된 노드는 큐, 발행자, 소비자, 사용자가 클러스터의 여러 노드에서 균형을 이룬 경우보다 느려질 수 있다. 리소스 사용률을 고르게 분산시키지 않고 클러스터의 큐 위치를 고려하지 않는다면 발행자와 소비자에 모두 영향을 미칠 수 있다.

발행자 고려하기

그림 7.4는 4장에 첨부된 그림을 약간 수정한 것이다. 클러스터에 메시지를 발행할 때는 이 그림이 단일 노드 RabbitMQ 서버보다 훨씬 중요하다.

그림 7.4 RabbitMQ 배달 보장 옵션의 성능

그림 7.4를 보면 왼쪽에서 오른쪽으로 갈수록 클러스터의 노드 간 통신량이 증가한다. 한 노드에서 다른 노드의 큐로 라우팅하는 메시지를 발행하는 경우, 두 노드는 배달 보장 방법을 조정해야 한다.

예를 들어, 발행자 확인을 사용할 경우 노드에 발행한 메시지의 논리적 단계는 그림 7.5와 같다. 그림 7.5에 설명한 단계에서 메시지 처리량을 크게 줄일 수는 없지만, 클러스터를 사용해 메시징 아키텍처를 만든다면 발행자 확인 기능의 복잡성을 고려해야 한다.

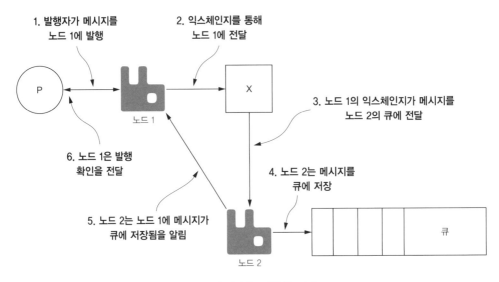

1. 발행자가 메시지를
노드 1에 발행

2. 익스체인지를 통해
노드 1에 전달

P

노드 1

X

3. 노드 1의 익스체인지가 메시지를
노드 2의 큐에 전달

6. 노드 1은 발행
확인을 전달

4. 노드 2는 메시지를
큐에 저장

5. 노드 2는 노드 1에 메시지가
큐에 저장됨을 알림

노드 2

큐

그림 7.5 발행자 확인 기능을 사용할 경우 다중 노드에 메시지를 발행하는 단계

　다양한 방법으로 구성한 발행자와 소비자를 대상으로 벤치마크하고 어떤 것이 가장 적합한지 확인하는 것이 좋다. 성공적인 메시징 아키텍처의 구성을 위해 메시지 처리량이 가장 중요한 지표가 아닐 수도 있지만, 성능 저하로 인해 부정적인 영향을 미칠 수도 있으므로 벤치마크하는 것이 좋다. 단일 노드와 마찬가지로 발행은 메시지 처리량 측면에서 동전의 한 면이다. 클러스터는 메시지 처리량에서 소비자의 영향도 받는다.

노드 특정 소비자

RabbitMQ는 클러스터의 메시지 처리량을 향상시키기 위해, 가능한 경우 항상 새로 발행된 메시지를 기존의 수비자로 전달하려고 한다. 그러나 메시지가 남아있는 큐의 새 메시지는 클러스터를 통해 큐가 정의된 노드로 발행된다. 이 경우 큐가 정의된 노드와 소비자가 연결된 노드의 통신으로 성능이 저하될 수 있다(그림 7.6).

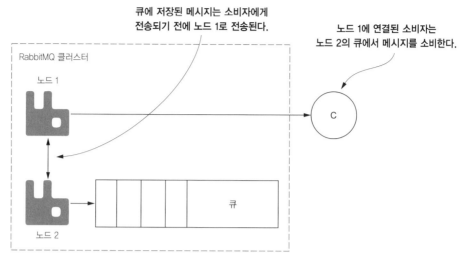

큐에 저장된 메시지는 소비자에게
전송되기 전에 노드 1로 전송된다.

노드 1에 연결된 소비자는
노드 2의 큐에서 메시지를 소비한다.

그림 7.6 클러스터에서 노드 간 메시지 소비하기

이 시나리오에서 메시지는 노드 2에 있는 큐에 발행되고 소비자는 노드 1에 연결된다. 노드 1에 연결된 소비자에게 메시지를 전달하기 위해 먼저 클러스터를 통해 노드 1로 메시지를 전달한다. 소비자 연결 시에 큐의 위치를 고려할 수 있다면, 메시지를 소비자에게 보내는 데 필요한 오버헤드를 줄일 수 있다. 메시지가 클러스터를 통해 소비자에게 전달되는 구조 대신, 큐가 있는 노드의 메시지를 소비자에게 직접 전달할 수도 있다(그림 7.7).

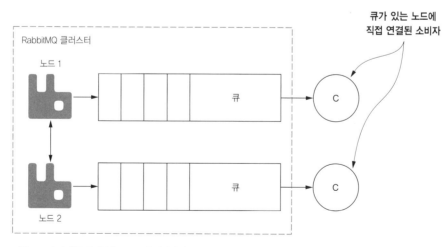

큐가 있는 노드에
직접 연결된 소비자

그림 7.7 소비자를 큐가 있는 노드에 연결하면 메시지 처리량이 향상된다.

큐의 위치를 고려해서 소비자와 발행자를 적합한 노드에 연결한다면, 클러스터 간 통신을 줄이고 전체 메시지 처리량을 향상시킬 수 있다. 적합한 노드에 직접 연결하는 것은 발행자와 소비자의 성능에 가장 큰 영향을 준다. 이는 물론 HA 큐를 사용할 때만 적용된다.

HA 큐

HA 큐를 사용하면 성능이 저하될 수 있다. 큐에 메시지를 저장하거나 큐에서 메시지를 사용할 때, RabbitMQ는 HA 큐가 있는 모든 노드를 고려해야 한다. HA 큐의 수명이 길어질수록 노드 간에 더 많은 조정이 이뤄진다.

대규모 클러스터에서는 큐를 선언하기 전에 큐가 얼마나 많은 노드를 사용해야 하는지 고려해야 한다. 24개의 노드로 구성한 클러스터에서 특정 작업에 모든 노드를 요구한다면, RabbitMQ는 작은 작업을 처리하는 데 많은 리소스를 사용한다. HA 큐는 각 노드에 메시지의 복사본을 저장하기 때문에 메시지를 잃지 않기 위해 두 개 또는 세 개의 노드만 필요한지 스스로 확인해야 한다.

7.2 클러스터 설정

RabbitMQ 클러스터는 두 개 이상의 노드가 필요하다. 이 절에서는 두 개의 Vagrant VM을 사용해 클러스터를 설정한다. 2장에서 설정한 부록에서 다운로드한 Vagrant 구성에는 다음 예제에 사용한 두 VM에 대한 구성이 포함돼 있다.

클러스터 설정을 시작하기 위해 보조 VM을 부팅하고 SSH^{secure shell}를 통해 보조 VM에 로그인한다.

7.2.1 가상 머신 설정

환경을 설정하기 위해 rmqid-vagrant.zip 파일의 압축을 푼 폴더로 이동한다. VM을 시작하기 위해 vagrant 명령을 이용해 두 번째 VM을 시작한다.

```
vagrant up secondary
```

명령을 실행하면 RabbitMQ 클러스터링을 설정하고 실험하는 데 사용할 두 번째 VM이 시작된다. VM 설정이 끝나면 그림 7.8과 비슷한 화면이 출력된다.

```
[2014-02-23T21:54:50+00:00] INFO: Enabling RabbitMQ plugin 'rabbitmq_web_stomp_examples'.
[2014-02-23T21:54:50+00:00] INFO: rabbitmq_plugin[rabbitmq_web_stomp_examples] not queuing de
layed action restart on service[rabbitmq-server] (delayed), as it's already been queued
[2014-02-23T21:54:50+00:00] INFO: execute[rabbitmq-plugins enable rabbitmq_web_stomp_examples
] ran successfully
[2014-02-23T21:55:02+00:00] INFO: execute[aptitude-update] ran successfully
[2014-02-23T21:55:03+00:00] INFO: Upgrading python_pip[pika] version from uninstalled to late
st
[2014-02-23T21:55:09+00:00] INFO: Upgrading python_pip[pamqp] version from uninstalled to lat
est
[2014-02-23T21:55:15+00:00] INFO: Upgrading python_pip[rabbitpy] version from uninstalled to
latest
[2014-02-23T21:55:21+00:00] INFO: Upgrading python_pip[mosquitto] version from uninstalled to
 latest
[2014-02-23T21:55:27+00:00] INFO: Upgrading python_pip[stomp.py] version from uninstalled to
latest
[2014-02-23T21:55:33+00:00] INFO: cookbook_file[/etc/hosts] backed up to /var/chef/backup/etc
/hosts.chef-20140223215533.386396
[2014-02-23T21:55:33+00:00] INFO: cookbook_file[/etc/hosts] updated file contents /etc/hosts
[2014-02-23T21:55:38+00:00] INFO: execute[update-cookie] ran successfully
[2014-02-23T21:55:38+00:00] INFO: file[/var/lib/rabbitmq/.erlang.cookie] sending restart acti
on to service[rabbitmq-server] (delayed)
[2014-02-23T21:55:43+00:00] INFO: service[rabbitmq-server] restarted
[2014-02-23T21:55:43+00:00] INFO: Chef Run complete in 72.684514531 seconds
[2014-02-23T21:55:43+00:00] INFO: Running report handlers
[2014-02-23T21:55:43+00:00] INFO: Report handlers complete
[2014-02-23T21:54:31+00:00] INFO: Forking chef instance to converge...
gmr-home:Release gmr$
```

그림 7.8 vagrant up secondary 명령의 출력

VM을 실행한 후에 동일한 디렉터리에서 다음의 vagrant 명령을 실행해 ssh를 연다.

```
vagrant ssh secondary
```

Vagrant 사용자로 두 번째 VM에 연결된다. 그러나 루트 사용자로 명령을 실행해야 하므로 다음 명령으로 루트 사용자로 전환한다.

```
sudo su -
```

이 명령을 실행하면 ssh에 표시되는 프롬프트가 vagrant@secondary:~$에서 root@secondary:~#으로 변경돼 VM에 루트 사용자로 로그인됐음을 알 수 있다. 루트 사용자로 rabbitmqctl 스크립트를 실행해 VM의 로컬 RabbitMQ 서버 인스턴스와 통신할 수 있는 권한을 갖는다. 이어서 클러스터를 설정한다.

7.2.2 클러스터에 노드 추가

RabbitMQ를 사용해 클러스터에 노드를 추가하는 방법은 두 가지가 있다.

첫 번째 방법은 rabbitmq.config 환경 파일을 편집해서 클러스터의 각 노드를 정의하는 것이다. 이 방법은 Chef(www.getchef.com) 또는 Puppet(www.puppet-labs.com)과 같은 자동화된 구성 관리 도구를 사용해 처음부터 잘 정의한 클러스터를 사용하는 경우 선호된다. rabbitmq.config 파일을 통해 클러스터를 만들기 전에는 수동으로 클러스터를 만드는 것이 좋다.

또는 rabbitmqctl 명령을 사용해 클러스터에 노드를 추가하거나 제거할 수 있다. 이 방법은 RabbitMQ 클러스터 동작을 학습하기 위한 엄격하지 않은 방법으로 성능 문제가 발생된 클러스터의 문제를 해결하는 데 사용하기 좋다. rabbitmqctl을 사용해 VM 간에 클러스터를 구성하기 전에 얼랭 쿠키와 얼랭 쿠키가 RabbitMQ 클러스터링에 미치는 영향에 대해 알아보자.

얼랭 쿠키

RabbitMQ는 노드 간 통신을 위해 얼랭Erlang에 내장된 다중 노드 통신 메커니즘을 사용한다. 이 다중 노드 통신의 보안을 위해 얼랭과 RabbitMQ 프로세스에는 얼랭 쿠키라는 비밀 공유 파일을 둔다. RabbitMQ용 얼랭 쿠키 파일은 RabbitMQ 데이터 디렉터리에 있다. 일반적으로 NIX 플랫폼에서 얼랭 쿠키 파일은 /var/lib/rabbitmq/.erlang.cookie에 있고 배포판 및 패키지에 따라 다를 수 있다. 얼랭 쿠키 파일은 짧은 문자열을 포함하는데 클러스터의 모든 노드가 동일해야 한다. 클러스터 각 노드의 얼랭 쿠키 파일이 동일하지 않으면 노드는 서로 통신할 수 없다.

특정 서버의 RabbitMQ를 처음 실행할 때나 파일이 존재하지 않는 경우 얼랭 쿠키 파일은 생성된다. 클러스터를 설정할 때, RabbitMQ가 실행되지 않는다면 RabbitMQ를 다시 시작하기 전에 얼랭 쿠키 파일을 공유 쿠키 파일로 덮어 써야 한다. 이 책에서 사용하는 Vagrant VM을 설정한 Chef 쿡북은 두 VM 노드에서 얼랭 쿠키를 설정해 일치시킨다. 따라서 rabbitmqctl을 사용해 즉시 클러스터를 만들 수 있다.

> **노트** rabbitmqctl을 사용해 클러스터에 노드를 추가하고 제거할 수 있다. 또한 노드를 디스크 노드에서 RAM 노드로 변경하는 데 사용할 수 있다. rabbitmqctl은 RabbitMQ와 통신하는 얼랭 애플리케이션으로 얼랭 쿠키에도 접근한다. 루트로 rabbitmqctl 명령을 실행하면 얼랭 쿠키 파일이 통상적으로 있는 위치를 찾고 가능한 경우 이 쿠키 파일을 사용한다. 리얼 환경에서 rabbitmqctl을 사용하는 데 문제가 발생하는 경우 rabbitmqctl을 실행 중인 사용자가 RabbitMQ 얼랭 쿠키에 접근할 수 있는지 혹은 해당 파일의 복사본이 홈 디렉터리에 있는지 확인하자.

수동으로 클러스터 생성하기

RabbitMQ를 실행하고 루트 사용자로 노드에 로그인했다면, 보조 VM 노드를 추가해 기본 VM 노드가 있는 클러스터를 생성할 수 있다.

이를 위해 먼저 rabbitmqctl을 사용해서 보조 노드의 RabbitMQ를 중지해야 한다. RabbitMQ 서버 프로세스 자체를 멈추지 않고 RabbitMQ가 얼랭의 연결을 처리하는 내부 프로세스를 중단시킨다. 이를 위해 터미널에 다음 명령을 실행한다.

```
rabbitmqctl stop_app
```

명령을 실행하면 다음과 비슷한 결과를 볼 수 있다.

```
Stopping node rabbit@secondary ...
...done.
```

프로세스가 중지됐으므로 이 RabbitMQ 노드의 상태를 삭제하고 런타임 구성 데이터 혹은 상태를 제거해야 한다. 이를 위해 내부 데이터베이스를 다시 설정하도록 지시한다.

```
rabbitmqctl reset
```

명령을 실행하면 다음과 비슷한 결과를 볼 수 있다.

```
Resetting node rabbit@secondary ...
...done.
```

이제 기본 노드에 연결해서 클러스터를 구성한다.

```
rabbitmqctl join_cluster rabbit@primary
```

명령을 실행하면 다음과 비슷한 결과를 볼 수 있다.

```
Clustering node rabbit@secondary with rabbit@primary ...
...done.
```

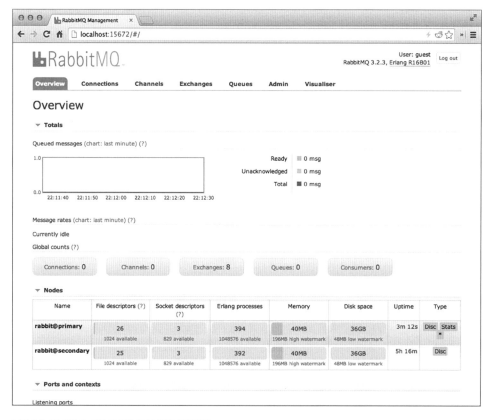

그림 7.9 두 개의 노드로 구성한 RabbitMQ 클러스터

마지막으로 다음 명령을 사용해 서버를 다시 시작한다.

```
rabbitmqctl start_app
```

명령을 실행하면 다음과 비슷한 결과를 볼 수 있다.

```
Starting node rabbit@secondary ...
...done.
```

축하한다! 이제 두 개의 노드가 실행 중인 RabbitMQ 클러스터가 구성됐다. 브라우저에서 http://localhost:15672를 열어서 관리자 UI에 접속하면 그림 7.9와 비슷한 개요 페이지를 볼 수 있다.

환경 파일 기반 클러스터

환경 파일을 사용해 클러스터를 생성하는 것은 조금 까다롭다. rabbitmqctl을 사용해 클러스터를 설정할 때 서버에 reset 명령을 실행해 모든 상태 및 내부 데이터를 제거했다. 환경 파일 기반 클러스터에서는 서버가 시작될 때, RabbitMQ가 클러스터에 노드를 접속하려고 하므로 이를 수행할 수 없다. RabbitMQ를 설치하고 클러스터를 정의한 환경 파일을 작성하기 전에 서버가 시작되면 노드가 클러스터에 접속하지 못한다.

환경 관리 도구를 사용하는 경우 RabbitMQ를 설치하기 전에 /etc/rabbitmq.config 파일을 만드는 것이 좋다. 새로 설치할 때는 기존 구성 파일을 덮어 쓰지 않아야 한다. 이같은 구성 단계에서는 클러스터의 모든 노드에서 공유되는 얼랭 쿠키 파일을 함께 작성하는 것이 좋다.

환경 파일에 클러스터를 정의하는 것은 간단하다. /etc/rabbitmq.config 파일에는 cluster_nodes라는 속성이 있는데, 이 속성에 클러스터의 노드 목록을 정의하고 노드가 디스크 노드인지 또는 RAM 노드인지를 설정한다. 다음 설정은 이전에 작성한 VM 클러스터를 정의하는 데 사용한 예다.

```
[{rabbit,
  [{cluster_nodes, {['rabbit@primary', 'rabbit@secondary'], disc}}]
}].
```

클러스터의 두 노드에 동일하게 이 환경 파일을 사용하면 모두 디스크 노드로 설정된다. 보조 노드를 RAM 노드로 만들려면 disk 키워드를 ram으로 수정해서 구성을 변경할수 있다.

```
[{rabbit,
  [{cluster_nodes, {['rabbit@primary', 'rabbit@secondary'], ram}}]
}].
```

환경 파일 기반 클러스터의 단점은 환경 파일에 모든 노드가 정의돼 있기 때문에 노드를 추가하거나 제거할 때, 클러스터의 모든 노드 설정을 업데이트해야 한다는 것이다. 또한 클러스터 속성에 디스크 노드 상태 데이터로 저장된다는 점도 주목하자. 환경 파일에 클러스터를 정의하면 RabbitMQ 노드가 클러스터를 처음 시작할 때 클러스터에 참여하게 된다. 즉, 토폴로지 또는 구성을 변경하면 해당 노드의 클러스터 멤버십에 영향을 주지 않는다.

7.3 요약

RabbitMQ 클러스터는 메시징 아키텍처를 확장하고 발행자와 소비자가 사용하는 메시지를 복제하는 강력한 방법이다. RabbitMQ의 클러스터 구성은 클러스터의 모든 노드에 메시지 발행 및 소비가 가능하지만, 발행자와 소비자가 높은 수준의 메시지 처리를 위해서는 작업 중인 큐의 위치를 고려해야 한다.

클러스터는 LAN 환경의 경우 메시징 플랫폼의 확장을 위한 견고한 플랫폼을 제공하지만, WAN이나 인터넷과 같은 대기 시간이 긴 네트워크 환경에서는 사용할 수 없다. WAN이나 인터넷을 통해 RabbitMQ 노드를 연결하기 위해 사용할 두 가지 플러그인은 다음 장에서 알아보자.

클러스터 간 메시지 발행

이 장에서 다루는 내용

- 클러스터들 간의 익스체인지와 큐
- 아마존 웹 서비스(Amazon Web Services)에서 다중 RabbitMQ 클러스터를 설정하는 방법
- RabbitMQ 다중 클러스터의 다양한 사용 패턴

데이터센터 간에 메시지를 전달하거나 RabbitMQ를 업그레이드하거나 혹은 서로 다른 RabbitMQ 클러스터 간에 투명하게 메시지를 전달하려는 경우, Federation 플러그인을 살펴보는 것을 추천한다. Federation 플러그인은 한 클러스터에서 다른 클러스터로 메시지를 발행하는 두 가지 방법을 제공한다. 페더레이션 익스체인지를 사용하면 다른 RabbitMQ 서버 혹은 다른 클러스터의 익스체인지에 발행한 메시지를 자동으로 다운스트림 호스트에 연결한 익스체인지 혹은 큐에 전달한다. 또는 페더레이션 큐를 사용해 익스체인지가 아닌 단일 큐에서 메시지를 대상으로 지정할 수 있다. 두 시나리오 모두 목표는 원래 메시지가 발행된 업스트림 노드에서 다운스트림 노드로 메시지를 투명하게 전달하는 것이다(그림 8.1).

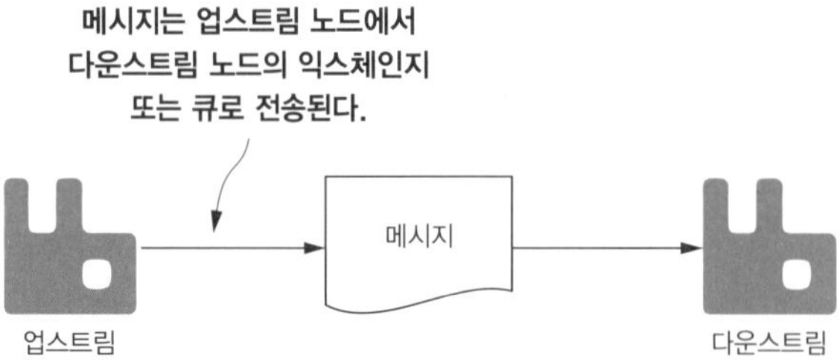

메시지는 업스트림 노드에서
다운스트림 노드의 익스체인지
또는 큐로 전송된다.

업스트림　　　　　　메시지　　　　　　다운스트림

그림 8.1 업스트림 노드의 메시지는 다운스트림 노드의 익스체인지와 큐에 전송된다.

8.1 페더레이션 익스체인지와 페더레이션 큐

메시징 클러스터 구성에서 Federation이 설정됐는지 확인하기 위해 Federation이 동작하는 방식과 Federation 플러그인을 사용할 때 기대되는 사항을 파악하는 것이 좋다. RabbitMQ 기본 배포에 제공되는 Federation 플러그인은 노드와 클러스터 간에 메시지를 투명하게 전달할 수 있는 유연한 방법을 제공한다. Federation 플러그인의 두 가지 기본 구성 요소는 페더레이션 익스체인지와 페더레이션 큐다.

페더레이션 익스체인지는 업스트림 노드의 익스체인지에 발행된 메시지를 다운스트림 노드의 동일한 이름의 익스체인지에 투명하게 발행할 수 있다. 한편 페더레이션 큐는 업스트림 노드의 공유 큐를 다운스트림 노드가 소비자로 동작해서 여러 다운스트림 노드에 메시지를 라운드 로빈하는 기능을 제공한다.

두 가지 유형의 Federation을 테스트하는 환경을 설정하기 전에 각 Federation이 어떻게 작동하는지 먼저 살펴보자.

8.1.1 페더레이션 익스체인지

클라우드에 이미 실행 중인 웹 애플리케이션에 대규모 데이터를 처리해야 하는 사용자 기능을 추가해야 한다고 가정해보자. 이 애플리케이션은 Reddit 또는 Slashdot과 같은 대규모의 사용자 중심 뉴스 사이트며, 이미 사용자가 사이트에서 작업을 수행할 때 이벤트가 발생하는 메시징 기반 아키텍처를 사용한다. 사용자가 로그인하거나 글을 작성하거나 댓글을 남기면 데이터베이스에 직접 내용을 쓰는 대신, RabbitMQ에 메시지가 발행되고 소비자가 데이터베이스 쓰기를 수행한다(그림 8.2).

웹 애플리케이션의 데이터베이스 쓰기 작업을 RabbitMQ를 사용해서 소비자 애플리케이션으로 분리했으므로 분석을 위해 메시지 스트림을 구독해서 데이터 웨어하우스에 쉽게 기록할 수 있다. 이를 해결하는 한 가지 방법은 데이터 웨어하우스에 쓰기 작업을 처리하는 소비자 애플리케이션을 추가하는 것이다. 하지만 데이터 웨어하우스의 인프라와 스토리지가 다른 곳에 있다면 어떻게 해야 할까?

이전 장에서 설명한 것처럼 RabbitMQ의 기본 제공 클러스터는 네트워크 파티션이 거의 일어나지 않고 대기 시간이 짧은 LAN 네트워크를 필요로 한다. 네트워크 파티션은 네트워크상의 노드가 서로 통신할 수 없음을 나타낸다.

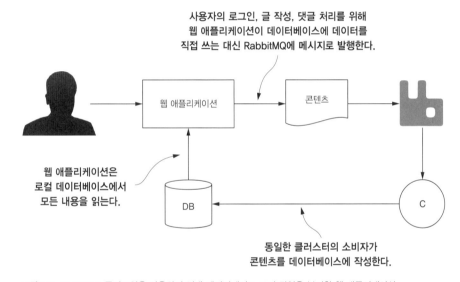

그림 8.2 Federation 플러그인을 사용하기 전에 데이터베이스 쓰기 작업을 분리한 웹 애플리케이션

인터넷과 같이 대기 시간이 긴 네트워크를 통해 연결할 때는 네트워크 파티션이 흔하게 발생하므로 이를 고려해야 한다. 다행히 RabbitMQ에는 이러한 상황에 사용할 수 있는 Federation 플러그인이 있다. Federation 플러그인은 기존 RabbitMQ 서버의 메시지를 연결하는 다운스트림 RabbitMQ 서버를 설정할 수 있다(그림 8.3).

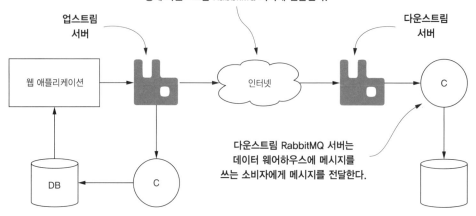

로컬 소비자에게 발행한 동일한 메시지가 인터넷을
통해 다운스트림 RabbitMQ 서버에 전달된다.

업스트림
서버

다운스트림
서버

웹 애플리케이션

인터넷

C

다운스트림 RabbitMQ 서버는
데이터 웨어하우스에 메시지를
쓰는 소비자에게 메시지를 전달한다.

DB

C

그림 8.3 데이터 웨어하우스에 메시지를 저장하는 다운스트림 RabbitMQ 서버를 구성한 웹 애플리케이션

　　Federation 서버를 설정하기 위해서는 메시지를 필요로 하는 익스체인지에 적용되는
정책을 작성하면 된다. 업스트림 RabbitMQ 서버에 로그인, 글 작성, 댓글 작성 이벤트 메
시지를 발행한 익스체인지가 있는 경우, 다운스트림 RabbitMQ 서버는 해당 익스체인지
의 이름과 동일한 Federation 정책을 만들어야 한다. 다운스트림 RabbitMQ에 익스체인
지를 생성하고 큐를 연결하면 정책은 RabbitMQ를 업스트림 서버에 연결하고 다운스트
림 큐로 메시지를 발행하도록 한다.

　　업스트림 RabbitMQ 서버에서 다운스트림 큐로 메시지를 발행할 때, 인터넷 연
결이 두 서버 사이에서 끊어지면 어떻게 될지 걱정할 필요는 없다. 연결이 복원되면
RabbitMQ는 주 RabbitMQ 클러스터에 다시 연결되고 연결이 끊어진 동안 웹사이트에
서 발행한 모든 메시지를 로컬 큐에 저장한다. 시간이 조금 지나면 다운스트림 소비자가
메시지를 받아가며, 이를 위해 별도의 추가 작업은 필요 없다. 이 처리가 마술처럼 들릴
지도 모르지만, 사실 자세히 보면 특별한 점은 없다.

　　호스트의 Federation 정책이 설정된 익스체인지는 RabbitMQ에 자체적인 특수 프로
세스를 갖고 있다. 익스체인지에 정책을 적용하면 정의된 모든 업스트림 노드에 연결해
서 메시지를 수신하는 작업 큐를 생성한다. 그러면 해당 익스체인지 프로세스가 작업 큐
의 사용자로 등록되고 메시지 도착을 기다린다. 다운스트림 노드의 익스체인지의 바인딩

은 업스트림 노드의 익스체인지와 작업 큐에 자동으로 적용돼 업스트림 RabbitMQ 노드가 다운스트림 소비자에게 메시지를 발행하게 한다. 소비자가 메시지를 받으면 다른 메시지 발행자와 마찬가지로 로컬 익스체인지에 메시지를 발행한다. 몇 개의 추가적인 헤더가 설정된 메시지는 적절한 대상으로 전달된다(그림 8.4).

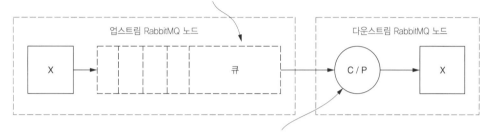

그림 8.4 Federation 플러그인은 업스트림 RabbitMQ 노드에 작업 큐를 생성한다.

지금까지 살펴본 것처럼 페더레이션 익스체인지는 RabbitMQ 클러스터에 구성할 수 없는 대기 시간이 긴 네트워크 간에 RabbitMQ 인프라를 확장하기 위한 간단하고 안정적이며 강력한 방법을 제공한다. 또한 동일한 데이터센터에 있는 서로 다른 버전의 RabbitMQ를 설치한 두 개의 클러스터와 같이 논리적으로 분리된 RabbitMQ 클러스터를 연결할 수 있다.

메시징 인프라에서 페더레이션 익스체인지는 광범위한 네트워크를 구축할 수 있는 강력한 도구지만, 필요에 따라 더 구체적인 설정이 필요할 수 있다.

페더레이션 큐를 통해, 여러 다운스트림 노드와 RabbitMQ 소비자 간에 메시지를 라운드 로빈으로 제공해서 RabbitMQ 클러스터에 분산시키는 좀 더 집중적인 방식을 제공할 수도 있다.

8.1.2 페더레이션 큐

Federation 플러그인의 새로 추가된 기능인 페더레이션 큐는 큐의 용량을 수평 확장할 수 있는 방법을 제공한다. 특히 특정 큐가 메시지 발행 활동이 급증하고 소비 속도가 느리거나 병목이 되는 메시징 워크로드에 유용하다. 페더레이션 큐를 사용하면, 메시지 발행자는 업스트림 노드 또는 클러스터를 사용하고 메시지는 모든 다운스트림 노드의 동일한 이름의 큐로 분산된다(그림 8.5).

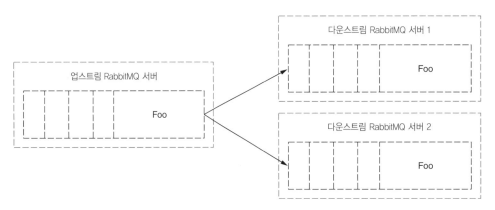

그림 8.5 Federation 플러그인을 사용해서 업스트림 Foo 큐의 메시지를 두 개의 RabbitMQ 서버에 분배한다.

업스트림 큐와 마찬가지로 다운스트림 큐는 단일 노드 혹은 클러스터의 HA 큐의 일부로 존재할 수 있다. Federation 플러그인은 다운스트림 큐에 메시지를 처리하는 소비자가 있는 경우에만 업스트림 큐에서 메시지를 수신하도록 한다. 각 큐의 소비자 수를 확인하고 소비자가 존재할 때만 업스트림 노드에 바인딩함으로써, 소비자가 없는 큐에 메시지가 전달되는 것을 방지한다.

이 장의 뒷부분에서 환경 설정 관련 예제를 살펴보겠지만, 페더레이션 큐와 페더레이션 익스체인지의 설정 간에는 거의 차이가 없다. 실제로 Federation의 기본 구성은 익스체인지와 큐를 모두 대상으로 한다.

8.2 RabbitMQ 가상 머신 만들기

이 장의 뒷부분에서는 아마존 EC2 무료 인스턴스를 사용해 클러스터링 없이 Federation을 사용해 메시지를 투명하게 발행하는 다수 RabbitMQ 서버를 설정한다. 자체 클라우드 또는 기존의 네트워크 및 서버를 사용하려는 경우에도 개념은 동일하다. 이 장의 예제를 따라 하는 데 아마존 웹 서비스(AWS)를 사용하지 않을 경우, 자체 서버를 만들고 가능한 한 유사한 환경 설정을 하길 바란다. 어떤 방식을 선택하더라도 작업할 두 개의 RabbitMQ 서버를 설정해야 한다.

아마존 EC2에서 VM을 설정하기 위해 먼저 첫 번째 인스턴스를 생성하고 RabbitMQ를 설치한 후 인스턴스의 이미지를 만들면 테스트를 위한 하나 이상의 서버 복사본을 만들 수 있다. AWS를 이용해 테스트하려는 경우 먼저 AWS 계정이 필요하다. 아직 계정이 없는 경우 http://aws.amazon.com에서 무료로 만들 수 있다.

8.2.1 첫 번째 인스턴스 생성하기

시작을 위해 AWS 콘솔에 로그인하고 **Create Instance**를 클릭한다. 그러면 VM을 만들 수 있는 이미지 템플릿 목록이 제공되는데, 목록에서 우분투^{Ubuntu} 서버를 선택한다(그림 8.6).

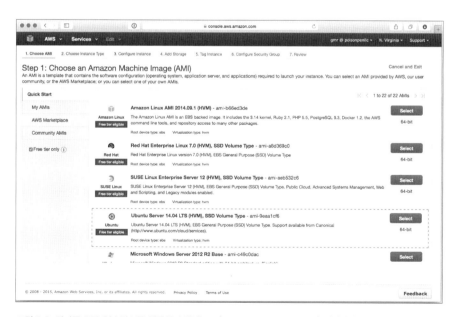

그림 8.6 아마존 EC2 인스턴스를 시작하기 위해 AMI(Amazon Machine Image) 선택하기

AMI를 선택했으면 다음 단계로 인스턴스 유형을 선택하는 화면이 표시된다. 프리 티어 사용 가능^{Free Tier Eligible}으로 라벨링된 범용 t2.micro 인스턴스를 선택한다.

인스턴스 유형을 선택하면 인스턴스에 대한 설정이 화면에 표시되는데, 선택된 기본값을 그대로 두고 Next: Add Storage 버튼을 클릭한다. 이 화면에서도 기본값을 유지하고 Next: Tag Instance를 클릭한다. 이 화면에서도 아무것도 할 필요가 없다. Next: Configure Security Group을 클릭하면, 보안 그룹 설정이 화면에 표시된다. 이 단계에서는 RabbitMQ 와 통신할 수 있도록 설정을 수정해야 한다. 그림 8.7은 하나의 예제 설정인데, 소스의 제한 없이 인터넷에 포트 5672와 15672를 열 수 있다. 새 방화벽 규칙을 정의하기 위해 Add Rule 버튼을 클릭하고, 그림 8.7과 같이 소스를 위치 무관(Anywhere)으로 설정한 각 포트에 대한 항목을 생성한다.

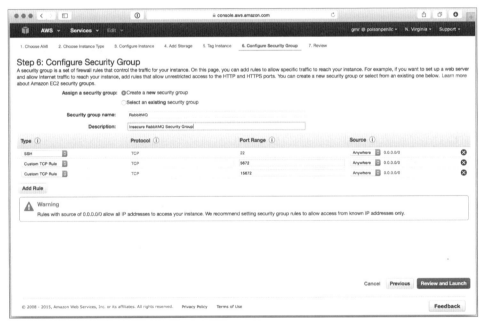

그림 8.7 RabbitMQ에 대한 보안 그룹의 방화벽 설정 구성

방화벽 규칙을 추가한 후에는 Review and Launch 버튼을 클릭한다. 인스턴스 시작 검토 화면이 나타나면 Launch를 클릭한다. 그러면 기존 키 페어 선택 또는 새 키 페어 생성을 할 수 있는 대화 상자가 나타난다. 첫 번째 선택 상자에서 New Key Pair를 선택하고 이름을 입력한 다음 Download Key Pair를 클릭한다(그림 8.8). 키 페어를 로컬 컴퓨터의 접근 가능한 위치에 저장한다. 이 파일은 EC2 인스턴스에 SSH로 접속하기 위해 사용한다.

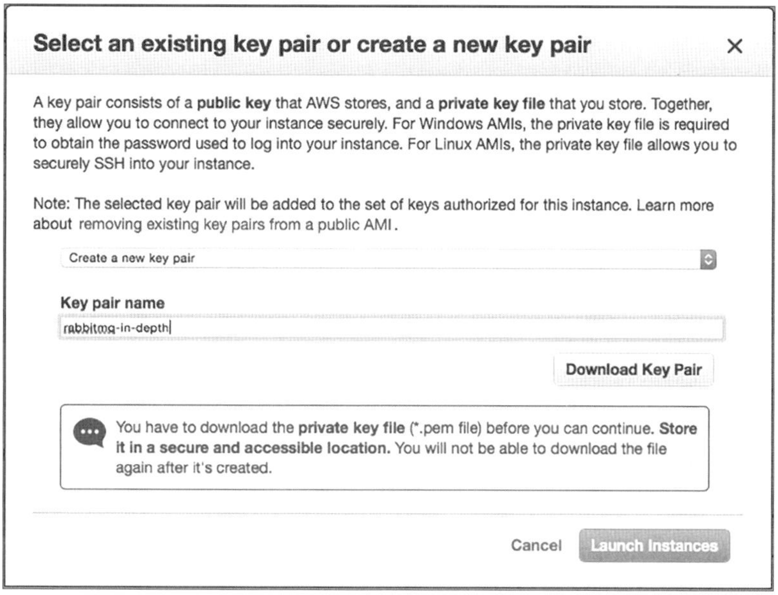

그림 8.8 VM에 접속하기 위한 새 키 페어 생성

키 페어를 다운로드했으면 Launch Instance 버튼을 클릭한다. 그러면 새 VM 인스턴스가 생성되고 시작하는 프로세스가 실행된다. EC2 대시보드로 이동하면 새 인스턴스가 시작되거나 실행 중임을 알 수 있다(그림 8.9).

EC2 인스턴스에 접속

EC2 인스턴스의 IP 주소와 SSH 키 페어의 경로를 인자로 입력하고 SSH를 실행해 접속하면 RabbitMQ 설정을 시작할 수 있다. ubuntu 사용자로 접속하기 위해 SSH 키 페어의 경로를 지정해야 한다. 다음 명령은 SSH 키 페어를 홈 디렉터리의 Downloads 폴더에 다운로드했을 경우의 예제 SSH 명령이다.

```
ssh -i ~/Downloads/rabbitmq-in-depth.pem.txt ubuntu@[Public IP]
```

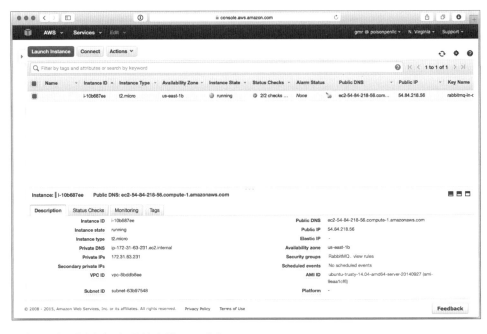

그림 8.9 새로 생성된 인스턴스를 볼 수 있는 EC2 대시보드

> **노트** 윈도우 환경을 사용하는 경우, PuTTY(무료, www.chiark.greenend.org.uk/~sgtatham/putty/) 혹은 SecureCRT(상업용, commercial, www.vandyke.com/products/securecrt/)와 같은 SSH로 원격 시스템에 연결하기 위한 애플리케이션을 다운로드하길 바란다.

일단 연결되면 ubuntu 사용자로 로그인하게 되며, 다음과 비슷한 MOTD^{message of the day} 배너가 표시된다.

```
Welcome to Ubuntu 14.04.1 LTS (GNU/Linux 3.13.0-36-generic x86_64)
 * Documentation:  https://help.ubuntu.com/
   System information as of Sun Jan  4 23:36:53 UTC 2015
   System load: 0.0            Memory usage: 5%   Processes:        82
   Usage of /:  9.7% of 7.74GB  Swap usage:   0%   Users logged in: 0
Ubuntu comes with ABSOLUTELY NO WARRANTY, to the extent permitted by
applicable law.
ubuntu@ip-172-31-63-231:~$
```

이어서 루트 권한으로 실행해야 하는 명령이 있으므로 root 사용자로 전환해 매번 sudo 명령을 입력하지 않도록 한다.

```
sudo su -
```

루트 사용자로 전환한 후에는 EC2 인스턴스에 얼랭 런타임 및 RabbitMQ를 설치한다.

얼랭 및 RabbitMQ 설치

RabbitMQ와 얼랭을 설치하기 위해 RabbitMQ와 얼랭 솔루션즈^{Erlang Solutions} 공식 저장소를 사용할 수 있다. 기본 우분투 패키지 저장소도 RabbitMQ와 얼랭을 설치할 수 있지만, 종종 패키지 저장소는 이전 버전일 수 있다. 따라서 RabbitMQ 저장소에서 최신 버전을 설치하는 것을 권장한다. 우분투에서 외부 저장소를 사용하려면 패키지 서명 키와 외부 저장소의 구성을 추가해야 한다.

먼저 우분투에서 설치할 패키지의 파일 서명을 확인할 수 있는 RabbitMQ 공개 키를 추가한다.

```
apt-key adv --keyserver hkp://keyserver.ubuntu.com:80 --recv 6B73A36E6026DFCA
```

명령을 실행하면 apt-key 애플리케이션이 화면에 'RabbitMQ Release Signing Key 〈info@rabbitmq.com〉'을 출력하므로 공개 키가 추가된 것을 알 수 있다. 이어서 신뢰할 수 있는 패키징 키의 데이터베이스에 추가한 키를 사용해 우분투용 공식 RabbitMQ 패키지 저장소를 추가할 수 있다.

```
echo "deb http://www.rabbitmq.com/debian/ testing main" > /etc/apt/sources.list.d/
rabbitmq.list
```

이제 RabbitMQ 저장소가 구성됐으므로 얼랭 솔루션즈 키를 신뢰할 수 있는 키 데이터베이스에 추가해야 한다.

```
apt-key adv --keyserver hkp://keyserver.ubuntu.com:80 --recv D208507CA14F4FCA
```

위 apt-key 명령이 완료되면, 'Erlang Solutions Ltd. 〈packages@erlang-solutions.com〉' 키를 가져왔음을 알 수 있다.

이제 다음 명령을 입력해서 얼랭 솔루션즈 사Erlang Solutions Ltd. 저장소 설정을 추가한다.

```
echo "deb http://packages.erlang-solutions.com/debian precise contrib" > /etc/apt/
sources.list.d/erlang-solutions.list
```

설정을 완료했으므로 다음 명령을 이용해 RabbitMQ 설치를 위한 패키지의 로컬 데이터베이스를 동기화한다.

```
apt-get update
```

이제 얼랭과 RabbitMQ를 설치할 수 있다. 다음 명령은 rabbitmq-server 패키지의 얼랭 의존성을 자동으로 해결하고 적절한 패키지를 설치한다.

```
apt-get install -y rabbitmq-server
```

위 명령이 완료되면 RabbitMQ 프로세스가 올라오고 실행되지만, 적절한 플러그인을 사용하고 AMQP 포트와 관리자 UI에 접속하려면 몇 가지 명령을 더 실행해야 한다.

RabbitMQ 설정하기

설치된 RabbitMQ에는 관리자와 Federation에 대한 모든 기능이 포함돼 있지만, 기본적으로 활성화돼 있지는 않다. RabbitMQ 인스턴스 설정의 첫 번째 단계로 RabbitMQ와 함께 제공되는 플러그인을 활성화한다. 이 플러그인을 사용하면 Federation 기능을 설정하고 사용할 수 있는데, 이를 위해 rabbitmq-plugins 명령을 사용한다.

```
rabbitmq-plugins enable rabbitmq_management rabbitmq_federation rabbitmq_
federation_managemen
```

RabbitMQ 3.4.0에서는 메시지 브로커를 다시 시작하지 않고도 플러그인이 자동으로 로드된다. 하지만 기본 guest 사용자가 localhost 이외의 IP 주소에서 로그인할 수 있도록 설정해야 한다. 이를 위해 /etc/rabbitmq/rabbitmq.config에서 RabbitMQ 설정 파일을 다음과 같은 내용으로 수정한다.

```
[{rabbit, [{loopback_users, []}]}].
```

loopback_users 설정을 적용하려면 RabbitMQ를 다시 시작해야 한다.

```
service rabbitmq-server restart
```

나중에 두 VM을 모두 실행할 때 혼란을 피하기 위해, rabbitmqctl 명령을 사용해 클러스터 이름을 설정한다. 관리자 UI에 접속하면, 클러스터 이름은 오른쪽 상단에 표시된다. 클러스터의 이름을 설정하기 위해 다음 명령을 실행한다.

```
rabbitmqctl set_cluster_name cluster-a
```

이어서 RabbitMQ의 설치와 환경 설정이 제대로 작동했는지 확인해보자. 포트가 15672인 EC2 인스턴스의 IP 주소 URL(http://[Public IP]:15672)을 웹 브라우저에서 열고 관리자 UI에 접속한다. guest 사용자로 암호를 'guest'로 입력해서 로그인하면 개요 화면이 표시된다(그림 8.10).

첫 번째 인스턴스를 생성한 후에는 Amazon EC2 대시보드를 활용해 방금 생성한 실행 중인 인스턴스로 이미지를 만들고 해당 이미지를 사용해 복제된 VM을 시작할 수 있다. 이 이미지를 사용해서 RabbitMQ의 Federation 기능을 테스트하기 위해 새롭게 미리 구성한 독립된 RabbitMQ 서버를 쉽게 만들 수 있다.

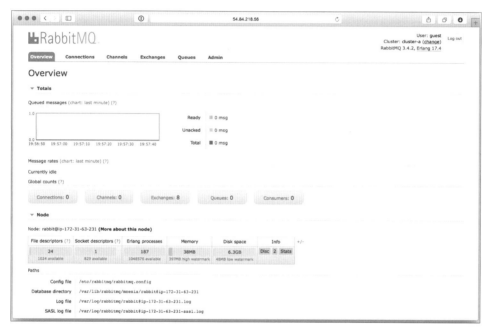

그림 8.10 RabbitMQ 관리자 UI 개요 페이지 화면

8.2.2 EC2 인스턴스 복제

RabbitMQ가 설치된 독립된 인스턴스를 만드는 작업을 반복하는 대신 아마존에서 이를 처리한다. 먼저 EC2에서 방금 만든 실행 중인 VM 인스턴스에서 새 이미지 또는 AMI를 만들도록 한다.

웹 브라우저에서 EC2 Instance 대시보드로 이동한 다음 실행 중인 인스턴스를 클릭한다. 그리고 마우스 우클릭을 해서 컨텍스트 메뉴를 열고 해당 인스턴스에 대한 명령을 수행한다. 컨텍스트 메뉴에서 Image ▶ Create Image를 선택한다(그림 8.11).

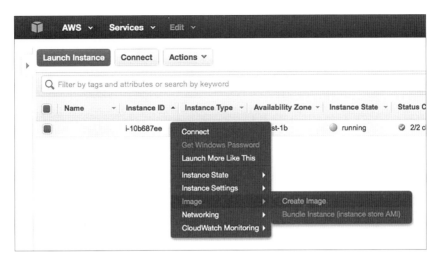

그림 8.11 실행 중인 인스턴스를 기반으로 새 이미지 만들기

Create Image를 선택하면 팝업 대화 상자가 열리고 이미지 생성 옵션을 설정할 수 있다. 이미지의 이름을 지정하고 나머지 옵션은 그대로 둔다. Create Image 버튼을 클릭하면 기존 VM이 종료되고 VM의 디스크 이미지가 새로운 AMI를 생성하는 데 사용된다(그림 8.12).

Create Image   ✕

Instance ID ⓘ	i-10b687ee	
Image name ⓘ		
Image description ⓘ		
No reboot ⓘ	☐	

Instance Volumes

Type ⓘ	Device ⓘ	Snapshot ⓘ	Size (GiB) ⓘ	Volume Type ⓘ	IOPS ⓘ	Delete on Termination ⓘ	Encrypted ⓘ
Root	/dev/sda1	snap-1f806dbb	8	General Purpose (SSD)	24 / 3000	☑	Not Encrypted

Add New Volume

Total size of EBS Volumes: 8 GiB
When you create an EBS image, an EBS snapshot will also be created for each of the above volumes.

Cancel   **Create Image**

그림 8.12 이미지 생성 대화 상자

원본 VM에 대한 파일시스템의 스냅샷 생성이 완료되면 자동으로 다시 시작되고 새 AMI를 만드는 작업이 AWS에 추가된다. AMI를 사용하려면 몇 분이 걸린다. AWS 좌측 메뉴에서 Images > AMI를 클릭해 상태를 확인한다(그림 8.13).

그림 8.13 EC2 대시보드의 AMI 섹션

AMI 사용이 완료되면 AMI 대시보드에서 이미지를 선택한 다음, 상단 메뉴에서 Launch 버튼을 클릭한다. VM 생성은 두 단계로 시작된다. 이전 이미지 생성의 모든 단계를 거쳐 VM을 만들고, 이전과 동일한 보안 정책을 추가하고, SSH 키 페어를 첫 번째 VM 용에서 생성한 페어로 선택한다.

VM 생성을 완료했으면 EC2 Instance 대시보드로 다시 이동한다. 인스턴스가 사용 가능해질 때까지 기다리고 공용 IP 주소를 적어둔다. 실행이 완료되면 http://[Public IP]:15672 URL을 웹 브라우저로 열어서 관리자 UI에 접속한다. 관리자 UI에 로그인하고 나서 오른쪽 상단에 있는 클러스터 수정 링크를 클릭한 후 페이지의 지침에 따라 클러스터 이름을 'cluster-b'로 변경한다(그림 8.14).

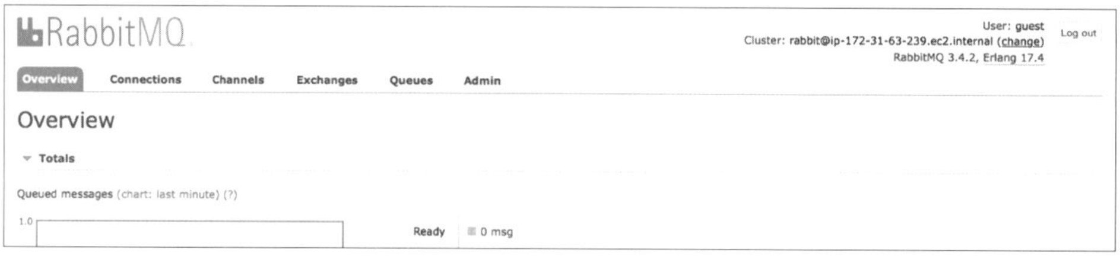

그림 8.14 클러스터 이름은 관리자 UI 오른쪽 상단에 표시된다.

두 EC2 인스턴스가 모두 실행됐으므로 두 노드 간에 Federation 설정 준비가 완료된다. 예제에서는 두 노드 모두 동일한 리전의 아마존 EC2를 사용했지만 Federation은 네트워크 파티션이 발생할 수 있는 환경에서 잘 작동하도록 설계됐으므로 데이터센터와 지리적으로 다른 곳에 있는 리전 간에도 메시지를 공유할 수 있다.

이어서 Federation을 사용해 한 노드에서 다른 노드로 메시지를 복사해보자.

8.3 업스트림에 접속하기

데이터센터 간 메시지 동기화를 위해 Federation을 활용하려는 경우 또는 새로운 RabbitMQ 클러스터로 마이그레이션하는 경우 모두 업스트림 설정부터 시작한다. 업스트림 노드는 다운스트림 노드에 메시지를 전달하는 역할을 담당하지만, 실제 환경 설정은 다운스트림 노드에서 진행한다.

Federation 설정은 업스트림 설정과 Federation 정책으로 구성된다. 먼저, 다운스트림 노드가 업스트림 노드에 AMQP 연결을 맺도록 필요한 정보를 설정한다. 그리고 다운스트림 익스체인지 또는 큐에 업스트림 연결 및 구성 옵션을 적용하는 정책을 설정한다. 단일 RabbitMQ 서버에는 다수 Federation 업스트림과 연합 정책을 추가할 수 있다.

업스트림 노드 cluster-a에서 다운스트림 노드 cluster-b로 메시지를 전송하기 위해 먼저 RabbitMQ 관리자 UI에서 업스트림을 정의해야 한다.

8.3.1 Federation 업스트림 정의하기

federation-management 플러그인을 설치하면 RabbitMQ 관리자 UI의 Admin 페이지에 Federation Status와 Federation Upstream이라는 두 개의 탭이 추가된다. Federation을 사용하기 위해 익스체인지 또는 큐를 구성하는 정책을 만들기 전까지는 상태 화면이 비어 있다. Federation Upstreams 탭은 설정 과정을 시작하기 위해 가장 먼저 시작하는 탭이다(그림 8.15).

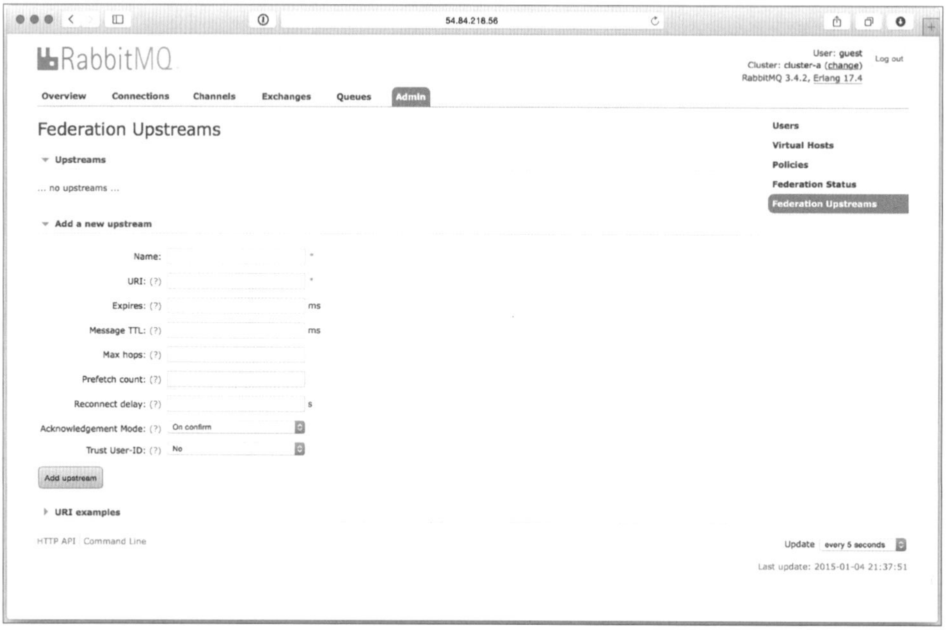

그림 8.15 관리자 UI의 Admin 섹션에 있는 Federation Upstreams 탭

새 업스트림 연결 추가를 위한 다양한 옵션이 있지만, 필수 항목은 연결에 필요한 이름과 AMQP URI다. 실제 운영 환경에서는 다른 옵션도 추가하는 것이 좋다. 추가 옵션들은 큐를 정의할 때와 메시지를 소비할 때 사용할 수 있는 옵션의 조합이다. 먼저 업스트림 연결을 위해 추가 옵션은 비워둬서 RabbitMQ가 기본 설정을 사용하게 한다.

업스트림 노드에 대한 연결 정보 정의를 위해 원격 서버에 대한 AMQP URI를 입력한다. AMQP URI 스펙은 하트비트^Heartbeat 간격, 최대 프레임 크기, 연결 포트, 사용자 이름 및 암호 등을 정의할 수 있는 기능을 비롯한 유연한 연결 설정을 할 수 있다. 사용 가능한 질의 매개변수를 포함한 AMQP URI 구문의 전체 스펙은 RabbitMQ 웹사이트(www.rabbitmq.com/uri-spec.html)에서 확인할 수 있다. 예제 테스트 환경은 가능한 한 간단하게 설정했기 때문에 URL의 호스트 이름을 제외하고 모든 값이 기본값으로 설정됐다.

예제 테스트 환경에서는 cluster-b를 다운스트림 노드로 사용해서 업스트림인 cluster-a 노드에 연결한다. 웹 브라우저에서 관리자 UI를 열고 **Admin** 섹션의 **Federation Upstream** 탭으로 이동한다. **Add a new upstream** 섹션을 클릭하고 업스트림의 이름으로

cluster-a를 입력한다. 이어서 URI에 amqp://[Public IP]를 입력하고 이 장에서 설정한 첫 번째 노드의 IP 주소로 변경한다(그림 8.16).

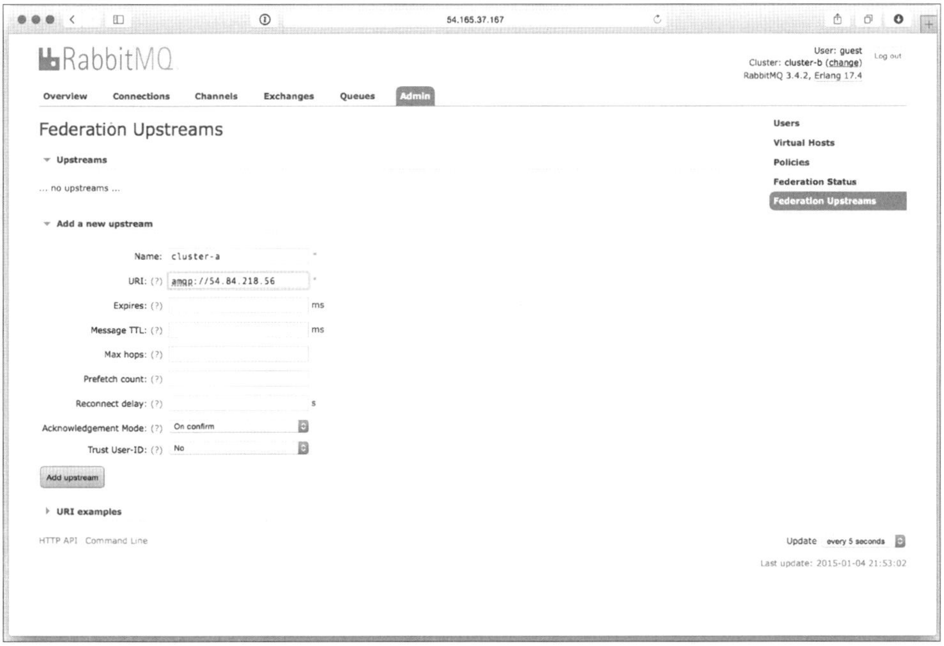

그림 8.16 새로운 Federation 업스트림 생성하기

기본 설정에서는 다른 RabbitMQ 노드에 대한 단일 연결을 정의한다. 업스트림을 참조하는 정책이 만들어질 때까지는 연결이 사용되지 않는다. 업스트림을 사용하는 정책을 적용하면 Federation 플러그인이 업스트림 노드에 연결된다. 라우팅 오류 또는 다른 네트워크 이벤트로 인해 연결이 끊어지면, 기본 동작은 초당 한 번씩 다시 시도한다. 업스트림을 정의할 때 **Reconnect delay** 필드에서 이 동작을 변경할 수 있다. 업스트림을 생성한 후에 이를 변경하려면 업스트림을 삭제하고 다시 작성해야 한다.

이름과 URI를 입력하고 **Add upstream** 버튼을 클릭해 RabbitMQ로 업스트림 설정을 저장한다. 업스트림을 추가했으니 이어서 정책을 정의하고 익스체인지 기반 Federation 을 테스트한다.

8.3.2 정책 정의

Federation 설정은 RabbitMQ의 정책 시스템을 사용해 관리되며 Federation 플러그인이 수행할 작업을 지시하는 규칙을 동적으로 구성하는 유연한 방법을 제공한다. 정책을 만들기 위해 먼저 정책 이름과 패턴을 지정해야 한다. 정책 패턴의 값으로 RabbitMQ 객체와 일치하는 직접적인 문자열 매칭이나 정규 표현식 패턴을 지정할 수 있다. 정책 패턴은 익스체인지, 큐 또는 익스체인지와 큐 모두와 비교하는 데 사용한다. 또한 정책에는 큐나 익스체인지에 적용돼야 하는 정책을 결정하는 데 사용되는 우선순위를 지정할 수도 있다. 큐 또는 익스체인지가 여러 정책과 매칭되면 우선순위 값이 가장 높은 정책이 우선시된다. 마지막으로 정책에는 임의의 키/값 쌍을 지정할 수 있는 정의Definition 테이블이 있다.

그림 8.17 cluster-a 업스트림 노드를 사용해서 새 정책 추가하기

테스트를 위해 먼저, federation-test라는 이름의 정책을 생성한다. 이 정책은 test라는 이름의 익스체인지에 대해 문자열 동일성 검사를 수행한다(그림 8.17). Federation 플러그인에 업스트림인 클러스터에서 익스체인지를 연결하려면 클러스터의 값이 정의된 federation-upstream 키를 정의^{Definition} 테이블에 입력한다. 해당 정보를 입력했으면 Add Policy 버튼을 클릭해 시스템에 추가한다.

정책을 추가한 후에 두 노드 모두에 test 익스체인지를 추가한다. 두 노드의 관리자 UI의 Exchanges 탭을 사용해 익스체인지를 추가한다. cluster-b 노드가 cluster-a 노드의 존재하지 않는 익스체인지에 연결되지 않도록, 먼저 cluster-a 노드에서 익스체인지를 선언한다. 기본으로 제공되는 모든 익스체인지 유형을 사용할 수 있지만, 유연한 테스트를 위해 토픽 익스체인지를 사용하자. 어떤 유형을 선택하든 cluster-a와 cluster-b의 test 익스체인지에는 동일한 익스체인지 유형을 사용해야 한다.

두 노드 모두에 익스체인지를 추가하면, cluster-b 노드 관리자 UI의 Exchanges 탭에서 이전에 설정한 정책과 동일한 이름을 가진 레이블의 test 익스체인지가 생성됨을 확인할 수 있다(그림 8.18). 이 레이블은 정책이 익스체인지와 성공적으로 연결됐음을 나타낸다.

Name	Type	Features	Message rate in	Message rate out
(AMQP default)	direct	D		
amq.direct	direct	D		
amq.fanout	fanout	D		
amq.headers	headers	D		
amq.match	headers	D		
amq.rabbitmq.log	topic	D I		
amq.rabbitmq.trace	topic	D I		
amq.topic	topic	D		
test	topic	D federation-test		

그림 8.18 test 익스체인지에 테스트 정책이 적용됐음을 확인할 수 있는 Exchanges 테이블

정책이 올바르게 적용됐는지 확인한 후에는 Federation 상태를 확인해 cluster-b 노드가 업스트림 cluster-a에 제대로 연결됐는지 확인한다. 모든 항목이 올바르게 구성됐

는지 확인하기 위해 Admin 탭을 클릭한 다음 오른쪽의 Federation Status 메뉴 항목을 클릭한다. 모든 것이 제대로 작동한다면 업스트림 열에 cluster-a가 있는 단일 항목이 있는 테이블이 표시돼야 한다. State 칼럼은 업스트림이 실행^{Running} 중임을 나타내야 한다(그림 8.19).

그림 8.19 Federation Status 페이지는 test 익스체인지를 위한 업스트림이 실행 중임을 나타낸다.

RabbitMQ가 모든 것이 올바르게 구성되고 실행되고 있는지 확인했으니 cluster-a에 메시지를 발행하고 cluster-b의 큐에 메시지가 저장되는지 테스트한다. 이를 위해 cluster-b에 test 큐를 정의하고 demo 바인딩 키를 사용해 테스트 익스체인지에 연결한다. 그러면 지역적으로 cluster-b에서 바인딩이 설정되고 cluster-a에서 test 익스체인지에 대한 메시지 Federation이 설정된다.

이제 cluster-a의 관리자 UI로 접속하고 Exchanges 탭에서 test 익스체인지를 선택한다. test 익스체인지 페이지에서 Publish Message 섹션을 클릭한다. 라우팅 키를 demo로 설정하고 페이로드^{Payload} 필드에 원하는 내용을 입력한다. Publish Message 버튼을 클릭하면 메시지가 cluster-a와 cluster-b의 test 익스체인지에 발행되고 cluster-b의 test 큐에 저장돼야 한다.

cluster-b의 관리자 UI에 접속한 후 Queue 탭으로 이동하고 test 큐를 선택한다. Get Messages 섹션을 클릭하고 Get Message(s) 버튼을 클릭하면 cluster-a에서 발행한 메시지가 표시된다(그림 8.20).

그림 8.20 cluster-a에서 발행한 메시지

Federation을 통해 발행된 메시지를 식별하는 데 도움이 되도록 Federation 플러그인은 x-received-from 필드를 메시지 등록 정보의 헤더 테이블에 추가한다. x-received-from 필드의 값으로는 업스트림의 URI(uri), 익스체인지(exchange), 클러스터 이름(cluster-name) 및 메시지가 다시 배달됐는지를 나타내는 플래그(redelivered)를 포함하는 키/값 테이블이 저장된다.

8.3.3 업스트림 집합 활용하기

Federation 플러그인은 개별 업스트림 노드를 정의하는 것 외에도 여러 노드를 그룹화해 정책에 사용할 수 있는 기능을 제공한다.

리던던시 제공

특정 업스트림 노드가 클러스터의 일부라고 가정할 경우, 업스트림 클러스터의 각 노드를 정의하는 업스트림 집합set을 만들 수 있다면 다운스트림 노드가 클러스터의 모든 노드에 연결할 수 있다. 따라서 한 노드가 다운되더라도 업스트림 클러스터에 발행된 메시지가 다운스트림에 누락되지 않는다(그림 8.21).

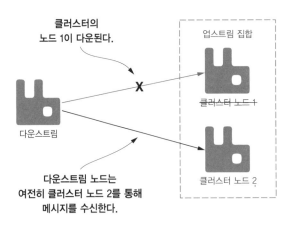

그림 8.21 클러스터 집합은 업스트림 노드와의 통신에 리던던시(redundancy)를 제공한다.

다운스트림 클러스터에서 페더레이션 익스체인지를 사용한다면 업스트림에 연결한 노드가 클러스터에서 다운되더라도 다른 노드가 자동으로 업스트림에 연결돼서 역할을 대신한다.

지리적으로 분산된 애플리케이션

좀 더 복잡한 시나리오로 애플리케이션을 지리적으로 분산시킬 수도 있다. 배너 광고의 뷰를 기록하는 서비스를 개발해야 한다고 가정해보자. 목표는 배너 광고를 최대한 빨리 제공하는 것이며, 전 세계 곳곳에 애플리케이션을 배포하고 트래픽을 분산시키기 위해 사용자의 가장 가까운 데이터센터에서 DNS 기반 로드밸런싱을 한다. 사용자가 광고를 볼 때 중앙 처리 시스템의 Federation 업스트림 노드 역할을 하는 로컬 RabbitMQ 노드에 메시지가 발행된다. 중앙 집중화된 RabbitMQ 노드는 지리적으로 분산된 각 위치의

RabbitMQ 서버를 포함한 Federation 업스트림 집합을 정의한다. 메시지가 각 위치에 도착하면 메시지는 중앙 RabbitMQ 서버로 전달되고 소비자 애플리케이션에 의해 처리된다(그림 8.22).

Federation 플러그인의 클라이언트와 유사하게 연결 실패를 고려하므로 지리적으로 분산된 노드가 다운돼도 나머지 시스템의 트래픽 처리에 영향을 주지 않는다. 지역적인 라우팅 문제일 경우, 다운스트림이 다시 연결되면 연결이 끊어진 업스트림의 대기 중인 모든 메시지가 배달된다.

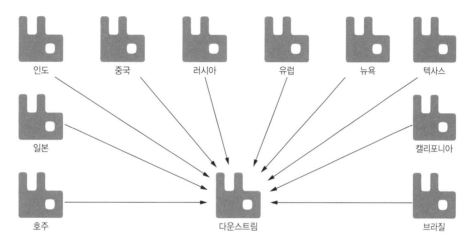

그림 8.22 지리적으로 분산된 업스트림 집합이 다운스트림 노드에 메시지를 전달한다.

업스트림 집합 만들기

먼저, 업스트림 집합을 만들기 위해 관리자 UI 또는 rabbitmqctl CLI 애플리케이션을 통해 각 업스트림 노드를 정의해야 한다. Federation 관리자 UI에 업스트림 집합을 작성하기 위한 인터페이스가 없으므로 rabbitmqctl 명령을 사용해야 한다.

업스트림을 정의하는 곳에 사용할 업스트림 노드 이름의 목록이 포함된 JSON 문자열을 정의한다. 예를 들어 a-rabbit1과 a-rabbit2라는 업스트림을 만든다면, 다음 코드와 같은 JSON을 준비한다.

```
[{"upstream": " a-rabbit1"}, [{"upstream": " a-rabbit2"}]
```

그런 다음 cluster-a라는 업스트림 집합을 정의하기 위해 rabbitmqctl 명령에 set_parameter를 실행해 cluster-a라는 Federation 업스트림 집합을 정의한다.

```
rabbitmqctl set_parameter federation-upstream-set cluster-a '[{"upstream":"a-rabbit1"}, {"upstream": "a-rabbit2"}]'
```

업스트림 집합을 정의한 후 개별 노드를 참조할 때 사용한 federation-upstream 키 대신 federation-upstream-set 키를 사용해 Federation 정책을 만들 때 이름으로 참조한다.

암묵적으로 정의한 모든 업스트림 집합에는 설정이 필요하지 않은 all이라는 이름이 있는데, 예상대로 all 집합에는 정의된 모든 Federation 업스트림이 포함된다.

8.3.4 양방향 페더레이션 익스체인지

이전 예제에서는 업스트림 익스체인지에서 다운스트림 익스체인지로 메시지를 분배하는 방법에 대해 알아봤지만 페더레이션 익스체인지는 양방향으로 설정할 수 있다.

양방향 모드는 기본 설정을 사용하면 메시지는 두 노드 중 하나에 발행되며 각 노드에 한 번씩 전달된다. 이 설정은 업스트림의 max-hops로 조정할 수 있는데, max-hops에 대한 기본값 1은 다운스트림 노드가 업스트림 노드로부터 수신한 메시지를 업스트림 노드로 다시 전송하는 것을 방지한다. 각 노드가 서로 업스트림 그리고 다운스트림 노드의 역할을 하는 양방향 페더레이션 익스체인지로 사용하는 경우, 두 노드에 발행된 메시지는 클러스터에서 메시지 라우팅이 작동하는 방식과 마찬가지로 각 노드에 전달된다(그림 8.23).

양방향 모드 Federation은 결함 내성^fault-tolerant 기법의 다중 데이터센터 애플리케이션 구조를 만드는 데 적합한데, 데이터센터나 특정 위치에 데이터를 샤딩하는 대신 데이터 처리를 위해 각 위치에 동일한 메시지를 전달한다.

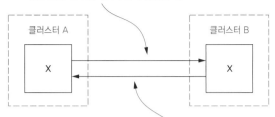

클러스터 A에 발행된 메시지는 클러스터
B로 전달되고 클러스터 B에 발행된다.

클러스터 B에 발행된 메시지는 클러스터
A로 전달되고 클러스터 A에 발행된다.

그림 8.23 양방향 페더레이션 익스체인지의 노드 중 하나에 발행된 메시지는 각 노드에 라우팅된다.

양방향 모드 Federation은 고가용성 서비스를 구성하는 데 매우 강력한 방법이기는 하지만, 복잡성이 증가한다. Federation을 사용한 다중 위치의 일관된 데이터를 유지하려고 할 때, 다중 마스터 데이터베이스를 구성할 때와 유사한 복잡성과 문제 상황을 고려해야 한다. 컨센서스 관리^{consensus management}는 데이터가 처리될 때, 여러 위치에서 일관되게 적용되도록 하는 것이 중요하다. 다행히 페더레이션 익스체인지는 여러 위치에서 합의 메시지를 전달하는 쉬운 방법을 제공한다. 양방향 모드 Federation은 두 개의 노드뿐 아니라 추가 노드를 더 연결한 그래프로 구성할 수 있다(그림 8.24). 한 노드가 두 개의 노드에 연결해서 구성한 경우 업스트림에 대해 max-hop을 1로 설정하면, 메시지가 그래프를 순회하며 다시 발행되지 않는다.

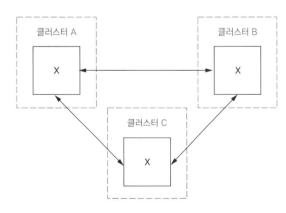

그림 8.24 페더레이션 익스체인지를 이용해서 두 개 이상의 노드를 추가한 그래프

일반적인 그래프와 마찬가지로 더 많은 노드를 추가할수록 더 복잡해짐을 인식하는 것이 중요하다. 메시지 지향 아키텍처를 구성하는 다른 설정들과 마찬가지로 운영 환경에 사용하기 전에 아키텍처 성능을 벤치마크해야 한다. 다행히도 아마존과 같은 클라우드 서비스는 다양한 가용 영역을 제공하고 있기 때문에 RabbitMQ로 복잡한 Federation 환경을 쉽게 구축하고 테스트할 수 있다.

8.3.5 클러스터 업그레이드를 위한 Federation

RabbitMQ 클러스터 관리 운영상 겪게 되는 어려움 중 하나는 다운 타임이 있으면 안 되는 운영 환경에서 RabbitMQ를 업그레이드하는 것이며, 이를 위한 여러 전략이 있다.

클러스터 크기가 큰 경우, 한 노드의 트래픽 유입을 제한하고 클러스터에서 노드를 제거하고 업그레이드할 수 있다. 그런 다음 다른 노드를 오프라인으로 전환한 후 클러스터에서 제거하고 업그레이드한 후, 처음 업그레이드한 노드와 연결한 새 클러스터를 구성한다. 노드를 하나씩 오프라인 상태로 만들고, 모두 제거하고, 업그레이드하고, 역순으로 다시 추가할 때까지 이와 같이 클러스터에 같은 동작을 반복한다. 발행자와 소비자가 정상적으로 재연결reconnection을 처리하는 경우 이 방법이 효과적일 수 있지만, 작업 자체는 힘이 드는 일이다. 또는 새 버전 클러스터로 미러링하는 설정을 하는 Federation을 이용해 메시징 트래픽을 한 클러스터에서 다른 클러스터로 원활하게 마이그레이션할 수도 있다.

RabbitMQ 업그레이드를 위해 Federation을 사용하는 경우, 기존 클러스터의 가상 호스트, 사용자, 익스체인지 및 큐를 새 클러스터에도 동일하게 구성한다. 새 클러스터를 설정하고 구성한 후에는 모든 익스체인지의 와일드카드 매칭의 업스트림 정책을 포함한 Federation 구성을 추가한다. 그런 다음 연결을 이전 클러스터에서 새 클러스터로 변경해 소비자 애플리케이션을 마이그레이션한다(그림 8.25).

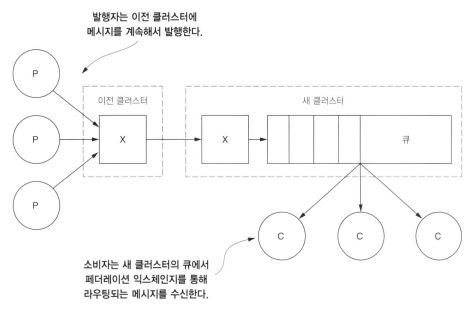

발행자는 이전 클러스터에
메시지를 계속해서 발행한다.

이전 클러스터

새 클러스터

소비자는 새 클러스터의 큐에서
페더레이션 익스체인지를 통해
라우팅되는 메시지를 수신한다.

그림 8.25 Federation을 사용해서 RabbitMQ 클러스터를 업그레이드하는 두 번째 단계

큐에 연결된 소비자를 마이그레이션할 때 이전 클러스터의 큐 연결은 해제해야 하지만, 삭제하지는 말아야 한다. 대신 새 클러스터에 임시 정책을 만들어 해당 큐의 Federation을 구성하고 이전 클러스터의 메시지를 새 클러스터로 이동시킨다. 페더레이션 익스체인지와 페더레이션 큐를 모두 사용하기 때문에 새 클러스터의 큐에 중복 메시지가 추가될 가능성을 최소화하려는 경우, 가급적 프로세스를 자동화하는 것이 좋다.

모든 사용자 애플리케이션을 마이그레이션하고 이전 클러스터의 큐를 언바운드한 후에는 발행자 마이그레이션을 진행한다. 모든 발행자가 이동되면 업그레이드된 RabbitMQ 클러스터로 완전히 마이그레이션해야 한다. 물론, Federation을 계속 유지해서 예기치 않게 특정 발행자가 구 버전 클러스터에 연결되는지 확인할 수 있는데, 이때도 애플리케이션을 제대로 작동할 수 있게 하고 이전 클러스터 노드의 RabbitMQ 로그를 이용해 연결 및 연결 해제를 모니터링할 수 있다. Federation 플러그인은 이러한 이상 상황이 발생하지 않게 설계됐으며 중단 시간이 없는 RabbitMQ 업그레이드를 위한 완벽한 도구라는 점이 이미 입증됐다.

8.4 요약

상상력이 풍부하다면 Federation 플러그인을 이용해 매우 유연하고 다양한 구조를 구성할 수 있다. 한 RabbitMQ 클러스터에서 다른 RabbitMQ 클러스터로 트래픽을 투명하게 마이그레이션하려는 경우나 모든 노드에서 모든 메시지를 공유하는 다중 데이터센터 애플리케이션을 구성하려는 경우, Federation 플러그인은 안정적이고 효율적인 솔루션이다. 수평 확장 도구로 페더레이션 큐를 사용한다면, 하나의 업스트림 노드와 다수의 다운스트림 노드로 설정해서 단일 큐의 용량을 크게 늘릴 수 있다. Federation은 클러스터, HA 큐와 연동 가능하며 클러스터 간의 네트워크 파티션 상황에 대한 결함 내성과 업스트림이나 다운스트림 클러스터의 노드가 실패할 경우에 대한 결함 내성을 제공한다.

운영 환경에서 장애는 때때로 발생한다. 다음 장에서는 문제가 발생할 때, 모니터링하고 경고하는 여러 가지 전략에 대해 알아본다.

3부

통합과
맞춤 설정

RabbitMQ는 AMQP와 메시지 브로커로서의 역할 뿐 아니라 흥미로운 기존 시스템과 통합하기 위한 더 많은 옵션을 제공한다. 3부에서는 MQTT 및 STOMP 프로토콜, HTTP를 이용한 상태 없는 메시지 발행, 그리고 RabbitMQ와 PostgreSQL 및 InfluxDB의 연결에 대해 알아본다.

대체 프로토콜 사용

이 장에서 다루는 내용

- MQTT 프로토콜의 장점과 사용 방법
- RabbitMQ로 STOMP 기반 애플리케이션을 사용하는 방법
- 웹 STOMP를 사용해 웹 브라우저에서 직접 통신하는 방법
- statelessd를 사용해서 HTTP를 통해 RabbitMQ에 메시지를 발행하는 방법

AMQP 0-9-1은 RabbitMQ와 통신하는 대부분 애플리케이션의 요구 사항을 해결할 수 있는 강력한 프로토콜로 설계됐지만, 특정 사용 사례에서는 다른 프로토콜이 더 나은 선택일 수 있다. 예를 들어 AMQP의 경우 대기 시간이 길고 신뢰할 수 없는 모바일 장치와의 네트워킹에는 문제가 될 수 있다. 또 AMQP의 상태 기반 프로토콜은 클라이언트 애플리케이션의 연결이 짧게 유지되고 빠른 속도로 메시지를 발행해야 하는 일부 응용 애플리케이션 환경에서는 너무 복잡할 수 있다. 또 일부 애플리케이션의 경우 이미 메시징 아키텍처를 도입했지만 AMQP 프로토콜을 지원하지 않을 수 있다. 이러한 경우에도 플러그인을 이용해 메시징 아키텍처의 핵심 요소로 RabbitMQ를 계속 사용할 수 있다.

이 장에서는 AMQP 0-9-1 프로토콜의 몇 가지 대체 프로토콜에 대해 살펴본다. 먼저 MQTT 프로토콜은 모바일 애플리케이션에 이상적이다. STOMP는 AMQP의 간단한 대체 프로토콜이 될 수 있다. 웹 STOMP는 웹 브라우저에서 사용하도록 설계됐다. 고속 메시지 발행의 경우 statelessd가 적합할 수 있다.

9.1 MQTT와 RabbitMQ

MQTT^{MQ Telemetry Transport} 프로토콜은 모바일 애플리케이션에서 널리 사용되는 경량 메시징 프로토콜로, RabbitMQ를 플러그인으로 사용할 수 있다. 발행자 소비자^{publish-subscribe} 패턴 기반 프로토콜로 설계된 MQTT는 원래 IBM의 앤디 스탠포드-클라크^{Andy Stanford-Clark}와 유로테크^{Eurotech}의 아리엔 니퍼^{Arien Nipper}가 1999년에 발명했다. MQTT는 메시지의 신뢰성을 보장하고 자원이 제한적인 장치와 저대역폭 환경에 적합한 메시징 프로토콜로 설계됐다. MQTT는 AMQP만큼 기능이 풍부하지는 않지만, 모바일 애플리케이션의 폭발적인 성장 때문에 최근 몇 년 동안 인기가 많아졌다.

모바일 애플리케이션에서 스마트 카, 그리고 홈 오토메이션에 이르기까지 MQTT는 최근 몇 년 동안 기술 뉴스 헤드라인을 장식했다. 페이스북은 모바일 앱의 실시간 메시징 및 알림을 위해 MQTT를 사용한다. 2013년에 포드자동차^{Ford Motor Company}는 Ford Evo 콘셉트 카의 스마트 자동차 기술을 구현하기 위해 MQTT를 기반으로 한 IBM의 MessageSight 제품 라인을 사용하기로 결정했고 IBM과 협력했다. 상용화된 가정용 자동화 제품에는 다소 어려울 수 있지만, www.fun-tech.se/FunTechHouse/의 FunTechHouse 프로젝트와 같이 MQTT를 사용하는 수많은 오픈소스와 개방형 표준 홈 자동화 시스템도 있다. 또한 2013년에 MQTT는 AMQP 1.0과 마찬가지로 공개 표준의 개발 및 채택을 장려하는 비영리 단체인 OASIS를 통해 공개 표준으로 채택됐다. 이로 인해 MQTT는 더 발전적이고 개방적이고 벤더 중립적인 역할을 할 수 있게 됐다.

메시징 아키텍처를 위한 프로토콜로 MQTT를 고려한다면, 먼저 장점과 단점을 살펴봐야 한다. MQTT의 LWT^{Last Will and Testament} 기능이 아키텍처에 도움이 될지 생각해봐야 한다. LWT를 사용하면 클라이언트가 실수로 연결이 끊어질 때, 발행해야 하는 메시지를 지정할 수 있다. 또 MQTT의 최대 메시지 크기가 256MB인 한계가 애플리케이션에 적합한지 고려해야 한다. RabbitMQ의 MQTT 플러그인을 이용해서 MQTT와 AMQP를 투명하게 처리하는 경우에도 AMQP와 마찬가지로 MQTT를 적절히 평가하기 위해 프로토콜의 통신 프로세스를 잘 이해하는 것이 좋다.

9.1.1 MQTT 프로토콜

AMQP와 MQTT 프로토콜에는 몇 가지 공통점이 있다. 결국 대부분의 메시징 프로토콜은 인증 및 메시지 발행을 포함해 연결 협상을 지원하는 것과 같은 많은 기능을 공유한다. 그러나 내부 동작에서 프로토콜이 다르게 구성돼 있다. AMQP는 프로토콜 레벨에서 익스체인지 및 큐와 같은 구조가 있지만, MQTT는 발행자와 소비자로만 구성된다. 물론 RabbitMQ를 사용하는 경우, RabbitMQ에 발행된 MQTT 메시지는 AMQP를 통해 발행된 메시지처럼 취급되고 MQTT의 소비자는 AMQP 소비자처럼 취급되기 때문에 RabbitMQ를 사용하는 경우 이 제한은 영향을 덜 미친다.

RabbitMQ에서 MQTT를 즉시 구성할 수 있지만, MQTT와 AMQP를 통해 발행된 메시지에는 각 프로토콜의 특징 때문에 발생하는 차이점이 존재한다. 가벼운 프로토콜인 MQTT는 신뢰할 수 없는 네트워크 환경에 적합하다. 그러나 AMQP는 좀 더 유연하게 설계되지만 안정적인 네트워크 환경에 적합하다. 이러한 차이점을 고려하지 않으면 동일한 메시징 아키텍처에서 두 프로토콜을 모두 사용할 때 애플리케이션 상호 운용 중에 문제가 발생할 수 있다. 이어서 MQTT 메시지의 내부 구조와 메시지 아키텍처 및 애플리케이션에 미칠 수 있는 영향에 대해 알아보자.

메시지 구조

AMQP의 저수준 프레임과 마찬가지로 MQTT의 기본 구조에도 명령 메시지 부분이 있다. 명령 메시지는 MQTT 메시지에 데이터를 캡슐화하는 하위 레벨 데이터 구조다(그림 9.1).

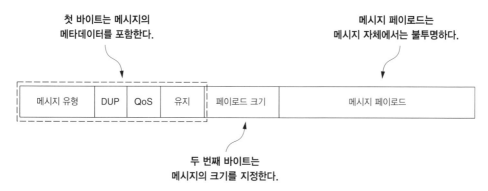

그림 9.1 MQTT 명령 메시지 내부 구조

MQTT 명령 메시지는 메시지를 설명하는 고정 2바이트 헤더로 시작한다. 마샬링한 첫 번째 헤더 바이트에는 네 개의 값이 있다.

1. 메시지 유형: AMQP 메소드 프레임과 유사하게 메시지 유형을 나타내는 4비트 값이다. 메시지 유형의 예로는 CONNECT, PUBLISH, SUBSCRIBE가 있다.

2. DUP 플래그: 클라이언트 또는 서버가 메시지를 재전송할 수 있는데, 메시지가 재전송인지를 나타내는 단일 비트다.

3. QoS 플래그: 메시지의 서비스 품질을 나타내는 데 사용되는 2비트 값이다. MQTT에서 QoS는 메시지를 최대 한 번once at most, 적어도 한 번at least once 또는 정확히 한 번exactly once 전달해야 하는지를 지정한다.

4. 유지Retain 플래그: 모든 구독자에게 메시지를 발행한 후에 메시지를 유지해야 하는지를 서버에 알려주는 단일 비트 플래그다. MQTT 메시지 브로커는 유지 플래그가 설정된 경우 마지막 메시지만 유지하며, 새로운 구독자가 마지막 메시지를 수신할 수 있도록 하는 메커니즘을 제공한다. 모바일 애플리케이션을 MQTT를 사용해 구현한다고 가정할 때 앱은 RabbitMQ 서버에서 연결이 끊어지게 된다. 유지 기능을 사용하면 최신 메시지를 가져와서 재연결할 때 상태를 다시 동기화할 수 있다.

MQTT 메시지 헤더의 두 번째 바이트는 메시지 페이로드의 크기를 지정한다. MQTT 메시지의 최대 페이로드 크기는 256MB지만 AMQP의 최대 메시지 크기는 16엑사바이트며 RabbitMQ는 메시지 크기를 2GB로 제한한다. MQTT의 최대 메시지 크기는 메시징 아키텍처를 작성할 때 고려해야 할 사항으로, 256MB보다 큰 페이로드를 전달하고자 할 때는 개별 메시지로 분할한 후 MQTT 위에 자체 프로토콜을 작성해 구독자 측에서 재구성해야 한다.

> **노트** 매슬로우의 법칙(Maslow's Law)에 따르면, 가진 것이 망치밖에 없을 경우 모든 것이 못처럼 보인다. MQTT 또는 AMQP와 같은 프로토콜은 애플리케이션 간 통신을 위한 망치로 사용되기가 쉽다. 그러나 특정 유형의 데이터에는 다른 도구가 더 나을 수 있다. 예를 들어, MQTT를 통해 비디오 또는 이미지 콘텐츠와 같은 대형 메시지를 전송하는 것은 모바일 애플리케이션에서 문제가 될 수 있다. MQTT가 애플리케이션의 상태 데이터와 같이 작은 메시지를 보내는 데는 뛰어나지만 모바일 또는 임베디드 장치 앱에서 비디오 또는 사진을 업로드하려는 경우, HTTP 1.1을 고려하는 것이 더 나을 수 있다. 작은 메시지의 경우 MQTT를 사용하면 HTTP보다 성능이 뛰어나지만, 파일과 같은 유형을 전송할 때는 HTTP가 더 빠르다. 간과하기 쉽지만 HTTP는 청크 파일 업로드를 지원하는데, 이는 신뢰할 수 없는 네트워크에서 전송되는 대용량 미디어에 적합하다. 대부분의 클라이언트 라이브러리들은 청크 파일 업로드를 지원하므로 MQTT와 같이 추가 레이어를 만들 필요가 없다.

가변 헤더

메시지에서 일부 MQTT 명령 메시지의 페이로드에는 가변 헤더$^{variable\ header}$가 있는데, 메시지의 세부 사항을 포함하는 바이너리 압축 데이터로 구성돼 있다. 가변 헤더의 형식은 명령 메시지마다 다를 수 있다. 예를 들어, CONNECT 메시지의 가변 헤더에는 연결 협상$^{connection\ negotiation}$에 관련된 데이터가 들어있지만, PUBLISH 메시지의 가변 헤더에는 메시지를 발행할 토픽과 고유 ID가 들어있다. PUBLISH 명령 메시지의 경우, 페이로드에는 가변 헤더와 불투명한 애플리케이션 레벨 메시지가 포함돼 있다(그림 9.2).

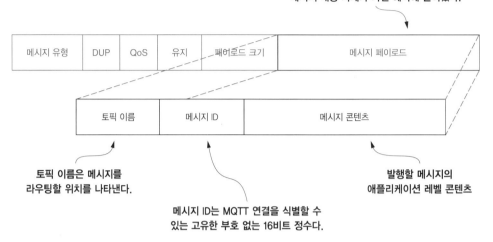

PUBLISH 명령의 페이로드에는 발행 정보와
메시지 내용 자체가 가변 헤더에 들어있다.

토픽 이름은 메시지를
라우팅할 위치를 나타낸다.

메시지 ID는 MQTT 연결을 식별할 수
있는 고유한 부호 없는 16비트 정수다.

발행할 메시지의
애플리케이션 레벨 콘텐츠

그림 9.2 PUBLISH 명령 메시지의 메시지 페이로드

토픽과 같이 크기가 고정돼 있지 않은 가변 헤더의 경우, 값의 크기를 나타내는 2바이트가 앞에 붙는다(그림 9.3). 이 구조에서는 서버와 클라이언트 모두 메시지를 디코딩하기 위해 메시지 전체를 읽을 때까지 기다리지 않고 소켓을 통해 스트리밍되는 동안 메시지를 디코딩할 수 있다.

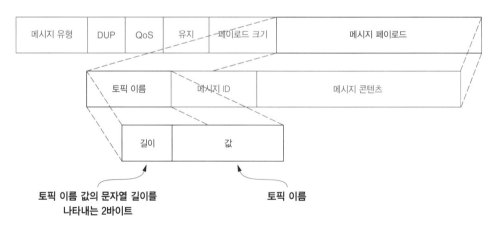

토픽 이름 값의 문자열 길이를
나타내는 2바이트

토픽 이름

그림 9.3 PUBLISH 명령 메시지의 가변 헤더의 topic-name 필드 구조

가변 필드의 모든 값은 UTF-8로 인코딩된 문자열로 길이는 32KB다. PUBLISH 메시지의 가변 헤더에 있는 값들은 메시지 자체의 최대 메시지 크기에 포함돼서 계산된다는 점을 유의하자. 예를 들어 토픽 이름을 my/very/long/topic으로 사용해 발행하려는 경우, 메시지 페이로드에 23개의 바이트를 사용했으므로 메시지 내용의 길이는 최대 268,435,433바이트가 된다.

9.1.2 MQTT로 발행하기

MQTT의 토픽 이름은 메시지 발행에 대한 강력한 라우팅 도구로 사용된다. 사실 RabbitMQ의 토픽 익스체인지에 사용되는 라우팅 키와 개념이 매우 비슷하며, RabbitMQ에서 MQTT 메시지를 라우팅할 때도 토픽 익스체인지가 사용된다. MQTT 토픽 문자열은 메시지를 발행할 때, 슬래시(/) 기호를 구분자로 사용해 이름 공간을 구분한다. RabbitMQ에서 MQTT가 동작을 알아보기 위해, AMQP를 통해 소비될 메시지를 발행하는 MQTT 발행자 예제를 먼저 살펴보자.

메시지 목적지 생성

주피터 노트북 '7.1.2 Setup'에서는 mqtt-messages라는 이름의 큐를 생성하고 라우팅 키 #을 사용해 amq.topic 익스체인지에 바인드한다.

```
import rabbitpy

with rabbitpy.Connection() as connection:
    with connection.channel() as channel:
        queue = rabbitpy.Queue(channel, 'mqtt-messages')   ← rabbitpy.Queue 객체 생성
        queue.declare()
        queue.bind('amq.topic', '#')   ← mqtt-message 큐 선언
```
큐를 amq.topic 익스체인지에 바인드

MQTT 클라이언트는 메시지 발행을 위해 amq.topic 익스체인지를 기본 익스체인지로 사용하며, MQTT 플러그인은 MQTT 토픽 이름 값의 슬래시 문자를 AMQP 라우팅 키의 마침표로 자동 변경한다. 주피터 노트북 서버에서 노트북을 실행하면 파이썬 기반 MQTT 발행자를 생성한다.

MQTT 발행자 작성하기

파이썬에서 MQTT 라이브러리로는 mosquitto(https://pypi.python.org/pypi/mosquitto)가 널리 사용되는데, 블로킹 I/O 루프를 통해 실행되는 비동기 라이브러리지만, 예제에서는 RabbitMQ와 통신하는 몇 가지 인라인 작업으로 사용한다. 다음 예제 코드는 '7.1.2 MQTT Publisher' 노트북에서 확인할 수 있고, mosquitto를 추가하며 시작한다.

```
import mosquitto
```

mosquitto를 추가한 후에는 클라이언트 클래스를 연결에 사용할 고유한 이름으로 생성한다. 예제에서는 rmqid-test라는 이름을 사용했지만 운영 환경에서는 운영체제의 프로세스 ID 문자열과 같은 값으로 설정하는 것이 좋다.

```
client = mosquitto.Mosquitto('rmqid-test')
```

클라이언트 클래스에는 MQTT 서버에 대한 연결 정보를 전달하는 connect 메소드가 있다. connect 메소드는 hostname, port, keepalive 값을 포함해 여러 인수를 사용할 수 있다. 예제에서는 호스트 이름만 지정하고 port와 keepalive의 기본값을 사용한다.

```
client.connect('localhost')
```

라이브러리가 성공적으로 연결되면 0을 반환한다. 반환 값이 0보다 큰 경우, 서버에 연결하는 데 문제가 있음을 나타낸다. 연결된 클라이언트를 사용해서 메시지 이름과 메시지 내용 그리고 QoS 값이 1인 인자를 전달해서 메시지를 발행하고 RabbitMQ의 승인을 기다린다. QoS 값은 메시지가 적어도 한 번 발행돼야 함을 나타낸다.

```
client.publish('mqtt/example', 'hello world from MQTT via Python', 1)
```

예제에서는 블로킹 I/O 루프를 실행하지 않기 때문에 클라이언트에 I/O 이벤트를 처리하도록 지시해야 한다. I/O 이벤트를 처리하기 위해 client.loop() 메소드를 호출하는데, 성공인 경우 0을 반환한다.

```
client.loop()
```

이제 RabbitMQ와의 연결을 끊고 다른 I/O 이벤트를 처리하기 위해 client.loop 메소드를 실행한다.

```
client.disconnect()
client.loop()
```

노트북의 예제를 실행하면 이전에 선언한 mqtt-messages 큐에 있는 메시지가 성공적으로 발행된다. 이제 rabbitpy를 사용해서 메시지가 배달됐는지 확인해보자.

AMQP를 통해 MQTT에서 발행한 메시지 받기

'7.1.2 Confirm MQTT Publish' 노트북에는 Basic.Get을 사용해 mqtt-messages 큐에서 메시지를 가져오고 Message.pprint() 메소드를 사용해 메시지의 내용을 화면에 출력하는 코드가 포함돼 있다.

```
import rabbitpy

message = rabbitpy.get(queue_name='mqtt-messages')    ◄───┐ Basic.Get을 사용해
                                                          │ RabbitMQ에서
                                                          │ 메시지를 가져옴
if message:                                          ◄────── 메시지가 제대로
    message.pprint(True)    ◄─────┐                         받아졌는지 평가
    message.ack()    ◄────┐       │ 속성을 포함해 메시지 출력
                          │ 메시지 확인
else:
    print('No message in queue')    ◄────── 메시지가 없으면 화면에 출력
```

MQTT 구조에서 AMQP 구조로 투명하게 매핑됐으므로 코드를 실행하면 RabbitMQ의 AMQP 메시지로 출력된다.

```
Exchange: amq.topic

Routing Key: mqtt.example
Properties:

{'app_id': '',
 'cluster_id': '',
 'content_encoding': '',
 'content_type': '',
```

```
'correlation_id': '',
'delivery_mode': None,
'expiration': '',
'headers': {'x-mqtt-dup': False, 'x-mqtt-publish-qos': 1},
'message_id': '',
'message_type': '',
'priority': None,
'reply_to': '',
'timestamp': None,
'user_id': ''}

Body:
'hello world from MQTT via Python'
```

출력된 라우팅 키를 보면 발행할 때의 토픽 이름인 mqtt/example이 변경됐음을 알 수 있다. RabbitMQ는 슬래시를 토픽 익스체인지의 문법에 맞는 형식으로 대체한다. 또한 AMQP 메시지 속성 헤더 테이블에는 MQTT PUBLISH 메시지 헤더의 두 개 값인 x-mqtt-dup와 x-mqtt-publish-qos가 포함돼 있다.

지금까지 발행자의 메시지 발행을 확인했으므로 RabbitMQ에서 MQTT 구독자를 구현하는 방법에 대해 알아본다.

9.1.3 MQTT 구독자

메시지를 구독하기 위해 MQTT를 통해 RabbitMQ에 연결할 때, RabbitMQ는 새로운 큐를 생성한다. 큐의 이름은 mqtt-subscriber-[NAME]qos[N] 형식으로 지정되는데, 여기서 [NAME]은 고유한 클라이언트 이름이고, [N]은 클라이언트 연결에 설정된 QoS 수준을 뜻한다. 예를 들어 QoS 설정이 0인 facebook이라는 이름의 구독자에 대해 mqtt-subscriber-facebookqos0이라는 큐가 생성된다. 구독 요청을 위해 큐가 생성되면 AMQP 라우팅 키 형식에 맞는 토픽 익스체인지에 바인딩된다.

AMQP 토픽 익스체인지의 라우팅 키 바인딩과 유사하게 구독자는 문자열 일치 또는 패턴 일치로 토픽 익스체인지에 바인딩한다. AMQP와 MQTT 모두에서 파운드(#)는 다중 레벨 일치를 나타내지만, MQTT 클라이언트에서 메시지를 발행할 때는 라우팅 키의 단일 레벨 일치에 별표(*) 대신 더하기(+)가 사용된다.

예를 들어, MQTT를 이용해 image/new/profile과 image/new/gallery의 토픽에 새 이미지 메시지를 발행하려는 경우 MQTT 구독자는 image/#에 등록하면 모든 이미지 메시지를 수신하게 된다. 또한 image/new/+에 등록하면 새 이미지만 수신하게 되고, image/new/profile에 가입하면 새 프로필 이미지만 수신받는다.

'7.1.3 MQTT Subscriber' 노트북의 예제에서는 MQTT 프로토콜을 통해 RabbitMQ에 연결한 후 구독자로 설정하고, 메시지를 수신할 때까지 반복문을 실행한다. 메시지를 받으면 구독을 해제하고 RabbitMQ와의 연결을 끊는다. 예제 코드는 mosquitto와 os를 추가하는 구문으로 시작한다.

```
import mosquitto
import os
```

파이썬 표준 라이브러리 os 모듈을 사용해 구독자의 프로세스 ID를 가져오는데, 새로운 mosquitto 클라이언트를 만들 때 고유한 MQTT 클라이언트 이름으로 사용한다. 예제 코드에서는 프로세스 ID를 사용하지만, 운영 환경에서는 중복되는 클라이언트 이름을 방지하기 위해 구독자의 이름을 지정하는 더 랜덤하거나 강력한 방법이 필요할 수 있다.

```
client = mosquitto.Mosquitto('Subscriber-%s' % os.getpid())
```

이어서 각 실행 단계에서 mosquitto 라이브러리에 의해 호출되는 몇 가지 콜백 메소드를 정의한다. 먼저 클라이언트가 연결될 때 호출되는 콜백을 만든다.

```
def on_connect(mosq, obj, rc):
    if rc == 0:
        print('Connected')
    else:
        print('Connection Error')
client.on_connect = on_connect
```

MQTT 메시지가 수신되면 mosquitto 클라이언트는 on_message 콜백을 호출하는데, 이 콜백에서 메시지에 대한 정보를 화면에 출력하고 클라이언트의 메시지 구독을 취소한다.

```
def on_message(mosq, obj, msg):
    print('Topic: %s' % msg.topic)
    print('QoS: %s' % msg.qos)
    print('Retain: %s' % msg.retain)
    print('Payload: %s' % msg.payload)
    client.unsubscribe('mqtt/example')
client.on_message = on_message
```

on_subscribe 콜백은 클라이언트가 구독 취소될 때 호출되며 이 콜백에서 클라이언트의 RabbitMQ와의 연결을 끊는다.

```
def on_unsubscribe(mosq, obj, mid):
    print("Unsubscribe with mid %s received." % mid)
    client.disconnect()
client.on_unsubscribe = on_unsubscribe
```

모든 콜백을 정의하고 나서 RabbitMQ에 연결한 후 다음 토픽을 구독한다.

```
client.connect("127.0.0.1")
client.subscribe("mqtt/example", 0)
```

마지막으로, client.loop()를 호출하고 1초 타임아웃을 지정해 I/O 이벤트 루프 구문을 실행한다. 다음 코드는 RabbitMQ와의 연결이 끊어졌기 때문에 client.loop()가 더이상 1을 반환하지 않을 때까지 반복문을 수행한다.

```
while client.loop(timeout=1) == 0:
    pass
```

이어서 예제 노트북을 열고 Cell 드롭다운을 클릭한 후 Run All을 선택해 한 번에 모든 셀을 실행한다. 7.1.2 MQTT Publisher 탭을 선택하고 Cell ➤ Run All을 선택해서 새 메시지를 발행한다. subscriber 탭에서 그림 9.4와 같은 결과를 볼 수 있다.

그림 9.4에서 볼 수 있듯이, 점으로 구분됐던 라우팅 키는 슬래시로 구분된 토픽 이름인 mqtt/example로 변환된다. MQTT 토픽 이름과 AMQP 라우팅 키의 양방향 변환을 사용해 RabbitMQ는 두 가지 유형의 클라이언트 연결에 대해 투명한 방식의 프로토콜로 연

결한다. RabbitMQ는 MQTT 애플리케이션을 위한 강력한 플랫폼으로서의 역할뿐만 아니라 특정 프로토콜 전용 메시지 브로커보다 강력한 메시징 플랫폼을 제공한다.

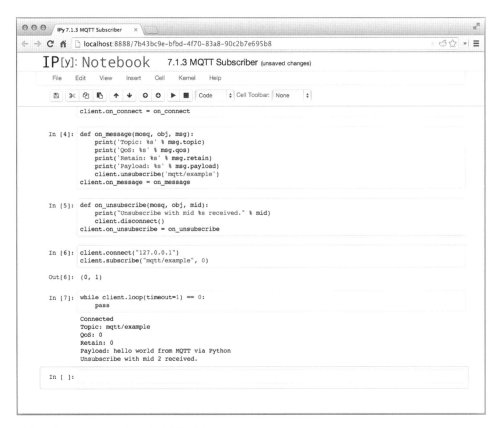

그림 9.4 'MQTT Subscriber' 노트북의 출력 결과

9.1.4 MQTT 플러그인 설정

MQTT 기본 기능 외에 사용자 정의 기능을 사용해 MQTT 고유의 인증 증명서 또는 발행자에 대한 큐 특정 설정과 같은 RabbitMQ 클러스터의 다양한 기능을 사용할 수 있다. 이런 설정 외에도 다양한 설정 값을 변경하려면, RabbitMQ 설정 파일인 rabbitmq.config를 수정한다.

일반적으로 유닉스 기반 시스템에서 RabbitMQ의 환경 파일은 /etc/rabbitmq/rabbit.config에 있다. 대부분의 환경 파일이 데이터 직렬화 형식을 사용하지만, rabbitmq.config 파일은 기본 얼랭 데이터 구조의 코드 포맷을 사용한다. RabbitMQ 환경 설정은 JSON 객체 배열과 유사하며 RabbitMQ 자체의 최상위 항목과 각 플러그인에 대한 항목이 포함돼 있다. 다음 예제 코드에서 RabbitMQ의 AMQP 포트는 5672로 설정됐고, MQTT 플러그인 포트는 1883으로 설정된다.

```
[{rabbit,        [{tcp_listeners,    [5672]}]},
 {rabbitmq_mqtt, [{tcp_listeners,    [1883]}]}].
```

가상 호스트와 MQTT 플러그인의 사용자 이름 그리고 암호와 같은 RabbitMQ의 기본 설정이 포함돼 있다. AMQP와 달리 MQTT 클라이언트는 사용할 가상 호스트를 선택할 수 없다. 이는 이후 버전에서 변경될 수 있지만, 현재 MQTT 클라이언트의 가상 호스트를 변경하는 유일한 방법은 MQTT 환경 설정에서 vhost 구문의 기본값인 /를 원하는 값으로 변경하는 것이다.

```
[{rabbitmq_mqtt, [{vhost, <<"/">}]}]
```

MQTT는 인증 기능을 제공하는데, 상황에 따라 적절하게 변경해야 한다. MQTT 플러그인에서 사용자 이름과 암호를 살펴보면, 환경 설정에서 각각 default_user, default_password에 기본값 guest, guest로 돼 있다. MQTT 클라이언트에서 인증을 처리하려면, 환경 설정 allow_anonymous를 false로 설정해 기본 사용자 작동을 사용 불가능하게 한다.

> **팁** MQTT 애플리케이션의 아키텍처에는 클라이언트 유형마다 다른 설정이 필요할 수 있다. RabbitMQ 클러스터를 사용해서 단일 가상 호스트와 기본 사용자 이름 및 암호 설정의 한계를 해결할 수 있다. 서로 다른 설정의 노드로 구성된 RabbitMQ 클러스터에서 MQTT 메시지를 공유할 수 있으며 각 노드는 서로 다른 기본 설정으로 구성된 MQTT 연결을 승인한다. 따라서 RabbitMQ 클러스터 노드 전반에 걸쳐 동일한 환경 설정을 할 필요가 없다.

표 9.1에서 각 MQTT 플러그인 설정과 그 기본값을 볼 수 있다. 이 값은 MQTT 클라이언트 및 메시지 라우팅과 관련해 MQTT 플러그인의 작동에 직접적인 영향을 준다.

표 9.1 MQTT 플러그인 환경 설정

설정	타입	설명	기본값
allow_anonymous	Boolean	MQTT 클라이언트가 인증 없이 연결 가능	true
default_user	String	MQTT 클라이언트가 인증 증명서가 없을 때 사용할 사용자 이름	guest
default_password	String	MQTT 클라이언트가 인증 증명서가 없을 때 사용할 암호	guest
exchange	String	MQTT 메시지를 발행할 때 사용할 토픽 익스체인지	amq.topic
prefetch	Integer	MQTT 리스너 큐에 대한 AMQP QoS 프리페치 카운트 설정	10
ssl_listeners	Array	MQTT의 SSL 연결에 사용할 TCP 포트. 설정하면, rabbitmq 환경 파일 최상위에 ssl_options 설정이 있어야 한다.	[]
subscription_ttl	Integer	구독자가 예기치 않게 연결이 끊어질 때, 구독자 큐를 보관할 기간(millisecond)	1800000
tcp_listeners	Array	MQTT 연결을 청취할 TCP 포트	1833
tcp_listen_options	Array	MQTT 플러그인의 TCP 작동을 변경하기 위한 환경 설정 지시어 배열	표 9.2 참고

exchange, prefetch, vhost와 같은 설정은 상황에 따라 변경될 가능성이 높지만 tcp_listen_options와 같은 옵션은 신중하게 설정해야 한다.

표 9.2에서 RabbitMQ 문서에 지정된 tcp_listen_options 설정과 MQTT 클라이언트 그리고 MQTT 플러그인의 TCP 연결 동작에 미치는 영향을 볼 수 있다. 이 값들은 얼랭 TCP API가 TCP 소켓 조정을 위해 설정하는 옵션 중 일부다. 사용할 수 있는 다른 옵션이나 자세한 내용은 얼랭 gen_tcp 문서(http://erlang.org/doc/man/gen_tcp.html)를 참고하길 바란다. 설정 파일에 지정된 값은 얼랭 gen_tcp:start_link의 listen_option 매개변수에 투명하게 전달된다. MQTT 플러그인에 지정된 tcp_listen_options의 기본값은 RabbitMQ 팀에서 테스트하고 권장하는 최적화된 값이며, 대부분의 경우 변경하지 않는 것이 좋다.

표 9.2 MQTT 플러그인의 tcp_listen_options

설정	타입	설명	기본값
binary	Atom	소켓이 바이너리 TCP 소켓임을 나타냄. 삭제하지 않는 것이 좋다.	N/A
packet	Atom	얼랭 커널이 RabbitMQ로 전달하기 전에 TCP 데이터를 처리하는 방법 설정. 자세한 내용은 얼랭 gen_tcp 설명서를 참조	raw
reuseaddr	Boolean	RabbitMQ가 소켓을 사용 중일 때, 운영체제가 원하는 경우 수신 대기 소켓을 다시 사용할 수 있도록 설정	true
backlog	Integer	새 연결을 거부하기 전에 보류 중인 클라이언트 연결 수를 지정. 보류 중인 클라이언트 연결은 RabbitMQ가 아직 처리하지 않은 새 TCP 소켓 연결이다.	10
nodelay	Boolean	TCP 소켓이 효율적인 데이터 전송을 위해 저수준 TCP 데이터를 버퍼링하는 Nagle 알고리즘을 사용할지 설정. 기본값은 true며 TCP 레벨에서 작은 메시지 패킷을 버퍼링하고 함께 그룹핑해서 보내는 대신 RabbitMQ가 원할 때 TCP 데이터를 전송하는데, 대부분의 경우 더 빠르다.	true

MQTT는 모바일 컴퓨팅과 임베디드 디바이스를 위한 끊임없이 진화하고 강력한 경량 메시징 도구다.

모바일 장치를 위한 메시징 아키텍처의 핵심으로 RabbitMQ를 고려하고 있다면, MQTT와 RabbitMQ MQTT 플러그인의 사용을 고려하는 것이 좋다. RabbitMQ의 MQTT 플러그인을 이용해서 MQTT를 투명하게 사용할 수 있으며, 다양한 프로토콜을 지원하는 메시지 브로커 구축을 단순하게 지원한다. 현재는 시스템이 복잡해지는 것을 방지하기 위한 단일 노드 설정에도 한계가 있지만, 동적 가상 호스트 또는 익스체인지와 같이 MQTT 플러그인의 기능을 확장하려는 노력이 계속되고 있다. 그동안 RabbitMQ 클러스터의 노드를 활용해 복잡한 MQTT 토폴로지를 구성할 수도 있다.

적용하려는 아키텍처에 MQTT가 이점이 없으면서 AMQP보다 가벼운 솔루션을 원한다면, STOMP를 살펴볼 것을 권한다.

9.2 STOMP와 RabbitMQ

2005년 맥칼리스터^{McCallister}는 원래 이름이 TMPP였던 STOMP^{Streaming Text Oriented Message Protocol}를 발표했다. HTTP처럼 느슨한 모델로 개발된 STOMP는 읽기 쉬운 텍스트 기반 프로토콜이다.

단순함을 기준으로 설계한 STOMP는 아파치 ActiveMQ가 처음 지원했으며, 이제는 수많은 메시지 브로커가 제공하고 있다. 또 가장 널리 사용되는 다양한 프로그래밍 언어로 클라이언트 라이브러리를 사용할 수 있다.

RabbitMQ STOMP 플러그인은 2012년에 발표된 STOMP 1.2 스펙과 이전 버전도 지원하는데, 핵심 RabbitMQ 패키지의 일부로 배포된다. AMQP 및 MQTT와 마찬가지로 STOMP 프로토콜을 이해하면 애플리케이션이나 사용 환경에서의 동작 또는 특징을 이해하는 데 도움이 된다.

9.2.1 STOMP 프로토콜

스트림 기반 처리가 가능하도록 설계된 STOMP 프레임은 널(0x00) 바이트로 끝나는 명령과 페이로드로 구성된 UTF-8 텍스트다. STOMP는 바이너리 프로토콜인 AMQP 및 MQTT와 달리 사람이 직접 읽을 수 있으며, STOMP 메시지 프레임과 해당 내용을 정의하는 별도의 이진 비트 패킹 정보가 필요하지 않다.

다음 예제는 메시지 브로커에 연결하기 위한 STOMP 프레임인데, 끝에 널 바이트를 나타내기 위해 ASCII로 ^@(control-@)가 사용됨을 볼 수 있다.

```
CONNECT
accept-version:1.2
host:rabbitmq-node

^@
```

예제 코드의 CONNECT 명령을 보면 수신 메시지 브로커에 클라이언트가 연결하려고 한다는 것을 알 수 있다. 이어서 클라이언트가 협상하려고 하는 연결에 대해 메시지 브로커에 알리는 두 개의 헤더 필드 accept-version과 host를 볼 수 있다. 마지막으로 CONNECT 프레임의 끝을 나타내는 공백 행 다음에 널^{Null} 바이트가 이어진다.

CONNECT 요청이 성공하면 메시지 브로커는 CONNECTED 프레임을 클라이언트에 반환하는데, CONNECT 프레임과 매우 유사하다.

```
CONNECTED
version:1.2

^@
```

AMQP와 마찬가지로 STOMP 명령은 RPC 스타일 요청이며 일부는 메시지 브로커가 클라이언트에 응답을 전달한다. 표준 STOMP 명령에는 연결 협상, 메시지 발행, 메시지 브로커의 구독 등이 있으며 AMQP, MQTT의 명령과 유사하다. 프로토콜에 대한 자세한 내용은 STOMP 프로토콜 문서(https://stomp.github.io/)를 참조하길 바란다.

RabbitMQ에서 STOMP를 사용하는 방법에 대해 알아보기 위해 단순한 메시지 발행자부터 알아보자.

9.2.2 메시지 발행하기

STOMP로 메시지를 발행할 때, 대상^{destination}은 메시지를 보낼 위치를 뜻한다. RabbitMQ를 사용하는 경우 STOMP 대상은 다음 중 하나다.

- 메시지를 발행하거나 클라이언트가 구독 요청을 보낼 때, STOMP 플러그인에 의해 자동으로 생성되는 큐
- AMQP 클라이언트 또는 관리자 API 등 정상적인 방법으로 생성한 큐
- 익스체인지와 라우팅 키의 조합
- STOMP 토픽 대상을 사용해 자동으로 연결된 amq.topic 익스체인지
- STOMP SEND 명령에서 reply-to 헤더를 사용할 때 일시적으로 생성된 큐

대개의 경우 각 대상은 유형과 익스체인지, 라우팅 키 또는 큐를 지정하는 추가 정보가 슬래시로 구분된다.

STOMP 큐에 메시지 발행

STOMP로 메시지를 발행하는 일은 MQTT 또는 AMQP로 메시지를 발행하는 일과 매우 유사하다. 메시지를 큐에 직접 발행하려면 /queue/<queue-name> 형식의 대상 문자열을 사용한다.

다음 예제에서는 발행 대상을 /queue/stomp-messages로 지정하는데, 이곳에 메시지를 보내면 RabbitMQ는 익스체인지를 사용해 stomp-messages 큐에 메시지를 발행한다. 만들어진 큐가 없어도 자동으로 생성된다. 다음 예제 코드는 '7.2.2 STOMP Publisher' 노트북에서 볼 수 있다.

```
import stomp

conn = stomp.Connection()
conn.start()
conn.connect()
conn.send(body='Example Message', destination='/queue/stomp-messages')
conn.disconnect()
```

STOMP 플러그인이 생성한 큐는 내부에서 Queue.Declare RPC 요청에 기본 인수 값으로 생성된다.

RabbitMQ에 기본값을 사용해서 기존에 생성한 큐도 STOMP 큐로 사용해 메시지를 발행할 수 있다. 대신 메시지 TTL 또는 다른 사용자 정의 인수로 작성한 큐는 AMQP 정의 큐로 메시지를 발행해야 한다.

AMQP 정의 큐에 메시지 발행하기

RabbitMQ STOMP 플러그인은 STOMP 스펙을 확장한 대상 구문이 있으므로 AMQP에서 정의한 큐에 메시지를 발행할 수 있다. 이에 대해 살펴보기 위해 '7.2.2 Queue Declare' 노트북처럼 rabbitpy 라이브러리를 사용해 메시지 최대 크기 큐를 먼저 생성한다.

```
import rabbitpy
with rabbitpy.Connection() as connection:
    with connection.channel() as channel:
        queue = rabbitpy.Queue(channel, 'custom-queue',
                               arguments={'x-max-length': 10})
        queue.declare()
```

큐를 선언한 후에는 AMQP 정의 큐 대상 구문을 사용한다. /amq/queue/<queue-name> 형식을 사용해 대상 문자열을 작성하면 STOMP 플러그인은 사용자 정의 큐로 메시지를 전달한다. 이 예제 코드는 '7.2.2 Custom Queue' 노트북에서 볼 수 있다.

```
import stomp
conn = stomp.Connection()
conn.start()
conn.connect()
conn.send(body='Example Message', destination='/amq/queue/custom-queue')
conn.disconnect()
```

큐로 메시지를 직접 보내면 다양한 익스체인지 유형과 라우팅 키를 사용해 AMQP의 이점을 활용하지 못한다. 다행스럽게도 STOMP 플러그인의 AMQP 정의 큐 대상 구문은 다양한 목적지에 메시지를 전달할 수 있다.

익스체인지에 메시지 발행하기

RabbitMQ STOMP 플러그인에서 라우팅 키를 사용해 익스체인지에 메시지를 발행하려면 /exchange/<exchange-name>/<routing-key> 형식을 사용하는데, STOMP에서 유연하게 AMQP에 메시지를 발행하는 데 도움이 된다.

다음 예제는 '7.2.2 Exchange and Queue Declare' 노트북에서 볼 수 있는데, STOMP에서 사용자 정의 익스체인지를 사용해 메시지를 발행한다.

```
import rabbitpy
with rabbitpy.Connection() as connection:
    with connection.channel() as channel:
        exchange = rabbitpy.Exchange(channel, 'stomp-routing')
        exchange.declare()
        queue = rabbitpy.Queue(channel, 'bound-queue',
                        arguments={'x-max-length': 10})
queue.bind(exchange, 'example')
```

익스체인지와 큐를 선언하고 큐를 익스체인지에 연결한 후 메시지를 큐에 발행한다. 다음 예제 코드는 '7.2.2 Exchange Publishing' 노트북에서 볼 수 있다.

```
import stomp
conn = stomp.Connection()
conn.start()
conn.connect()
conn.send(body='Example Message',
        destination='/exchange/stomp-routing/example')
conn.disconnect()
```

지금까지 살펴본 익스체인지에 메시지를 발행한 예제 코드는 메시지 발행의 유연성 이라는 장점이 있다.

하지만 익스체인지를 선언하고 대상 문자열을 사용하지 않고도 토픽 익스체인지의 유연성을 누릴 수 있다. 대신 STOMP 토픽 대상 문자열을 사용해 메시지를 보낸다.

STOMP 토픽에 메시지 발행하기

큐 대상 문자열처럼 토픽 대상 문자열은 STOMP 프로토콜을 지원하는 모든 메시지 브로커가 인식하는 공통 형식이다. /topic/<routing-key> 형식을 사용해 대상 문자열을 설정하면 STOMP를 사용해 RabbitMQ로 보낸 메시지는 amq.topic 익스체인지를 지나서 라우팅 키가 바인딩된 모든 큐로 전달된다.

새 큐를 만드는 대신 AMQP에서 이미 생성한 큐를 #이 포함된 라우팅 키를 사용해 amq.topic 익스체인지에 바인드하고 해당 익스체인지로 전송한 모든 메시지를 수신한다. 큐를 연결하는 다음 예제 코드는 '7.2.2 Bind Topic' 노트북에서 볼 수 있다.

```
import rabbitpy
with rabbitpy.Connection() as connection:
    with connection.channel() as channel:
        queue = rabbitpy.Queue(channel, 'bound-queue')
        queue.bind('amq.topic', '#')
```

예제 코드는 STOMP에서 익스체인지와 연결한 큐에 /topic/routing.key 라우팅 키로 메시지를 발행하며 '7.2.2 STOMP Publisher' 노트북에서 볼 수 있다.

```
import stomp
conn = stomp.Connection()
conn.start()
conn.connect()
conn.send(body='Example Message',
          destination='/exchange/stomp-routing/example')
conn.disconnect()
```

AMQP 큐, 익스체인지, STOMP의 토픽 대상 문자열을 사용해도 메시지를 발행하는 대부분의 사용 사례를 만족한다. 이어서 6장에서 알아본 일부 메시지를 복제하는 작업을 STOMP에서 처리하는 방법도 알아보자.

임시 응답 큐 사용하기

발행자와 소비자 사이에 RPC로 동작하는 RabbitMQ에서 STOMP 플러그인은 몇 가지 편리한 기능을 포함하고 있다. STOMP에서 메시지를 발행할 때 reply-to 헤더를 설정하면, 큐에 exclusive 플래그와 auto_delete 플래그를 모두 설정해 STOMP 발행자에게만 연결을 허용하는 응답 큐를 자동으로 생성하는데 RabbitMQ에서 발행자 애플리케이션의 연결이 끊어지면 응답 큐가 자동으로 삭제된다.

다음 예제 코드는 '7.2.2 Reply-To' 노트북에서 볼 수 있으며 reply-to 헤더를 설정하는 방법을 설명한다. 이어서 메시지가 발행된 후 응답 큐를 자동으로 제거하는 예제에 대해 알아보고, 다음 절에서는 STOMP를 통해 메시지를 소비하는 방법을 살펴본다.

```
import stomp
conn = stomp.Connection()
conn.start()
conn.connect()
conn.send(body='Example Message',
          destination='/exchange/stomp-routing/example',
          headers={'reply-to': 'my-reply-queue'})
conn.disconnect()
```

STOMP에서 reply-to 헤더를 설정하는 주요한 이유는 메시지에 임의의 메시지 헤더를 추가할 수 있기 때문이다. 이는 AMQP 메시지 속성과 유사하다.

STOMP를 통한 AMQP 메시지 속성

STOMP 메시지 헤더는 임의의 메시지 헤더 값을 메시지 브로커에 전달하는 데 사용한다. reply-to 헤더는 발행자에 대한 응답 큐를 자동으로 생성한다. STOMP와 AMQP 두 프로토콜을 모두 사용하는 환경을 고려하는 경우 애플리케이션에 사용할 임의의 메시지 헤더 값을 추가하기 전에, 두 프로토콜에서 사용하는 메시지 헤더를 체크하는 것이 좋다. AMQP 메시지 속성에 해당되는 메시지 헤더를 사용하면 STOMP 플러그인은 헤더 값을 AMQP 메시지 속성에 자동으로 추가한다.

다음 예제 코드는 '7.2.2 Send with Message Headers' 노트북에서 볼 수 있으며, AMQP 메시지 속성으로 변환되는 메시지 헤더를 설정한다.

```
import stomp
import time
conn = stomp.Connection()
conn.start()
conn.connect()
conn.send(body='Example message with Headers',
              destination='/queue/stomp-messages',
```

```
                      headers={'app-id': '7.2.2 Example',
                               'priority': 5,
                               'reply-to': 'reply-to-example',
                               'timestamp': int(time.time())})
conn.disconnect()
```

STOMP 메시지에 AMQP 메시지 속성에 해당되지 않는 헤더를 추가하면 AMQP 헤더 메시지 속성에 해당 값이 채워진다. 또 메시지를 소비할 때, AMQP 메시지 속성 값은 STOMP 메시지 헤더 값으로 전달된다. RabbitMQ에서 STOMP 프로토콜을 사용해 메시지를 발행할 때 일부 헤더는 주의해야 한다. `message-id`는 STOMP 프로토콜에서 자동 설정되므로 수동으로 추가하면 안 된다.

RabbitMQ에서 STOMP를 사용해 메시지를 발행하는 일은 AMQP로 메시지를 발행할 때보다 오버헤드가 있지만, 자동 큐 생성이나 응답 큐의 자동 생성과 같은 편리함이 있다. STOMP에서는 대상 문자열 형식을 활용하면 AMQP 메시지 발행 때와 마찬가지로 메시지를 큐로 직접 보내거나 익스체인지에 발행할 수 있다. STOMP 플러그인은 AMQP 프로토콜을 STOMP 메시지로, STOMP 프로토콜을 AMQP 메시지로 자동 변환한다.

다음 절에서는 이전 예제에서 발행한 메시지를 구독하는데, STOMP 구독자로 헤더 값을 추가한 메시지를 가져온다.

9.2.3 메시지 구독하기

STOMP 클라이언트는 MQTT와 마찬가지로 소비자가 아닌 구독자로 간주한다. 하지만 RabbitMQ는 AMQP 메시지 브로커이므로 STOMP 플러그인에서는 STOMP 구독자를 RabbitMQ 큐에서 메시지를 전달받는 AMQP 소비자로 취급한다. STOMP를 사용해 메시지를 구독할 때, 먼저 생각해볼 부분은 메시지를 소비할 큐를 만드는 일이다.

STOMP 플러그인의 멋진 점은 메시지를 발행할 때 사용한 대상 문자열 유형을 메시지 구독에도 사용한다는 점이다. 이 절에서는 STOMP 구독자의 대상 문자열을 활용해 다음 작업을 수행한다.

- 자동으로 생성된 큐에서 메시지 소비하기
- 미리 정의한 AMQP 큐에서 메시지 소비하기

- 익스체인지를 구독해서 메시지 소비하기
- STOMP 토픽을 구독해서 메시지 소비하기

STOMP에서 메시지를 발행할 때 reply-to 헤더를 설정하면, STOMP 연결이 끊어질 때 자동으로 삭제되는 독점 큐를 생성한다. reply-to 헤더를 설정한 메시지를 소비하면 STOMP에서 정의한 큐를 구독하고 메시지를 소비하는 것과 같은 방식으로 처리된다.

이전 절에서 메시지를 발행했던 stomp-messages 큐를 구독해보자.

STOMP로 정의한 큐 구독하기

RabbitMQ는 /queue/<queue-name> 형식으로 대상 문자열을 지정해서 메시지를 발행하면 STOMP로 정의한 큐를 생성한다. 이전 절의 '7.2.2 Stomp Publisher' 노트북에서는 STOMP send 명령을 사용해 RabbitMQ에 메시지를 발행했다. 이 메시지를 소비하고 각 메시지의 메시지 본문을 화면에 출력하는 다음 예제 코드는 '7.2.3 Queue Subscriber' 노트북에서 볼 수 있다. 구독자 코드는 좀 더 복잡하기 때문에 단계별로 나눠서 살펴보자.

먼저 구독자를 실행하는 데 필요한 모든 파이썬 라이브러리를 추가한다.

```
import stomp
import pprint
import time
```

파이썬 stomp.py 라이브러리에는 메시지 브로커로부터 전달받은 메시지를 처리할 수 있는 ConnectionListener 객체가 있는데, 구독자가 메시지를 받을 때마다 호출되는 on_message 메소드가 포함돼 있다. 다음 예제 코드는 메시지에 헤더가 있는 경우 화면에 출력하고 한 개의 메시지만 수신한 후 ConnectionListener의 can_stop 플래그를 설정해 구독을 종료한다.

```
class Listener(stomp.ConnectionListener):
    can_stop = False
    def on_message(self, headers, message):
        if headers:
            print('\nHeaders:\n')
            pprint.pprint(headers)
```

```
print('\nMessage Body:\n')
print(message)
self.can_stop = True
```

Listener 클래스를 정의한 후 STOMP Connection 객체를 생성하고, Listener 인스턴스를 추가한 후 RabbitMQ에 연결한다.

```
listener = Listener()

conn = stomp.Connection()
conn.set_listener('', listener)
conn.start()
conn.connect()
```

연결이 설정된 후에 Connection.subscribe 메소드로 수신한 메시지를 RabbitMQ가 자동으로 승인하는 STOMP 구독 요청을 전달한다.

```
conn.subscribe('/queue/stomp-messages', id=1, ack='auto')
```

메시지를 수신할 때까지 대기하기 위해 Listener.can_stop이 True로 설정될 때까지 1초씩 반복문을 실행한다.

```
while not listener.can_stop:
    time.sleep(1)
```

마지막으로 메시지를 수신하면 연결을 끊는다.

```
conn.disconnect()
```

'7.2.2 Send with Message Headers' 노트북에서 발행한 메시지 헤더가 있는 메시지를 수신하기 위해 코드를 실행하면 그림 9.5와 비슷한 결과를 볼 수 있다.

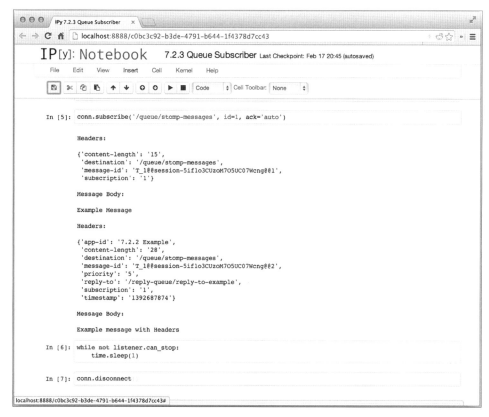

그림 9.5 '7.2.3 Queue Subscriber' 노트북의 결과

content-length와 destination 등 AMQP 메시지 속성이 STOMP 메시지 헤더에 추가됐다. 수신한 메시지의 AMQP 속성이 있으면 수신한 STOMP 메시지 헤더에 추가된다.

STOMP 메시지 발행 때와 마찬가지로 AMQP에서 사용자 지정 인수를 사용해 생성한 큐를 구독하면 실패하고 메시지를 전달받지 못한다. 다행히도 이러한 경우에 대비해 RabbitMQ 팀은 AMQP 큐 대상 문자열 형식을 제공한다.

AMQP에서 정의한 큐 구독하기

AMQP에서 특정 인수를 사용해 정의하고 생성한 큐를 STOMP 구독자와 AMQP 소비자를 혼용해 사용해야 하거나 단일 STOMP 구독자로 소비해야 하는 경우 STOMP 구독자의 대상을 /amq/queue/<queue-name> 형식으로 지정해서 구독한다.

익스체인지 또는 토픽 구독하기

STOMP 플러그인의 또 다른 멋진 기능은 /exchange/<exchange-name>/<binding-key> 형식을 사용해 익스체인지를 구독할 수 있다는 점인데, 독점적인 임시 큐가 생성되고 구독자의 연결이 끊어지면 자동으로 큐는 삭제된다. 그리고 투명하게 구독자가 큐의 소비자로 생성되고 발행한 모든 메시지를 수신할 수 있다. 마찬가지로 /topic/<binding-key> 형식의 대상을 구독하면 독점적인 임시 큐가 생성되고 지정된 바인딩 키로 자동으로 연결된다. 바인딩 키는 토픽 익스체인지에 사용되는데, AMQP를 사용해 큐에 연결할 때처럼 마침표로 구분된 네임스페이스와 와일드카드인 #과 *를 사용할 수 있다. 임시 큐가 생성되고 익스체인지에 연결되면 구독자는 큐에 발행된 모든 메시지를 수신한다.

RabbitMQ에 연결한 STOMP 구독자는 프록시인 STOMP 플러그인에서 AMQP 소비자처럼 동작한다. STOMP에서 대상 문자열 형식을 활용하면 AMQP를 통해 메시지를 소비하는 데 필요한 단계를 생략할 수 있지만, 추가 비용이 발생한다. AMQP를 STOMP로 변환하는 데는 오버헤드가 발생하지만, STOMP 구독자는 코드상의 추가 작업 없이도 큐를 자동으로 생성하고 연결할 수 있다. 또 AMQP 큐 대상 문자열을 사용해 STOMP 가입자와 AMQP 소비자가 공유하는 큐에서 메시지를 소비할 수 있다. STOMP 프로토콜이 단순하기 때문에 STOMP와 AMQP를 모두 성공적으로 사용하기 위해 설정해야 하는 몇 가지 사항이 있다. 다음 절에서는 STOMP 플러그인에서 클라이언트 동작 및 연결 매개변수를 변경하는 방법에 대해 알아본다.

9.2.4 STOMP 플러그인 환경 설정

STOMP 플러그인의 환경 설정은 rabbitmq.config 파일에서 진행한다. MQTT 플러그인과 마찬가지로, 구성 파일에 STOMP 설정 구문이 있으며 얼랭 데이터 구조 형식을 사용한다. 변경 사항은 즉시 적용되지 않으며 RabbitMQ 서버를 다시 시작해야 한다.

다음 예제 코드처럼 STOMP 플러그인의 환경 설정은 최상위 레벨 rabbitmq_stomp에 설정한다.

```
[{rabbit, [{tcp_listeners, [5672]}]},
 {rabbitmq_stomp, [{tcp_listeners,    [61613]}]}].
```

STOMP 플러그인의 환경 설정에 대한 자세한 내용은 표 9.3에서 볼 수 있다.

표 9.3 STOMP 플러그인 환경 설정

설정	타입	설명	기본값
default_user	String	STOMP 클라이언트가 인증을 제시하지 않을 때 사용할 사용자 정보	[{login, "guest", passcode, "guest"}]
implicit_connect	integer	STOMP 연결 시 CONNECT 프레임을 전송하지 않는다.	IFalse
ssl_listeners	Array	SSL 포트를 통해 STOMP를 수신 대기하는 TCP 포트. 지정할 경우. 환경 설정 파일의 최상위 레벨에 ssl_options가 있어야 한다.	[]
ssl_cert_login	Boolean	SSL 인증서 기반 인증을 허용한다.	False
tcp_listeners	Array	STOMP 연결에 수신할 TCP 포트	[61613]

9.2.5 웹 브라우저에서 STOMP 사용하기

RabbitMQ에서는 웹 STOMP 플러그인을 번들로 제공한다. 웹 STOMP는 SockJS 라이브러리를 활용하며 웹 브라우저에서 RabbitMQ와 직접 통신할 수 있는 웹소켓^{websocket} 호환 HTTP 서버가 동작하는 RabbitMQ 전용 플러그인이다. 웹 STOMP 플러그인은 기본적으로 포트 15670을 수신하고 STOMP 하트 비트 기능을 제외한 전체 STOMP 프로토콜을 지원한다. 웹 STOMP가 RabbitMQ와 통신하기 위해 사용하는 SockJS에 하트비트가 있으므로 STOMP에 별도의 하트비트가 있을 필요는 없다.

웹 STOMP의 작동 방식에 대해 알 수 있는 예제들은 Vagrant VM에서 살펴볼 수 있다. 웹 STOMP 라이브러리의 예제를 살펴보려면 http://localhost:15670/web-stomp-examples/를 확인하길 바란다. 웹 STOMP 애플리케이션을 실행하기 전에 다른 애플리케이션 예제나 서비스에서와 마찬가지로 RabbitMQ 서버의 인터넷 포트가 열리는지 보안 설정을 확인해야 한다. 운영 환경에서는 RabbitMQ 웹 STOMP 서버를 독립실행형 클러스터 또는 별도 서버로 분리하고 Shovel이나 Federation 플러그인과 같은 도구를 사용해 악의적인 클라이언트의 영향을 완화할 수 있다. 웹 STOMP에 대한 자세한 내용은 플러그인 페이지(www.rabbitmq.com/web-stomp.html)를 참조하길 바란다.

STOMP 프로토콜은 사람이 읽을 수 있는 텍스트 기반 스트리밍 프로토콜로 다른 프로토콜보다 간단하며 쉽게 구현할 수 있다. AMQP나 MQTT와 같은 바이너리 프로토콜이 동일한 메시지를 전송하기 위해 더 적은 데이터를 사용하므로 유선에서 더 효율적일 수 있다. RabbitMQ에서 STOMP 플러그인을 사용할 때는 큐 생성과 큐와 익스체인지의 바인딩을 위한 코드가 적다는 장점이 있지만 추가 비용도 발생한다. STOMP 플러그인이 생성한 AMQP 연결은 RabbitMQ와 통신하는 데 사용되며 직접 AMQP를 사용할 때는 발생하지 않는 STOMP 데이터를 변환하기 위한 추가 비용이 발생한다.

AMQP에서 메시지를 발행하고 소비할 때 사용하는 다양한 옵션을 운영 환경에서 사용하기 전에 벤치마크했던 것과 마찬가지로, STOMP를 사용하기 전에도 벤치마크하는 것이 좋다. 각 프로토콜에는 고유의 장점과 단점이 있으며 모든 경우에 적합한 이상적인 프로토콜은 세상에 없다.

AMQP와 STOMP 프로토콜 모두 단일 트랜잭션이며 상태가 없는 메시지 발행에는 너무 많은 추가 비용이 발생한다. 다음 절에서는 RabbitMQ에 메시지를 발행할 때 상태가 없으며 고성능인 웹 애플리케이션 statelessd에 대해 알아본다.

9.3 HTTP로 상태 없이 메시지 발행하기

RabbitMQ에 연결을 유지하지 않으며 메시지를 빠르게 발행해야 하는 환경에서는 AMQP, MQTT, STOMP와 같은 상태 유지 프로토콜이 많은 비용을 치러야 한다. 이런 프로토콜들은 메시지 관련 작업을 수행하기 전에 연결과 관련된 작업에 비용이 발생하기 때문에 짧은 연결에는 적합하지 않다. statelessd는 연결 상태 관리의 추가 부하 없이 클라이언트 애플리케이션이 고성능으로 메시지를 발행 가능한 HTTP에서 AMQP 메시지의 발행을 목적으로 개발됐다.

9.3.1 statelessd의 개발 배경

2008년 중반쯤에 PHP 기반 웹 애플리케이션인 MeetMe.com^myYearbook.com에서 데이터베이스 쓰기를 분리하기 위해 비동기 메시징 아키텍처를 구축하기 시작했다. 처음에는 STOMP 프로토콜을 지원하는 자바 기반 메시지 브로커인 아파치 ActiveMQ를 사용해 구현했다. 데이터베이스 쓰기는 STOMP와 ActiveMQ를 이용한 메시징 아키텍처를 구축하고, 데이터베이스 읽기는 확장성을 위해 memcached를 도입해서 작업 부하를 낮추고 계산 비용이 큰 작업이 빈번히 발생하지 않도록 소비자 애플리케이션을 구현했다.

하지만 트래픽이 증가하면서 ActiveMQ의 확장성 문제가 발생했고 다른 메시지 브로커를 찾아보기 시작했다. 당시 RabbitMQ는 커뮤니티에서 신뢰받는 메시지 브로커였고 ActiveMQ에서 사용했던 STOMP 프로토콜을 지원했다. 마이그레이션하면서 RabbitMQ는 목적에 부합하는 좋은 선택이라고 생각했지만 새로운 문제가 발생했다.

RabbitMQ를 사용하면서 즉각 발견한 문제점 중 하나는 상태 기반 AMQP 프로토콜이 PHP 애플리케이션 스택에서는 매우 비용이 크다는 점인데, PHP가 클라이언트 요청을 통해 열려 있는 연결과 채널의 상태를 유지하지 못한다는 것을 발견했다. PHP 애플리케이션은 매 작업을 처리할 때마다 RabbitMQ와의 새로운 연결을 생성한 후에 메시지를 발행했다.

RabbitMQ와 AMQP 연결을 만드는 데 필요한 시간은 수 밀리초 단위로 실행됐지만, 일반적으로 웹 요청 1~2회당 수십만 개의 메시지를 발행해야 했고 RabbitMQ에 대한 연결 수도 수십만이었다. 이 문제를 해결하기 위해 결국 HTTP와 AMQP 메시지 발행 게이트웨이인 statelessd를 개발하기 시작했는데, 메시지 발행에 필요한 연결을 관리하면서 고속의 HTTP 요청을 받아들일 수 있고 성능상 병목이 되지 않으며 메시지를 RabbitMQ에 안정적으로 발행해야 했다.

이후에 statelessd를 오픈소스로 공개했으며 다른 사람들도 동일한 문제를 겪고 있음을 알게 됐다. 2013년에 위블리^{Weebly} 개발자들은 Hare(https://github.com/Weebly/Hare)라는 이름의 Statelessd 복제본을 Go로 작성했다.

9.3.2 statelessd 사용하기

statelessd는 빠른 처리 성능을 갖췄고 HTTP를 통해 메시지를 발행하는 클라이언트가 기본 HTTP 규칙을 사용해 기본 AMQP 메시지를 발행하는 데 필요한 모든 정보를 전달하도록 설계했다. HTTP URI의 경로는 메시지를 발행하는 RabbitMQ의 가상 호스트를 시작으로 사용할 익스체인지나 라우팅 키로 구성돼 있다.

```
http://host[:port]/<virtual-host>/<exchange>/<routing-key>
```

사용자 이름과 암호의 경우 HTTP 기본 인증Basic Authentication 헤더를 사용한다. statelessd 데몬은 요청을 전달받으면 연결 스택에 RabbitMQ 사용자 이름, 암호 및 가상 호스트의 조합이 있는지 확인한다. 조합이 발견되면 열린 연결을 사용해 메시지를 발행하고 작업을 처리하고 204(내용 없음, No Content) 상태 코드를 클라이언트에 반환한다.

statelessd는 요청 효율이 높지만 인증 문제가 거의 발생하지 않는 통제된 환경에서 실행되는 것으로 설계했다. statelessd는 연결이 설정되지 않았을 때 내부적으로 메시지를 버퍼링하고 RabbitMQ에 연결하기 위한 비동기 프로세스를 시작한 후에 204 상태 코드를 클라이언트에 반환한다. 연결이 설정된 후에는 특정 자격 인증 조합에 대한 메시지가 전송된다. 연결에 문제가 발생하면 자격 증명 조합이 잘못된 것으로 기록하고 후속 요청은 424(이전 요청으로 인한 실패, Failed Dependency) 상태 코드를 반환한다.

statelessd 요청은 HTTP POST를 사용하고 발행할 메시지의 본문과 속성을 표준 form/encoded의 키/값 쌍으로 전송한다. 유효한 statelessd 요청은 실제 메시지 본문과 표준 AMQP 메시지 속성이 추가되고 대시 문자(-, dash)는 밑줄(_, underscore)로 치환된다. 예를 들어 message-id 속성을 설정하려면 요청의 페이로드에 message_id 키에 할당된 값이 포함돼야 한다. statelessd 요청 페이로드의 유효한 키 목록은 https://github.com/gmr/statelessd를 참고하길 바란다.

9.3.3 운영 아키텍처

statelessd는 메시지를 발행하는 RabbitMQ 서버와 동일한 서버에서 실행되도록 설계됐고 일반적으로 서버의 각 CPU 코어에 대해 백엔드 프로세스가 실행되도록 구성된 파이썬 기반 데몬이다. 각 백엔드 프로세스는 자체 HTTP 포트를 사용해 수신 대기한다. 이 프로세스들은 통합돼 있으며 Nginx와 같은 역방향 프록시reverse proxy 서버를 사용해 단일 포트에 프록시를 구성해서 서버당 초당 수십만 개의 메시지를 처리하는 스케일 아웃 구조로 구성된다(그림 9.6).

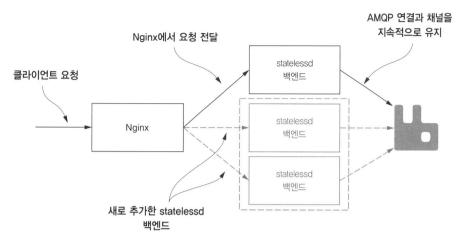

그림 9.6 statelessd 운영 아키텍처

여러 서버에서 statelessd를 실행해야 하는 경우, 각 서버의 Nginx 인스턴스를 로드 밸런서에 추가해 메시지 발행 요청을 클러스터의 여러 서버에 분산시킨다. statelessd는 statelessd 노드 클러스터와 RabbitMQ 서버 간의 메시지 처리 속도를 비교하는 데 사용 가능한 통계 데이터의 수집을 위한 URL을 제공한다. statelessd 설치와 설정에 대한 자세한 내용은 https://github.com/gmr/statelessd를 참고하길 바란다.

9.3.4 statelessd로 메시지 발행하기

RabbitMQ에 메시지를 발행하기 위한 표준 HTTP 라이브러리를 추가해야 하는데, 예제에서는 requests라는 이름의 파이썬 라이브러리를 사용한다. 메시지를 발행하기 전에 먼저 메시지를 발행할 큐와 익스체인지를 연결해야 한다. '7.4.4 Queue Setup' 노트북의 다음 예제 코드를 실행한다.

```
import rabbitpy
        with rabbitpy.Connection() as connection:
            with connection.channel() as channel:
                queue = rabbitpy.Queue(channel, 'statelessd-messages')
                queue.declare()
                queue.bind('amq.topic', '#')
```

큐를 선언한 후에는 메시지를 발행한다. 이미 Vagrant VM에서 statelessd를 실행하고 있으므로 '7.4.4 Publish Message' 노트북에서 다음 코드를 실행하면 'statelessd-messages' 큐에 메시지가 발행된다.

```
import requests
        payload = {'body': 'from statelessd', 'app_id': 'example'}
        response = requests.post('http://localhost:8900/%2f/amq.topic/example',
                                 auth=('guest', 'guest'),
                                 data=payload)
```

메시지가 발행됐는지 확인하기 위해 http://localhost:15672/#/queues/%2F/statelessd-messages를 열고 RabbitMQ 관리자 UI로 확인한다.

지금까지 statelessd를 사용해 메시지를 발행했는데, statelessd는 RabbitMQ에 메시지를 발행할 때 특정 상황에서 발생하는 문제를 해결한다. 아키텍처에 statelessd의 적용을 고려할 때는 특성과 성능이 적절한지 고려하길 바란다. statelessed는 다양한 발행자 애플리케이션에서 메시지를 고속으로 발행하도록 설계했다. 전체 AMQP 프로토콜을 지원하지는 않으며 발행자 확인 또는 트랜잭션 발행과 같은 RabbitMQ 고급 발행 기능은 지원하지 않는다. 모든 프로젝트에 적합한 것은 아니지만 특정 프로젝트에는 가치가 있다고 생각한다.

9.4 요약

RabbitMQ는 AMQP뿐 아니라 STOMP와 MQTT 같은 추가 프로토콜을 지원하며 플랫폼 중립성을 확보했다. 또한 플러그인과 서드파티 애플리케이션의 생태계가 활발하고 RabbitMQ에 다양한 방식으로 메시지를 발행할 수 있다. 예를 들어 네트워크가 빈번하게 끊어지거나 느린 발행 속도가 발생하는 모바일 애플리케이션에는 AMQP 프로토콜 대신 더 효율적인 MQTT를 사용할 수 있다. 특정 상황에서 Hare 혹은 statelessd와 같은 애플리케이션을 활용해서 좀 더 효율적으로 메시지를 발행할 수 있다.

또한 RabbitMQ에는 다음과 같은 다양한 플러그인들이 있다.

- rabbithub: RabbitMQ에서 PubSubHubBub 지원(https://github.com/tonyg/rabbithub)

- udp_exchange: UDP를 사용해 RabbitMQ에 메시지를 발행한다(https://github.com/tonyg/udp-exchange).

- rabbitmq-smtp: RabbitMQ용 SMTP 게이트웨이(https://github.com/labbitmq/rabbitmq-smtp)

- rabbitmq-xmpp: RabbitMQ용 XMPP 게이트웨이(https://github.com/tonyg/rabbitmq-xmpp)

RabbitMQ에서 사용할 수 있는 다양한 메시징 프로토콜이 있음을 알 수 있다. rabbitmq-smtp 플러그인은 웹 STOMP 플러그인과 비교하면 제한적이지만 특정 애플리케이션에는 적합할 수 있다. RabbitMQ와 연결할 플러그인 적용을 검토할 때는 해당 아키텍처에 올바른 도구를 사용하고 있는지 확인하길 바란다.

10

데이터베이스와 연결하기

이 장에서 다루는 내용

- PostgreSQL에서 메시지를 AMQP에 발행하기
- RabbitMQ가 PostgreSQL 알림을 구독하기
- InfluxDB 스토리지 익스체인지를 사용해 메시지 저장하기

RabbitMQ를 사용해 OLTP 데이터베이스에 대한 쓰기 작업을 분리함으로써 데이터 웨어하우스나 이벤트 스트림 처리 아키텍처를 구현할 수 있다. 데이터베이스에 기록할 데이터를 직렬화해서 메시지로 발행하는 간단한 소비자 애플리케이션은 이벤트와 데이터베이스 사이의 다리 역할을 한다. 또는 소비자 애플리케이션을 직접 구현하지 않고 InfluxDB 스토리지 익스체인지InfluxDB Storage Exchange 플러그인을 사용해 RabbitMQ에서 데이터베이스에 메시지를 자동으로 저장할 수 있다.

　RabbitMQ와 외부 데이터베이스를 연결하는 또 다른 강력한 패턴은 데이터베이스가 RabbitMQ에 직접 메시지를 발행하는 것이다. 이는 데이터베이스 이벤트가 발생할 때마다 메시지를 발행하는 데이터베이스 확장 모듈 혹은 플러그인을 사용하거나 데이터베이스 클라이언트 역할을 하는 RabbitMQ 플러그인을 사용해 구현할 수 있다.

10장에서는 RabbitMQ와 데이터베이스를 통합하는 두 패턴에 대해 알아본다. 먼저 PostgreSQL pg_amqp 확장 모듈의 저장 프로시저를 사용해 메시지를 발행하는 방법을 살펴보고 PostgreSQL의 `LISTEN/NOTIFY` 기능과 PostgreSQL LISTEN 익스체인지를 함께 사용해서 동일한 기능을 구현하는 방법을 알아본다. 그리고 NoSQL 데이터베이스와의 통합 예제 중에서, RabbitMQ에 메시지를 발행할 때 InfluxDB 스토리지 익스체인지를 사용해 메시지를 시계열^{time-series}데이터로 저장하는 방법을 살펴본다.

10.1 PostgreSQL pg_amqp 확장 모듈

PostgreSQL에서 트리거 함수가 실행될 때 직접 메시지를 발행하는 아이디어는 그다지 새롭지 않다. 2003년 초에 슬로니^{Slony} 복제 시스템(http://slony.info)은 PostgreSQL 트리거 함수를 사용해 이벤트 메시지를 보내는 마스터-슬레이브 복제 시스템을 구현했다. 2008년에는 기존 복제 시스템보다 유연하면서 느슨하게 결합한 복제 시스템인 Golconde를 개발했다. Golconde(https://code.google.com/p/golconde)는 POST COMMIT 트리거와 PL/Python을 활용해 트랜잭션 데이터를 STOMP 프로토콜로 다른 PostgreSQL 서버로 전송한다. PostgreSQL의 최신 버전은 이벤트 메시징을 사용해 PostgreSQL 슬레이브 인스턴스로 트랜잭션 데이터를 스트리밍한다. PostgreSQL 슬레이브 인스턴스는 평소에는 읽기 전용으로 사용하다가 마스터가 응답하지 않을 경우 페일오버^{failover} 기능을 한다. 오랜 기간 PostgreSQL 이벤트 기반 복제가 여러 번 구현됐으므로 PostgreSQL 생태계에 유연한 메시징 모듈이 개발된 것은 놀랄 만한 일은 아니다. 2009년 옴니TI^{OmniTI}의 테오 쉴라스네이글^{Theo Schlossnagle}은 PostgreSQL 트리거 함수로 AMQP 메시지를 발행하는 PostgreSQL 확장 모듈인 pg_amqp를 배포했다. pg_amqp

는 AMQP 0-8 스펙의 일부만 구현했지만, PostgreSQL의 트리거 함수에서 메시지를 발행하는 기능은 견고하게 실행된다. pg_amqp가 추가한 트리거 함수는 다른 PostgreSQL 함수처럼 접근 가능하며 SQL문과 저장 프로시저 모두에서 호출할 수 있다. pg_amqp는 RabbitMQ에 간단히 `amqp.publish`와 `amqp.disconnect` 명령만 사용한다. `amqp.publish` 메소드는 AMQP 메시지를 생성하고 다른 AMQP 발행자와 마찬가지로 Basic.Publish RPC 메소드를 사용해 전달한다(그림 10.1). 연결은 자동으로 설정되고 제거되지만, 메시지를 발행한 후 직접 연결을 종료할 때는 `amqp.disconnect` 함수를 호출한다.

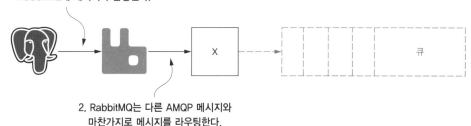

그림 10.1 pg_amqp.publish는 Basic.Publish를 사용해 RabbitMQ에 메시지를 보낸다.

pg_amqp는 RabbitMQ와 동기 방식으로 통신하므로 전반적인 질의 속도에 영향을 미치는지 고려해야 한다. 외부 시스템을 강결합할 때와 마찬가지로 운영 환경에 투입하기 전에 벤치마크를 수행하고 실패 시나리오를 테스트해야 한다. 예를 들어 트랜잭션에서 `amqp.publish`를 사용할 때는 pg_amqp가 RabbitMQ에 연결할 수 없는 경우나 메시지 발행 실패 시에 데이터베이스 트랜잭션을 완료해야 하는지 고려해야 한다.

이어서 pg_amqp 확장 모듈을 설치한다.

10.1.1 pg_amqp 확장 모듈 설치하기

pg_amqp 확장 모듈을 설치하는 방법은 두 가지가 있으며, 수동으로 소스를 다운로드한 후 컴파일하거나 PGXN^PostgreSQL Extension Network 클라이언트를 사용해 설치할 수 있다. PGXN(http://pgxn.org)은 PostgreSQL 확장 모듈을 위한 패키지 저장소다. PGXN 기반 확장 모듈 설치는 매우 편리하지만, PostgreSQL 9.3 버전 이후에는 동작하지 않는다. PostgreSQL 9.3 이전 버전을 사용한다면 PGXN 설치로 확장 모듈을 설치해보고 실패할 경우 수동으로 설치하는 것을 추천한다.

> **노트** pg_amqp 확장 모듈은 설치할 때 컴파일해야 하므로 PostgreSQL 버전 9.1 이후 버전이 개발 파일을 포함해 설치됐는지 확인해야 한다. 또한 PostgreSQL 소스를 컴파일하기 위한 툴 체인이 필요하다. PostgreSQL 컴파일에 필요한 개발자 툴 체인의 설치에 대한 자세한 내용은 공식 위키(https://wiki.postgresql.org/wiki/Detailed_installation_guides)의 설치 가이드를 확인하길 바란다.

PGXN으로 pg_amqp 설치하기

PGXN으로 pg_amqp 확장 모듈을 설치하기 전에 PGXN 클라이언트가 시스템에 설치돼 있는지 확인해야 한다. PGXN은 파이썬으로 작성됐으며 easy_install을 사용해 설치할 수 있다.

```
easy_install pgxnclient
```

pgxnclient를 설치한 후에 확장 모듈을 자동으로 설치할 수 있다. PostgreSQL의 lib 디렉터리에 쓰기 권한이 있는 사용자로서 다음 명령을 실행한다.

```
pgxnclient install pg_amqp
```

모든 것이 예상대로 동작하면 오류가 발생하지 않지만, 오류가 발생해도 크게 걱정할 필요는 없다. 수동 설치는 더 많은 단계로 구성돼 있지만, 하나씩 하면 어렵지 않게 설치할 수 있다.

pg_amqp 수동 설치하기

pg_amqp의 소스 코드는 깃허브(https://github.com/omnitilabs/pg_amqp)에서 찾을 수 있다. 깃에 익숙하지 않다면 https://github.com/omniti-labs/pg_amqp/archive/v0.3.0.zip에서 소스 코드를 다운로드한 후 압축을 풀고 컴파일을 진행한다. 다음 예제 코

드들은 PostgreSQL 9.3 이상 시스템을 위해 BASH 스크립트로 작성됐으며 압축을 해제한 후에 최상위 디렉터리에서 실행해야 한다.

코드 10.1 pg_amqp 컴파일한 후 설치하기

```bash
#!/bin/bash
LIBDIR=`pg_config --libdir`
INSTALLSH="$LIBDIR/pgxs/config/install-sh"
make && make INSTALL=$INSTALLSH install
```

pg_amqp 확장 모듈이 성공적으로 설치됐다면, PostgreSQL 데이터베이스가 pg_amqp를 로드해야 한다. 다음 예제에서는 기본 postgres 유저와 postgres 데이터베이스를 사용한다. 확장 모듈을 로드하려면 psql을 사용해 PostgreSQL 데이터베이스에 접속한다.

```
$ psql -U postgres postgres
```

연결되면 다음과 같은 화면을 볼 수 있다.

```
psql (9.3.5)
Type "help" for help.

postgres=>
```

이제 CREATE EXTENSION 구문을 사용해 확장 모듈을 로드한다.

```
postgres=> CREATE EXTENSION amqp;
```

pg_amqp 확장 모듈이 성공적으로 로드되면 다음과 같은 화면을 볼 수 있다.

```
CREATE EXTENSION
```

로드한 후에는 pg_amqp의 설정을 구성한 후 메시지를 발행한다.

10.1.2 pg_amqp 확장 모듈 설정하기

pg_amqp 확장 모듈 환경 설정은 이전 절에서 CREATE EXTENSION 질의를 실행할 때 자동으로 생성된 amqp.broker 테이블을 업데이트하는 방법으로 진행된다. 표 10.1에서 볼 수 있듯이 amqp.broker 테이블은 amqp.publish와 amqp.disconnect 기능을 모두 호출할 때 사용되는 broker_id 필드와 AMQP 연결에 대한 설정이 포함돼 있다.

표 10.1 amqp.broker 테이블 정의

칼럼	타입	수정자
broker_id	Integer	not null default nextval('broker_broker_id_seq')
host	Text	not null
port	Integer	not null default 5672
vhost	Text	
username	Text	
password	Text	

PostgreSQL을 로컬에서 실행하고 이전 절에서 사용한 Vagrant VM에서 RabbitMQ를 실행하는 경우, localhost에서 연결해야 한다. 다음 SQL은 테이블에 행을 삽입해서 pg_amqp를 설정하는데, 가상 호스트를 /로 하고 사용자 이름과 암호를 guest/guest로 해서 로컬호스트의 5672 포트로 RabbitMQ에 연결하도록 한다. 실행한 환경이 다를 경우, 상황에 맞게 SQL을 조정하길 바란다.

```
INSERT INTO amqp.broker (host, port, vhost, username, password)
  VALUES ('localhost', 5672, '/', 'guest', 'guest')
  RETURNING broker_id;
```

SQL을 실행한 후 테이블에 성공적으로 삽입되면 broker_id 값이 반환된다.

```
broker_id
-----------
1 (1 row)
INSERT 0 1
```

RabbitMQ에 메시지를 발행할 때는 `broker_id` 값을 사용하기 때문에 `broker_id` 값을 기억하자.

10.1.3 pg_amqp로 메시지 발행하기

pg_amqp 확장 모듈을 설치하고 설정을 완료한 후에는 메시지를 발행해야 한다. 메시지를 수신하기 위해서는 RabbitMQ 관리자 UI에 접속해 큐를 설정한다. 웹 브라우저에서 http://localhost:15672/#/queues로 접속한 후 그림 10.2와 같이 pg_amqp-test라는 큐를 만든다.

그림 10.2 pg_amqp-test 큐 만들기

큐를 생성한 후에 라우팅 키 `pg_amqp-test`를 사용해 다이렉트 익스체인지로 PostgreSQL에서 큐로 메시지가 발행되는지 테스트한다. PostgreSQL의 `psql`을 사용해 메시지 브로커 ID, 익스체인지, 라우팅 키로 메시지를 발행하는 다음 질의를 실행한다.

```
SELECT amqp.publish(1, '', 'pg_amqp-test',
                'Test message from PostgreSQL');
```

질의가 성공적으로 실행되면 다음 화면이 표시된다.

```
publish
---------
 t
(1 row)
```

PostgreSQL에서 메시지가 성공적으로 발행됐다고 표시됐지만, RabbitMQ 관리자 UI를 사용해 발행한 메시지를 찾아보자. 브라우저에서 http://localhost:15672/#/queues/%2F/pg_amqp-test를 열고 큐 세부 정보 페이지에 접속한 후 Get Messages 섹션을 사용해 메시지를 검사한다. Get Message(s) 버튼을 클릭하면 PostgreSQL amqp.publish로 발행한 메시지가 표시된다(그림 10.3).

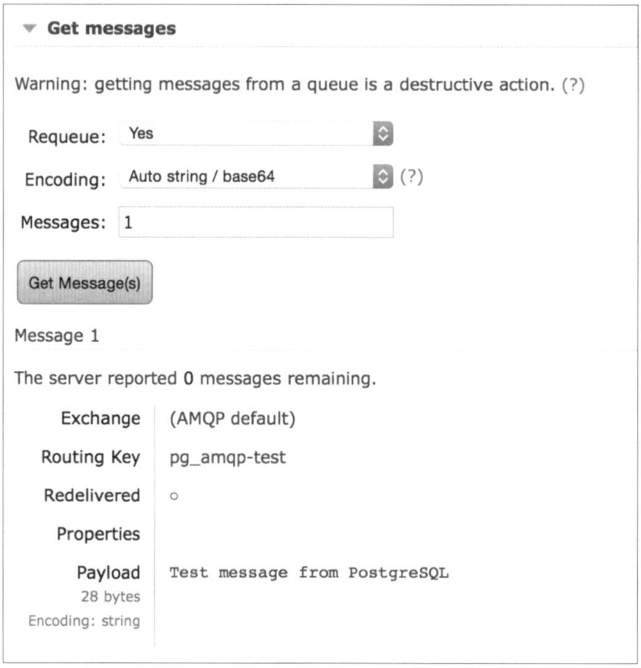

그림 10.3 관리자 UI를 사용해 메시지가 발행됐음을 확인한다.

지금까지 알아본 것처럼 일단 pg_amqp 확장 모듈을 설치한 후에는 매우 간단하게 메시지를 발행할 수 있다. pg_amqp 0.3에서는 메시지 속성을 설정할 수 없다는 점에 유의하자. 또한 메시지 발행은 AMQP 트랜잭션으로 처리된다. PostgreSQL 트랜잭션에서 amqp.publish 함수를 호출하는데, 트랜잭션이 롤백되면 RabbitMQ 트랜잭션도 롤백된다. 대부분의 경우 메시지 발행은 저장 프로시저 내부의 다른 작업과 함께 저장 프로시저 내에서 처리되거나 테이블의 행 INSERT, UPDATE 또는 DELETE에서 실행되는 트리거 함수로 처리된다.

> **노트** 관리자 UI의 Get Message(s) 버튼에는 메시지 삭제에 대한 경고가 있는데, 메시지를 표시할 때 메시지가 큐에서 실제로 제거될 수 있다. Requeue 옵션을 Yes로 설정할 경우에는 다시 메시지를 큐에 추가하므로 큐의 끝에 삽입된다.

장애 처리하기

amqp.publish 함수를 호출하면 부울 값이 반환된다. 실행에 성공하면 t 또는 true가 반환되지만 RabbitMQ에 연결할 수 없는 경우에는 f 또는 false가 반환되고 다음과 같이 경고 메시지가 로그에 기록된다.

```
postgres=# SELECT amqp.publish(1, '', 'pg_amqp-test',
                    'Test message from PostgreSQL');
WARNING: amqp[localhost:5672] login socket/connect failed: Connection refused
 publish
---------
 f
(1 row)
```

이런 경우 amqp.publish 호출의 결과를 테스트해서 false가 반환되면 메시지를 발행할 수 없다. 그러나 장기간에 걸친 트랜잭션과 RabbitMQ 연결이 끊어지면 amqp.publish 호출 결과는 true를 반환하지만, AMQP 트랜잭션을 커밋할 수 없다는 경고 메시지가 로그에 기록된다.

```
postgres=# SELECT amqp.publish(1, '', 'pg_amqp-test',
                   'Test message from PostgreSQL');
WARNING:  amqp could not commit tx mode on broker 1
 publish
---------
 t
(1 row)
```

불행하게도 pg_amqp 버전 0.3.0에서는 `amqp.publish`의 응답으로 오류를 확인할 수 없으며, PostgreSQL 로그를 확인하지 않는다면 메시지가 손실되는 일이 발생할 수 있다. 이는 문제 상황이긴 하지만, 데이터베이스 트랜잭션을 잃는 것보다 낫다. 모든 운영 시스템과 마찬가지로 모니터링은 중요하다. 스플렁크^Splunk와 같은 시스템을 사용하는 경우, PostgreSQL의 로그에서 주기적으로 AMQP 오류를 검색하는 작업을 만들거나 Nagios와 같은 시스템에서 경고를 찾는 로그를 스캔하는 자체 앱이나 플러그인을 작성해 모니터링해야 한다.

10.2 PostgreSQL 알림 수신하기

pg_amqp는 PostgreSQL에서 직접 메시지를 발행하는 편리하고 빠른 방법을 제공하지만, RabbitMQ와 PostgreSQL이 강결합된다는 단점이 있다. 문제가 발생해서 RabbitMQ 클러스터를 사용할 수 없으면 PostgreSQL 서버에도 악영향을 줄 수 있다. PostgreSQL과 RabbitMQ의 강결합이라는 단점을 피하기 위해 PostgreSQL LISTEN 익스체인지를 개발했다.

PostgreSQL LISTEN 익스체인지는 PostgreSQL 클라이언트로 동작하며, `NOTIFY` SQL 문에 의해 발생한 알림을 수신한다. PostgreSQL 알림은 클라이언트가 구독하는 텍스트 값인 채널로 전송되는데, 발행할 메시지의 라우팅 키로 PostgreSQL LISTEN 익스체인지에서 사용된다. LISTEN 익스체인지가 등록한 채널에 알림이 전송되면 알림은 다이렉트 익스체인지 방식으로 발행한 메시지로 변환된다(그림 10.4).

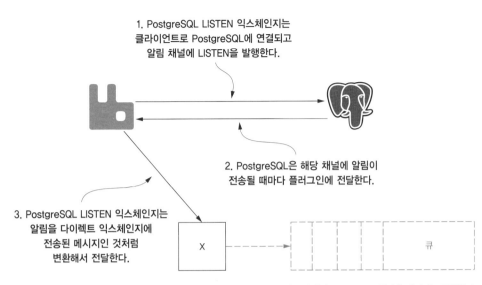

1. PostgreSQL LISTEN 익스체인지는
클라이언트로 PostgreSQL에 연결되고
알림 채널에 LISTEN을 발행한다.

2. PostgreSQL은 해당 채널에 알림이
전송될 때마다 플러그인에 전달한다.

3. PostgreSQL LISTEN 익스체인지는
알림을 다이렉트 익스체인지에
전송된 메시지인 것처럼
변환해서 전달한다.

X

큐

그림 10.4 PostgreSQL LISTEN 익스체인지는 PostgreSQL 클라이언트로서 동작하며 PostgreSQL 알림을 메시지로 발행한다.

물론 모든 기술을 선택할 때는 장점과 단점을 고려해야 한다. pg_amqp를 사용하면 PostgreSQL에서 RabbitMQ에 연결할 수 없을 때 amqp.publish에 대한 호출이 실패한다. PostgreSQL LISTEN 익스체인지를 사용하면 PostgreSQL 연결이 실패할 경우, 알림을 등록할 수 없으며 메시지를 발행하지 않는다. RabbitMQ 관리자 API를 사용하고 익스체인지의 처리 속도를 모니터링해 장애 상황을 파악할 수 있다.

10.2.1 PostgreSQL LISTEN 익스체인지 설치하기

PostgreSQL LISTEN 익스체인지는 깃허브 프로젝트 페이지(https://github.com/AWeber/pgsql-listen-exchange)에서 다운로드한다. 프로젝트 페이지의 README에는 특정 RabbitMQ 버전에 대한 미리 컴파일된 바이너리 플러그인이 있다. 플러그인을 다운로드해서 설치할 때는 RabbitMQ 버전을 확인하길 바란다. 다운로드한 압축 파일에는 PostgreSQL LISTEN 익스체인지와 PostgreSQL 드라이버가 있다. 다음 예제 코드는 OS X 시스템에 Homebrew로 설치한 RabbitMQ 3.3.5에 플러그인을 다운로드하고 설치한다. 다른 시스템의 경우, RabbitMQ_DIR 값에 RabbitMQ 기본 디렉터리에 대한 올바른 경로를 지정해야 한다.

코드 10.2 PostgreSQL LISTEN 익스체인지를 OS X에 설치하는 스크립트

```bash
#!/bin/bash
RABBITMQ_DIR=/usr/local/Cellar/rabbitmq/3.3.5/
PLUGIN_DIR=$RABBITMQ_DIR/plugins/
cd /tmp
curl -L -o pgsql-listen-exchange.zip http://bit.ly/1ndl8eK
unzip pgsql-listen-exchange.zip
rm pgsql-listen-exchange.zip
mv epgsql-1.4.1-rmq3.3.x-0.2.0-git3318bd5.ez $PLUGIN_DIR
mv pgsql_listen_exchange-3.3.x-0.2.0.ez $PLUGIN_DIR
$RABBITMQ_DIR/sbin/rabbitmq-plugins enable pgsql_listen_exchange
```

RabbitMQ를 설치한 기본 디렉터리 설정
플러그인 디렉터리 경로 설정
임시 디렉터리로 이동
깃허브에서 익스체인지 다운로드
zip 파일의 압축 해제
다운로드한 zip 파일 삭제
PostgreSQL 드라이버를 플러그인 디렉터리로 이동
PostgreSQL LISTEN 익스체인지 플러그인을 RabbitMQ 플러그인 디렉터리로 이동
PostgreSQL LISTEN 익스체인지 플러그인을 사용하도록 설정

> **노트** 우분투, 레드햇/CentOS 시스템에서 RabbitMQ는 일반적으로 /usr/lib/rabbitmq의 버전별 하위 디렉터리에 설치된다. 윈도우에서 RabbitMQ는 일반적으로 C:₩Program Files₩RabbitMQ의 버전별 디렉터리에 설치된다. 미리 컴파일한 바이너리 플러그인은 플랫폼에 독립적이며 RabbitMQ를 실행하는 모든 플랫폼에서 실행할 수 있다.

플러그인이 올바르게 설치됐는지 확인하기 위해 관리자 UI의 Exchanges 탭 http://localhost:15672/#/exchanges로 이동한다. Add a New Exchange 섹션에서는 Type 드롭다운 목록에 x-pgsql-listen 값이 표시돼야 한다(그림 10.5).

그림 10.5 Type 드롭다운 목록에 x-pgsql-listen 옵션이 있는지 확인

PostgreSQL LISTEN 익스체인지 플러그인이 올바르게 설치됐는지 확인한 후에는 환경 설정을 한다. 드롭다운 목록에 제대로 표시되지 않는다면 플러그인이 해당 디렉터리에 복사되지 않았거나 플러그인이 컴파일된 얼랭 이전 버전을 실행하고 있을 가능성이 있다. 얼랭 R16 이상을 사용하는 것을 추천한다.

PostgreSQL LISTEN 익스체인지 플러그인의 환경 설정 방법은 여러 가지다. 익스체인지를 선언할 때 전달한 인수로 직접 설정하거나, rabbitmq.config 파일에서 익스체인지의 값을 설정하거나, 익스체인지에 적용하는 정책을 통해 설정할 수 있다. 플러그인을 사용해본 경험이 많지 않고 어떻게 작동하는지 확신하기 전에는 정책을 이용해 환경 설정을 하길 바란다.

10.2.2 정책 기반 환경 설정

정책 기반으로 환경 설정을 하기 위해 관리자 UI의 **Admin** 탭으로 이동한 후 페이지 오른쪽의 **Policies**를 클릭한다(그림 10.6).

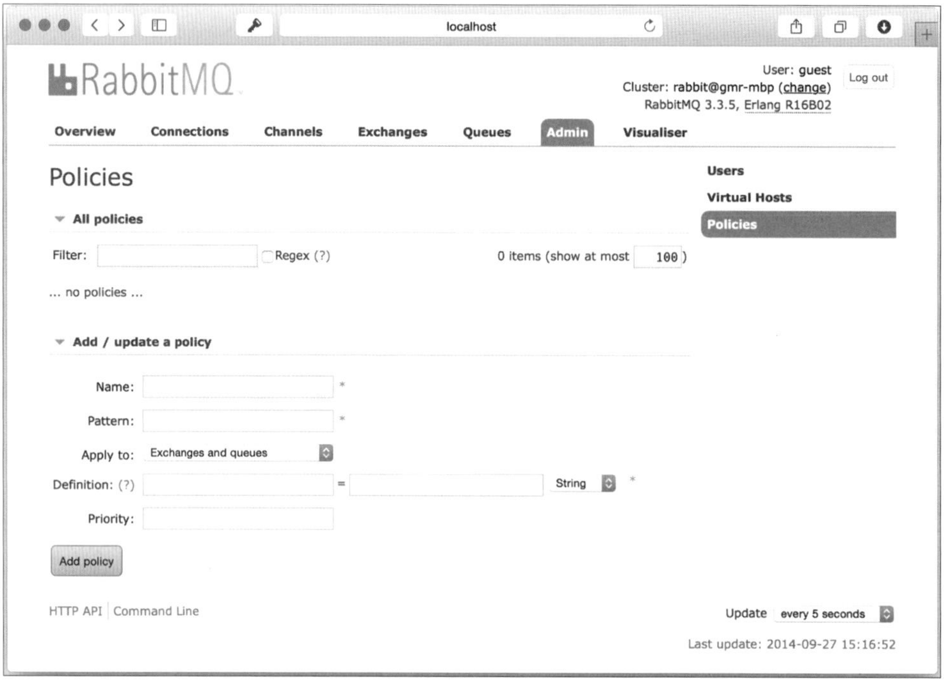

그림 10.6 관리자 UI 정책 페이지

PostgreSQL에 연결하는 데 필요한 정책을 만들려면 정책의 이름, 익스체인지 이름
에 맞는 정규식 패턴, PostgreSQL 호스트, 포트, 데이터베이스 이름, 사용자 이름, 그리고
필요에 따라 비밀번호를 입력한다. 특정 익스체인지에만 정책이 적용되도록 지정할 수도
있다. 그림 10.7은 postgres 데이터베이스와 사용자 이름을 입력하고 localhost의 포트
5432에 있는 PostgreSQL에 연결한 정책을 나타낸다.

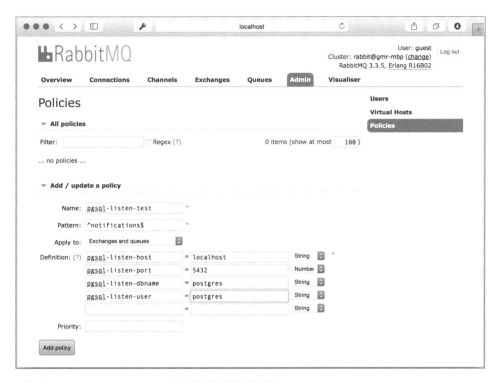

그림 10.7 PostgreSQL NOTIFICATION 익스체인지를 위한 정책 설정

Add policy 버튼을 클릭하면 그림 10.8과 같은 페이지에 입력한 정책이 표시된다. 정책을 추가해도 입력한 연결 정보의 형식이 올바른지만 검사되고 익스체인지가 생성되기 전까지는 연결 정보가 유효한지 알 수 없다.

Name	Pattern	Apply to	Definition	Priority
pgsql-listen-test	^notifications$	exchanges	pgsql-listen-host: localhost pgsql-listen-port: 5432 pgsql-listen-dbname: postgres pgsql-listen-user: postgres	0

그림 10.8 All Policies 절에 정책이 추가된 모습

10.2.3 PostgreSQL LISTEN 익스체인지 만들기

정책을 만든 후에 관리자 UI http://localhost:15672/#/exchanges에 접속해서 Exchanges 탭으로 이동한다. 페이지 하단의 **Add a new exchange** 양식에 값을 채우고 새 익스체인지를 추가한다. 익스체인지의 이름을 notification으로 지정하고 익스체인지의 유형을 x-pgsql-listen으로 설정한 후 추가한다(그림 10.9).

그림 10.9 notification 이름으로 PostgreSQL LISTEN 익스체인지 추가하기

익스체인지를 추가하면 PostgreSQL에 연결이 생성되지만 알림을 수신하지는 않는다. 알림을 수신하기 위해 PostgreSQL notification 채널 문자열과 일치하는 라우팅 키를 사용해서 추가한 익스체인지에 큐를 연결해야 한다.

10.2.4 테스트 큐 생성하고 연결하기

PostgreSQL LISTEN 익스체인지를 테스트하기 위한 마지막 단계는 알림이 전송될 테스트 큐를 생성하는 것이다. RabbitMQ 관리자 UI http://localhost:15672/#/queues 큐 탭의 **Add a New Queue** 섹션에서 큐를 생성할 수 있다. 테스트를 위해 큐의 이름을 notification-test로 지정하고 별도의 사용자 정의 속성이나 기본 등록 정보를 변경하지는 않는다.

큐를 추가한 후에는 RabbitMQ 관리자 UI http://localhost:15672/#/queue/%2F/ notification-test로 이동하고 Bindings 섹션에서 example 라우팅 키를 사용해 notification 익스체인지에 대한 새로운 바인딩을 생성한다(그림 10.10).

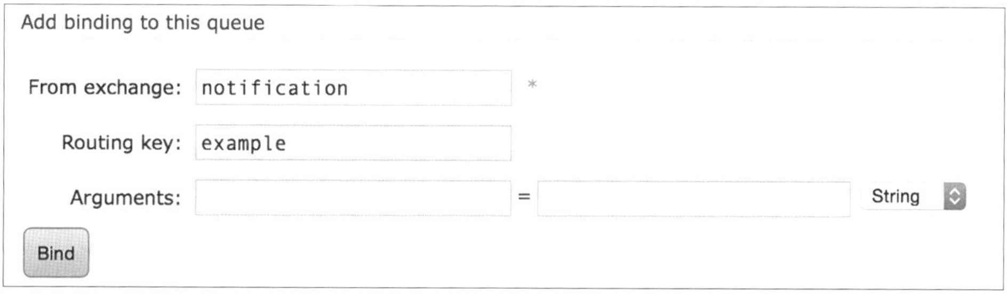

```
Add binding to this queue

From exchange:  notification           *
   Routing key:  example
    Arguments:  _____    =  _____  String  ◇

[ Bind ]
```

그림 10.10 notification 익스체인지에 큐 바인딩하기

바인딩을 추가하고 나면 PostgreSQL에 익스체인지가 연결되고 LISTEN문이 실행돼 example 채널에서 보낸 모든 알림에 등록된다. 이제 테스트 알림을 전송한다.

10.2.5 NOTIFY로 알림 전송하기

PostgreSQL LISTEN 익스체인지 설정이 올바른지 확인하기 위해 NOTIFY SQL문을 사용해 PostgreSQL에서 알림을 보내야 한다. psql을 사용해 postgres 데이터베이스에 postgres 사용자로 접속한다.

```
$ psql -U postgres postgres
```

연결되면 다음 메시지가 화면에 표시된다.

```
psql (9.3.5)
Type "help" for help.
postgres=# NOTIFY example, 'This is a test from PostgreSQL';
NOTIFY
```

알림이 전송되면 RabbitMQ 관리자 UI로 돌아간 후 Get Message(s) 섹션에서 notification-test 큐로부터 메시지를 가져온다(그림 10.11).

그림 10.11 notification-test 큐에서 메시지 가져오기

결과를 확인해보면, PostgreSQL LISTEN 익스체인지가 pg_amqp를 사용할 때 없는 메시지의 메타데이터를 추가했음을 알 수 있다. 메시지 속성의 app_id는 pgsql-listen-exchange 플러그인에서 생성한 메시지임을 알 수 있고 RabbitMQ 서버의 현재 로컬 시간인 timestamp도 표시된다. 또한 PostgreSQL 알림 채널, 데이터베이스, 서버, 익스체인지의 이름이 지정된 헤더를 볼 수 있다.

예제에서는 단순한 텍스트 문자열을 전송했지만 알림을 보낼 때 다양한 형식의 데이터를 직렬화해서 애플리케이션의 메시지를 전송할 수 있다. 예를 들어 복잡한 저장 프로시저를 디버깅할 때 데이터베이스로 전송되는 데이터의 상태를 추적하는 데 사용하거나, RabbitMQ Federation 플러그인의 익스체인지를 사용해 서로 다른 클라우드상의 시스템을 업데이트하는 데 사용할 수도 있다. PostgreSQL LISTEN 익스체인지는 두 경우 모두 PostgreSQL과 느슨하게 결합해서 작은 비용으로 작업을 처리한다.

10.3 메시지를 InfluxDB에 저장하기

InfluxDB(http://influxdb.com)는 Go로 작성된 오픈소스 분산 시계열$^{time-series}$ 데이터베이스인데, 리눅스와 OS X 시스템 모두에서 설치하기가 매우 쉽다. InfluxDB는 분석을 위한 시계열 데이터를 저장하는 매력적인 시스템으로 쉬운 프로토콜로 데이터를 채울 수 있으며, 저장된 데이터를 조회할 수 있는 내장 웹 기반 질의 인터페이스를 제공한다. InfluxDB는 확장성이 용이한 클러스터를 통해 접근할 수 있는 저장소를 제공하기 때문에 Graphite와 같은 시스템의 대안으로 자리잡고 있다.

InfluxDB 스토리지 익스체인지에 전달되는 메시지는 InfluxDB에 저장해야 하는지를 검사한다. 메시지의 유형이 `application/json`으로 설정된 경우 메시지는 적절한 형식으로 변환되고 InfluxDB 이벤트 이름의 라우팅 키를 사용해서 InfluxDB에 저장된다. 또 `timestamp`가 지정되면 InfluxDB 이벤트 시간 열에 자동으로 지정된다.

10.3.1 InfluxDB 설치와 설정

RabbitMQ와 InfluxDB의 연결을 시작하기 전에 InfluxDB가 설치돼 있어야 한다. 프로젝트 문서 페이지 http://influxdb.com/docs/에 자세한 설치 지침이 있는데, 목차에서 최신 버전을 선택한 후 설치와 시작 지침에 따라 시스템이 올바르게 설치하고 설정했는지 확인하길 바란다.

InfluxDB 프로젝트는 http://play.influxdb.org에 사용법을 간단히 테스트할 수 있는 playground 서버를 제공한다. 윈도우를 사용하거나 로컬 컴퓨터에 InfluxDB 서버를 설치하지 않을 경우 InfluxDB 스토리지 익스체인지를 playground 서버에서 테스트할 수 있다. 예제에서는 InfluxDB를 로컬에 설치했을 경우를 가정했지만, playground 서버를 사용해 접속하고 인증 정보만 변경해서 테스트할 수도 있다.

InfluxDB의 로컬 인스턴스를 설정하려면 RabbitMQ에 대한 데이터베이스와 사용자를 모두 만들어야 한다. 이를 위해 웹 브라우저에서 http://localhost:8083을 열고 사용자 이름과 암호를 각각 root와 root로 입력해서 InfluxDB 관리자 UI에 로그인한다(그림 10.12).

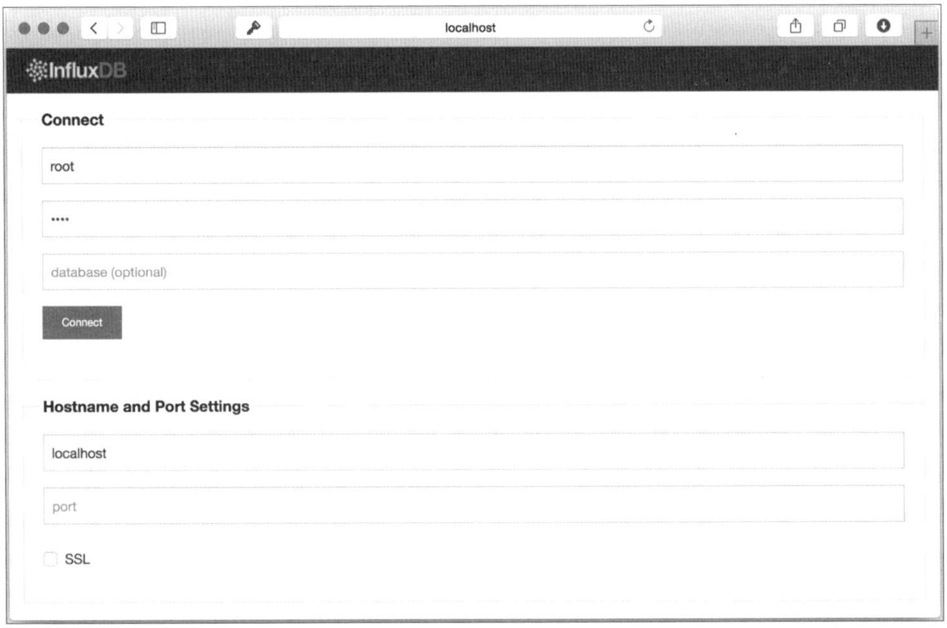

그림 10.12 InfluxDB 관리자 UI에 로그인

처음 로그인하면 데이터베이스를 만들라는 메시지가 나타난다. InfluxDB 스토리지 익스체인지의 유효성 검사를 위해 rabbitmq-test라는 이름으로 데이터베이스를 만든다 (그림 10.13).

그림 10.13 rabbitmq-test 데이터베이스를 만든다.

데이터베이스를 만든 후에 웹 페이지의 맨 위에서는 추가한 데이터베이스 목록을 볼 수 있다. rabbitmq-test를 클릭하면 RabbitMQ에 인증하는 데 사용할 RabbitMQ 사용자를 추가할 수 있는 페이지로 이동한다(그림 10.14). 이 양식에서 사용자 이름과 테스트를 rabbitmq와 test로 각각 입력한 후 Create 버튼을 클릭한다.

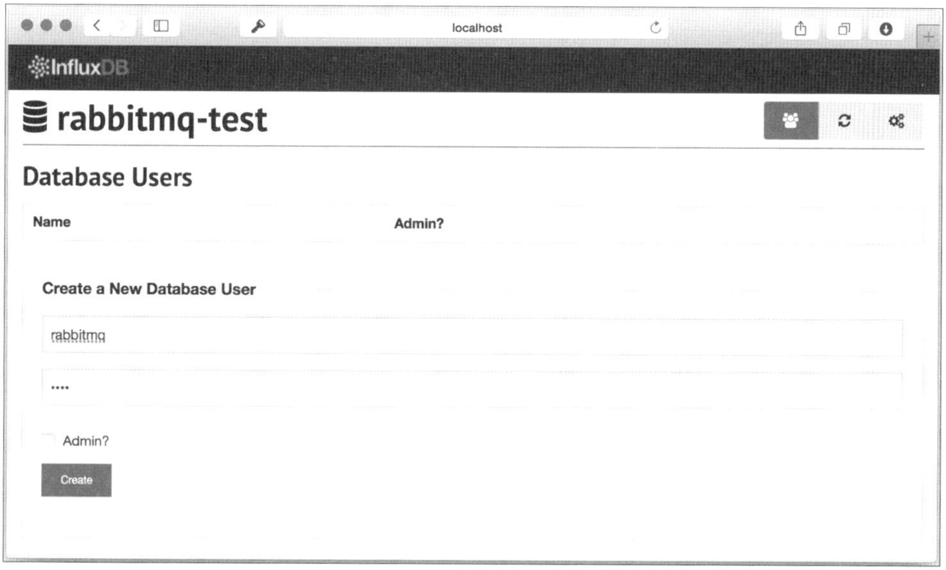

그림 10.14 rabbitmq-test 데이터베이스의 rabbitmq 사용자 만들기

사용자를 만든 후에 페이지 맨 위에 있는 데이터베이스 Users 테이블에 사용자가 표시된다. 그런 다음 InfluxDB 스토리지 익스체인지를 설치하고 환경 설정을 해야 한다.

10.3.2 InfluxDB 스토리지 익스체인지 설치하기

InfluxDB 스토리지 익스체인지의 설치와 환경 설정은 PostgreSQL LISTEN 익스체인지 설치와 매우 유사하다. InfluxDB 스토리지 익스체인지는 깃허브 프로젝트 페이지 https://github.com/aweber/influxdb-storage-exchange에서 다운로드할 수 있다. 프로젝트 페이지의 README에는 특정 RabbitMQ 버전에 대한 사전 컴파일된 바이너리의 다운로드 링크가 나열돼 있다. 플러그인 설치를 위해 다운로드할 때는 RabbitMQ 버전에 맞는 최신 버전이 설치돼 있는지 확인하길 바란다.

다운로드한 압축 파일에는 InfluxDB 스토리지 익스체인지와 HTTP 클라이언트 라이브러리가 있다.

다음 예제 코드는 OS X 시스템에서 Homebrew로 설치한 RabbitMQ 3.3.5에 플러그인을 다운로드하고 설치한다. 다른 시스템의 경우, `RABBITMQ_DIR`을 올바른 RabbitMQ 기본 디렉터리로 지정해야 한다.

코드 10.3 InfluxDB 스토리지 익스체인지를 OS X에 설치하는 스크립트

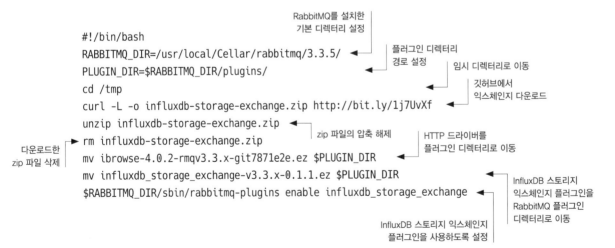

플러그인이 올바르게 설치됐는지 확인하려면 RabbitMQ 관리자 UI http://
localhost:15672/#/exchanges 페이지에서 익스체인지 탭으로 이동한다. Add a new
exchange 섹션의 Type 드롭다운 목록에 x-influxdb-storage 값이 표시돼야 한다(그림
10.15).

그림 10.15 InfluxDB 스토리지 익스체인지가 올바르게 설치됐는지 확인하기

설치가 올바르게 됐으면 InfluxDB 스토리지 익스체인지의 인스턴스를 생성한다.

10.3.3 test 익스체인지 생성하기

PostgreSQL LISTEN 익스체인지와 마찬가지로 InfluxDB 스토리지 익스체인지는 정책
이나 rabbitmq.config 또는 익스체인지를 선언할 때 전달하는 사용자 지정 인수로 설정
할 수 있다. 각 환경 설정 방법에 사용되는 다양한 구성 옵션이나 변수에 대해서는 프로

젝트 깃허브 페이지 https://github.com/aweber/infxdb-storage-change의 README를 확인하길 바란다. PostgreSQL LISTEN 익스체인지와 함께 사용하는 정책 기반 환경 설정과 인수 기반 환경 설정의 차이점에 대해 알아보기 위해 예제에서는 익스체인지를 생성할 때 인수를 지정해 환경 설정을 한다.

먼저 RabbitMQ 관리자 UI의 http://localhost:15672/#/exchanges 익스체인지 페이지를 열고 Add a new exchange 섹션으로 이동한다.

사용자 정의 인수를 사용해 익스체인지를 구성할 때는 접두사 x-의 변수를 사용한다. 이는 표준 AMQP 또는 RabbitMQ 변수가 아님을 나타낸다. InfluxDB에 연결하기 위한 호스트, 포트, 데이터베이스 이름, 사용자 이름 , 암호를 입력해야 한다. 그림 10.16과 같이 변수에 x-를 추가하는데, x-를 붙이지 않으면 익스체인지가 제공한 각 설정의 기본값을 사용하게 된다.

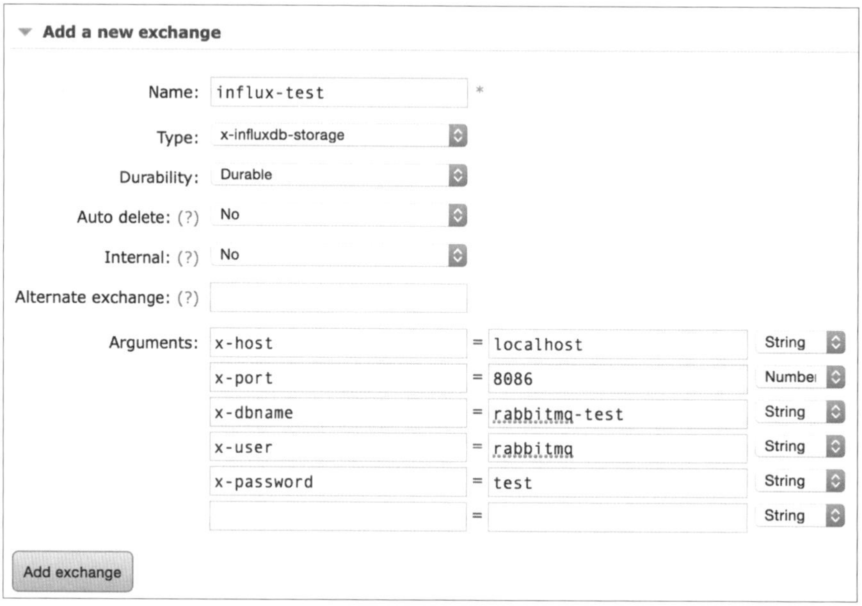

그림 10.16 인수 기반 설정으로 새로운 InfluxDB 스토리지 익스체인지 추가하기

익스체인지를 추가하면 인수 형식에 대한 유효성이 검사되지만 연결은 테스트되지 않는다. AMQP 익스체인지의 속성이 불변immutable이기 때문에 익스체인지에 잘못된 값을

입력한 경우 익스체인지를 삭제하고 다시 추가해야 한다.

익스체인지에 발행한 메시지는 먼저 InfluxDB에 저장되고 토픽 익스체인지의 라우팅 키 동작을 사용해 익스체인지에 연결된 큐 혹은 익스체인지로 전달된다. 익스체인지를 잘못 설정하면 메시지가 익스체인지에 전달되기는 하지만, InfluxDB에 메시지를 저장하지는 않는다.

익스체인지를 생성한 후에는 메시지를 발행해 익스체인지를 테스트한다. 인수를 비워 두면 rabbitmq.config 또는 정책 기반으로 환경 설정을 한 값이 익스체인지에 적용된다.

10.3.4 InfluxDB 스토리지 익스체인지 테스트하기

InfluxDB 스토리지 익스체인지를 테스트하기 위해 RabbitMQ 관리자 UI http://localhost:15672/#/exchanges/%2F/influx-test 페이지로 이동한다. 이어서 Add a new exchange 섹션에서 content_type을 application/json으로 설정하고, 유효한 타임스탬프 값과 올바른 형식의 JSON을 메시지에 지정한다(그림 10.17).

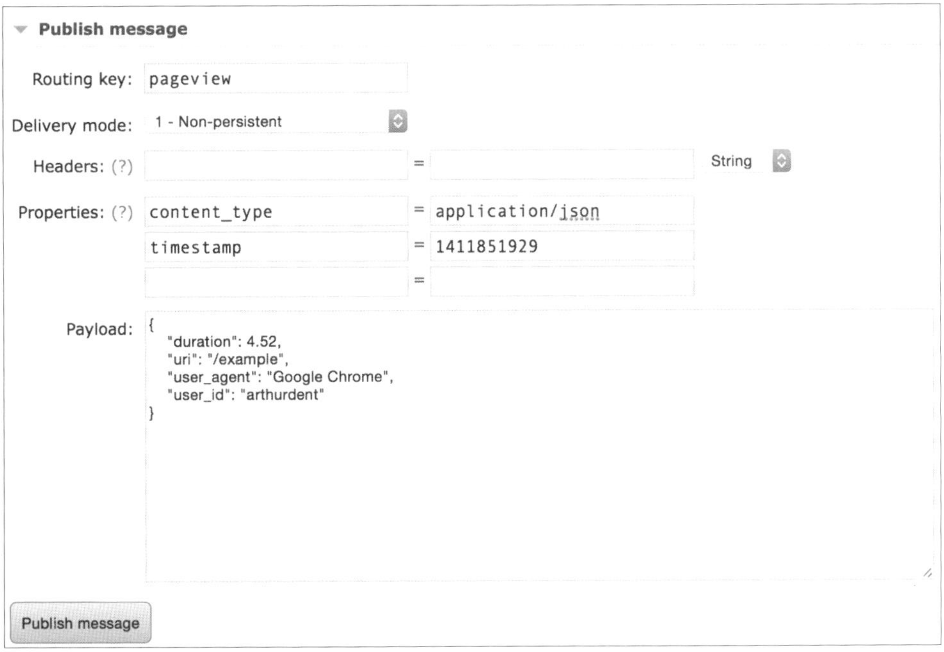

그림 10.17 JSON 메시지를 InfluxDB 스토리지 익스체인지에 발행하기

테스트에서는 익스체인지를 큐에 연결하지 않았기 때문에 메시지를 발행할 때 메시지가 발행됐다. 하지만 라우팅되지 않았다는 경고 메시지를 보게 되는데, 데이터가 InfluxDB에 작성됐는지 확인하기만 하면 되므로 무시한다.

이벤트가 제대로 저장됐는지 확인하기 위해 웹 브라우저에서 http://localhost:8083을 열고 root 사용자와 암호를 입력하고 로그인해서 관리자 UI에 접속하면 데이터베이스 목록이 나타난다(그림 10.18). rabbitmq-test 데이터베이스의 Explore Data 링크를 클릭한다.

그림 10.18 데이터베이스 목록을 볼 수 있는 InfluxDB 관리자 UI

Explore Data 링크를 클릭하면 데이터를 조회할 수 있는 페이지로 이동한다. 간단한 SELECT * FROM pageview 질의를 입력하면 그림 10.19와 같이 단일 행이 화면에 표시된다.

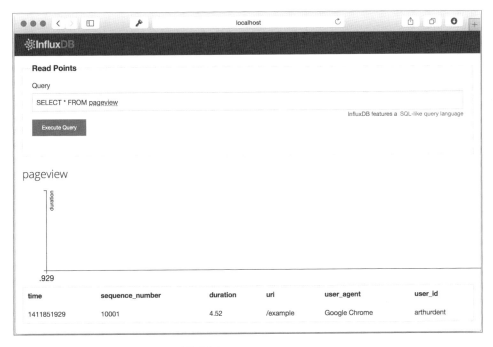

그림 10.19 데이터베이스에 행이 삽입됐는지 확인하기

질의를 실행한 후에 데이터가 표시되지 않으면 메시지 헤더나 메시지에 오타가 있는지 확인한다. content-type이 application/json으로 설정됐는지 확인하고 발행한 메시지가 올바른 형식의 JSON으로 입력됐는지 확인한다. http://jsonlint.com을 사용해서 메시지 본문이 올바른 형식의 JSON인지 확인할 수 있다. 마지막으로 InfluxDB가 실행 중이고 익스체인지를 만들 때 제공한 환경 설정이 정확한지 확인한다.

모든 것이 정상적으로 작동하면, InfluxDB 스토리지 익스체인지는 RabbitMQ와 InfluxDB를 직접적으로 연결한다. 이벤트 스트림을 투명하게 분리해서 추가 분석을 위한 데이터베이스에 저장했으므로 Sensu(http://sensuapp.org)와 같은 시스템을 사용해 인프라를 모니터링하거나 Grafana(http://grafana.org)와 같은 대시보드에 표시할 수 있다.

10.4 요약

RabbitMQ와 데이터베이스를 연결하는 플러그인을 사용하면 데이터베이스 혹은 RabbitMQ에 연결한 소비자나 발행자 애플리케이션을 직접 개발하지 않을 수 있지만, 이는 비용이 따른다. 또한 RabbitMQ와 데이터베이스가 강결합되기 때문에 오류 시나리오의 처리가 더욱 복잡해진다.

10장에서는 PostgreSQL의 확장 모듈인 pg_amqp를 사용하는 방법과 PostgreSQL LISTEN 익스체인지를 사용해 RabbitMQ로 메시지를 발행하는 방법을 알아봤다. 또 InfluxDB 스토리지 익스체인지의 설치와 사용에 대해 알아보고, RabbitMQ에 발행한 메시지를 RabbitMQ 자체에서 데이터베이스에 저장하는 방법을 설명했다.

10장의 데이터베이스 플러그인은 빙산의 일각에 불과하다. Riak 익스체인지(https://github.com/jbrisbin/riak-exchange)와 Riak에서 쓰기 트랜잭션이 발생하면 RabbitMQ에 메시지를 발행하는 Riak RabbitMQ 커밋 훅을 구현한 프로젝트(https://github.com/jbrisbin/riak-rabbitmq-commit-hooks)와 같이 RabbitMQ를 데이터베이스와 직접 연결하는 다양한 프로젝트가 있다.

사용하고 있는 데이터베이스에 대한 플러그인이 있는지 확인하려면 RabbitMQ 커뮤니티 플러그인 페이지(https://www.rabbitmq.com/community-plugins.html)와 RabbitMQ 클라이언트 및 개발자 도구 페이지(https://www.rabbitmq.com/devtools.html)를 확인하길 바란다.

적절한 플러그인이 없다면, 데이터베이스와 연결하기 위한 RabbitMQ 플러그인을 직접 개발해서 커뮤니티에 기여하길 바란다.

부록
준비하기

부록에서는 책의 예제 코드를 테스트하고 실행하는 데 필요한 모든 것이 포함된 가상 머신인 VirtualBox, Vagrant를 설치하는 방법과 RabbitMQ 설정에 대해 알아본다.

책에 포함된 모든 예제 코드를 실행하는 데는 가상화 소프트웨어인 VirtualBox를 사용하며, Vagrant는 VM을 설정하기 위한 자동화 도구로 사용한다. 따라서 이 두 애플리케이션을 설치해야 한다. Vagrant 설정과 Chef 쿡북이 포함된 zip 파일을 다운로드한 후 RabbitMQ in Depth 가상 머신을 설정한다. zip 파일을 다운로드하고, 압축 해제가 완료되면 명령을 입력한다. 이렇게 해서 VM을 시작하면 책에 포함된 예제 코드 목록과 예제를 대화식으로 테스트할 수 있다.

윈도우, OS X, 리눅스에서 책의 예제 코드를 실행할 때는 최소한의 항목만 설치하도록 설계됐다. 먼저 VirtualBox를 다운로드해 설치한다.

A.1 VirtualBox 설치하기

VirtualBox는 원래 선 마이크로 시스템즈^{Sun Microsystems}가 개발했다. 현재는 오라클^{Oracle}이 무료 가상화 소프트웨어로 제공하고 있으며 윈도우, 리눅스, 매킨토시^{Macintosh}, 솔라리스^{Solaris} 시스템에서 실행된다. 이 책 예제에 사용할 기본 VM을 VirtualBox로 실행한다.

VirtualBox 설치는 매우 간단한데, http://virtualbox.org에서 다운로드할 수 있다. 다운로드 페이지에 접속한 후 운영체제에 맞는 VirtualBox 플랫폼 패키지를 선택하고 설치 패키지를 다운로드한다(그림 A.1).

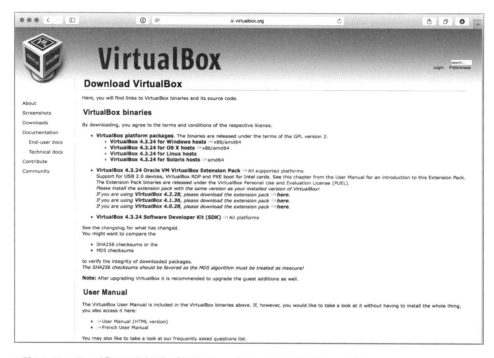

그림 A.1 VirtualBox 다운로드 페이지에는 윈도우, OS X, 리눅스, 솔라리스용 다운로드가 있다.

> **노트** 이 책을 저술하는 시점에서 Vagrant는 VirtualBox 4.0.x, 4.1.x, 4.2.x, 4.3.x, 5.0.x, 5.1.x 버전을 지원한다. VirtualBox와 Vagrant는 인기가 많은 소프트웨어며 Vagrant는 VirtualBox 프로젝트의 최신 버전을 지원해왔다. Vagrant 호환성 문제가 발생하지 않도록 최신 버전의 VirtualBox를 설치하는 것을 권장한다.

설치 패키지를 다운로드한 후에는 프로그램을 실행한다. 각 운영체제마다 조금은 다르지만, 설치 과정은 동일하다. 대부분의 경우, 기본 설치 옵션을 따르는 것이 안전하다(그림 A.2).

VirtualBox 설치 옵션에 대한 자세한 내용은 VirtualBox 사용자 설명서 2장에서 다루는 설치 방법(www.virtualbox.org/manual/ch02.html)을 참고한다.

VirtualBox를 설치할 때 문제가 발생하면 VirtualBox 커뮤니티를 참고하면 좋다. www.Freenode.net의 메일링 리스트, 포럼, #vbox IRC 채널은 매우 유용하다.

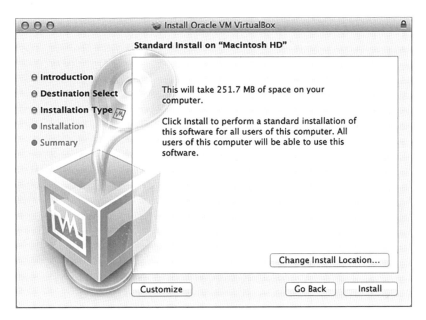

그림 A.2 VirtualBox 설치 마법사

VirtualBox를 성공적으로 설치한 후에는 가상 환경 자동화 도구인 Vagrant를 설치해야 한다.

A.2 Vagrant 설치하기

Vagrant는 가상 환경을 관리하기 위한 자동화 도구다. Vagrant는 기본 VM 이미지를 다운로드하고 설치할 수 있는 구조를 제공한다. 또한 Chef, Puppet과 같은 환경 관리 도구와 연동되며 견고한 개발 환경을 제공하기 위해 일관성 있게 VM을 배치할 수 있다. 또한 Vagrant는 로컬 시스템에서 실행되며 VM에서 실행 중인 서비스의 포트를 로컬호스트 네트워크 인터페이스에 연결하는 기능을 제공한다. 따라서 이 책의 예제에서 실행하는 RabbitMQ 및 네트워크 기반 프로세스를 로컬 컴퓨터에서 실행하는 것처럼 사용할 수 있다.

먼저 환경에 맞는 Vagrant 버전을 다운로드하기 위해 www.vagrantup.com에 접속한다(그림 A.3). 이어서 **Download** 버튼을 클릭하면 다운로드할 버전 목록이 표시된다. 목록 상단의 최신 버전을 클릭하면 특정 운영체제에 대한 설치 관리자 및 패키지 목록이 표시된다(그림 A.4). 컴퓨터에 적합한 버전을 선택하고 다운로드한다.

노트 VirtualBox는 솔라리스 등의 운영체제도 지원하지만, Vagrant는 윈도우, OS X, 일부 리눅스 배포판만 지원한다.

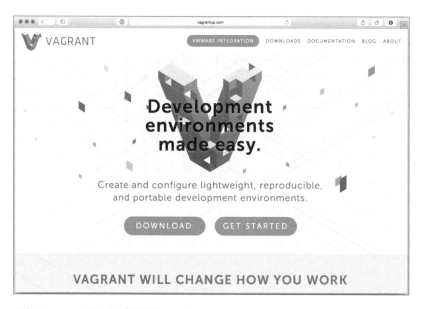

그림 A.3 Vagrant 프로젝트 홈페이지 VagrantUp.com

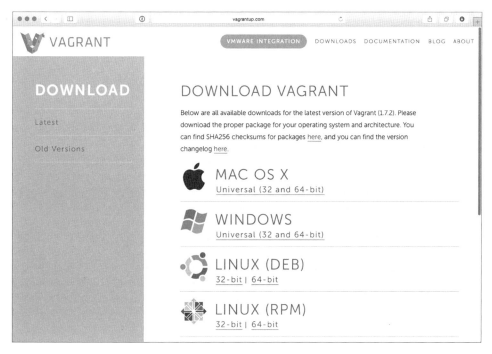

그림 A.4 Vagrant 다운로드 페이지

Vagrant 설치는 매우 간단하다. 윈도우와 OS X는 설치 도구(그림 A.5)로 설치하지만, 리눅스는 dpkg 혹은 rpm과 같은 배포에 적합한 패키지를 사용해 설치한다. 설치 중 문제가 발생한 경우, Vagrant 웹사이트 http://docs.vagrantup.com/의 설명서를 참고하길 바란다.

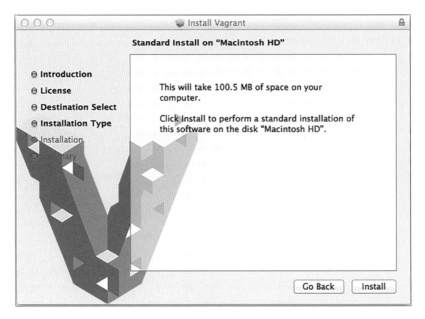

그림 A.5 Vagrant 설치 마법사

설치가 완료되면 Vagrant 명령행 인터페이스가 시스템 경로에 추가된다. 터미널이나 셸(윈도우의 경우 PowerShell)에서 vagrant 명령을 실행할 수 없다면, 로그아웃한 후 다시 시도하길 바란다. 그래도 실행할 수 없는 경우 Vagrant 커뮤니티를 참고해야 하는데, 메일링 리스트 혹은 www.freenode.net의 #vagrant IRC 채널을 통해 커뮤니티의 도움을 받길 바란다.

이전에 Vagrant를 사용하지 않았다면, Vagrant는 개발 과정에 실용적인 도구로서 문서를 충분히 읽고 사용할 수 있는 다양한 명령을 확인해보길 추천한다. vagrant를 실행하면 실행 가능한 기능 목록을 확인할 수 있다.

Vagrant를 성공적으로 설치한 후에는 적절한 파일을 다운로드하고 몇 가지 간단한 명령을 실행해서 RabbitMQ를 위한 VM을 설정해야 한다.

A.3 Vagrant VM 설정하기

이어서 책의 예제를 위한 가상 환경에 사용할 Vagrant 환경 설정과 일부 파일을 포함한 zip 파일을 다운로드해야 한다. 이 책의 2부에 있는 7장, '클러스터를 이용한 RabbitMQ 확장'에서 사용하는 Vagrant 파일에는 여러 VM이 정의돼 있지만, 보통 다른 예제에서는 하나의 VM을 사용한다.

먼저 Vagrant 환경 설정 파일 rmqid-vagrant.zip을 다운로드하고 환경 설정을 진행한다.

rmquid-vagrant.zip 파일을 다운로드한 후에는 터미널에서(윈도우인 경우 PowerShell 에서) 기억하기 쉬운 디렉터리에 파일의 압축을 푼다. zip 파일의 압축을 풀면 rmqid-vagrant라는 디렉터리에 파일이 저장되는데, 이 디렉터리로 이동한 후 다음 명령을 입력해 기본 VM의 Vagrant 설정을 시작한다.

```
vagrant up primary
```

이 명령은 컴퓨터의 사양이나 인터넷 연결 속도에 따라 다를 수 있지만, 보통 10~15 분이 걸린다. 프로세스를 처음 시작하면 콘솔에 VM의 진행 상황을 나타내는 다음과 같은 내용이 화면에 출력된다.

```
Bringing machine 'primary' up with 'virtualbox' provider...
==> primary: Box 'gmr/rmqid-primary' could not be found. Attempting to find
      and install...
    primary: Box Provider: virtualbox
    primary: Box Version: >= 0
==> primary: Loading metadata for box 'gmr/rmqid-primary'
    primary: URL: https://atlas.hashicorp.com/gmr/rmqid-primary
==> primary: Forwarding ports...
    primary: 1883 => 1883 (adapter 1)
    primary: 22 => 2222 (adapter 1)
==> primary: Booting VM...
==> primary: Waiting for machine to boot. This may take a few minutes...
    primary: SSH address: 127.0.0.1:2222
    primary: SSH username: vagrant
    primary: SSH auth method: private key
==> primary: Running provisioner: shell...
```

```
        primary: Running: inline script
==> primary: stdin: is not a tty
==> primary: From https://github.com/gmr/RabbitMQ-in-Depth
==> primary:  * branch            master      -> FETCH_HEAD
==> primary:    80e7615..469fc8c  master      -> origin/master
==> primary: Updating 80e7615..469fc8c
==> primary: Fast-forward
```

이와 비슷한 내용이 출력되지 않는다면 이미 VM에서 사용하려는 포트 중 하나에 연결된 애플리케이션이 있는지 확인해야 한다. 로컬 시스템에서 이미 RabbitMQ를 실행 중인 경우, 이를 종료하고 Vagrant를 다시 실행한다. VM은 1883, 2222, 5671, 5672, 8883, 8888, 9001, 15670, 15671, 15672, 61613 포트를 사용한다. 이 책의 예제에서는 VM에서 다양한 서비스를 실행하므로 많은 포트를 사용한다. 이 포트들에 수신 대기하는 애플리케이션을 중지하면 VM이 제대로 작동할 것이다.

윈도우에서 설치하는 경우 방화벽에 의해 VM의 연결을 허용할 것인지 묻는 메시지가 노출될 수 있는데, 여기서는 허용을 선택해야 한다. 그렇지 않으면 VM에 연결할 수 없으며 Vagrant는 설정할 수 없게 된다.

설치 명령이 정상적으로 완료되고 VM을 구성하는 동안 VM이 정지되거나 아무것도 하지 않는 순간이 있을 수 있다. VM 설정이 완료되면 터미널의 프롬프트에 다시 나타나야 한다.

마지막으로 VM을 중지하고 싶은 경우 vagrant halt 명령을 사용한다.

이어서 브라우저에서 테스트하고 모든 것이 올바르게 설정됐는지 확인한다.

A.4 정상적으로 설치됐는지 확인하기

정상적으로 설치됐는지 확인하기 위해 다음 두 애플리케이션이 동작하는지 확인한다. 정상적으로 설치됐다면, 이 책의 예제 코드를 실행할 수 있다.

먼저 RabbitMQ가 제대로 설치됐는지 테스트하기 위해 http://localhost:15672 페이지를 브라우저에서 열면 그림 A.6과 같은 화면이 나타나야 한다.

그림 A.6 RabbitMQ 관리자 UI 로그인 페이지

관리자 UI에 로그인하기 위한 사용자 이름과 암호는 각각 기본값인 'guest'와 'guest'다. 로그인하면 관리자 UI의 기본 화면에 서버 설정 및 상태에 대한 요약 페이지가 나타난다.

RabbitMQ를 확인하고 나서 주피터 노트북 서버를 확인한다.

주피터 노트북은 웹 브라우저에서 파이썬 기반 코드 샘플을 대화식으로 실행하는 데 사용한다. 주피터 노트북 서버에는 모든 코드 예제 목록과 샘플이 구성돼 있고 각각을 독립적으로 실행할 수 있다. 주피터 노트북 서버는 포트 8888에 연결돼 있으므로 웹 브라우저에 새 탭을 열고 http://localhost:8888에 접속하면 그림 A.7과 비슷한 페이지를 볼 수 있다.

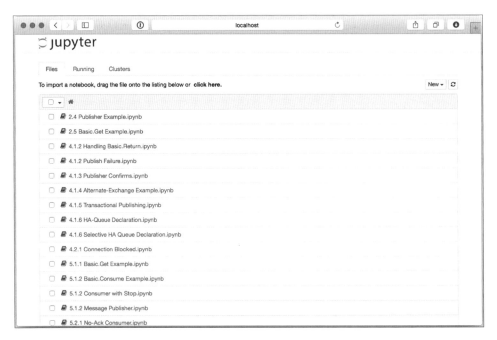

그림 A.7 주피터 노트북 서버에 표시된 RabbitMQ in Depth 예제 코드 목차

주피터 노트북 서버의 기능이나 더 자세한 내용을 확인하려면 프로젝트의 웹사이트 (http://jupyter.org/)를 참고하길 바란다. 주피터 노트북은 유용한 애플리케이션으로 대량의 데이터를 처리하고 데이터를 시각화하는 과학 분야나 커뮤니티에서 인기가 많다.

A.5 요약

지금까지 RabbitMQ in Depth VM을 실행하는 방법과 가상 환경 자동화 도구인 VirtualBox를 설치하는 방법을 알아봤다. 또한 RabbitMQ in Depth Vagrant 설정 파일과 Chef 쿡북을 다운로드하고 vagrant up 명령을 사용해 새 VM을 시작하는 방법도 살펴봤다. 이로써 Vagrant를 이용해 책의 예제 코드를 실행할 준비를 마쳤다.

찾아보기

314

RabbitMQ IN DEPTH
메시지 브로커 RabbitMQ 심층 분석

발 행 | 2018년 7월 31일

지은이 | 개 빈 로 이
옮긴이 | 홍 영 택

펴낸이 | 권 성 준
편집장 | 황 영 주
편 집 | 조 유 나
　　　　임 지 원
디자인 | 윤 서 빈

에이콘출판주식회사
서울특별시 양천구 국회대로 287 (목동)
전화 02-2653-7600, 팩스 02-2653-0433
www.acornpub.co.kr / editor@acornpub.co.kr

한국어판 ⓒ 에이콘출판주식회사, 2018, Printed in Korea.
ISBN 979-11-6175-186-3
ISBN 978-89-6077-103-1 (세트)
http://www.acornpub.co.kr/book/rabbitmq-depth

이 도서의 국립중앙도서관 출판시도서목록(CIP)은 서지정보유통지원시스템 홈페이지(http://seoji.nl.go.kr)와
국가자료공동목록시스템(http://www.nl.go.kr/kolisnet)에서 이용하실 수 있습니다.(CIP제어번호: CIP2018022851)

책값은 뒤표지에 있습니다.